Schlag nach
IM SACHUNTERRICHT

Handbuch für Lehrerinnen und Lehrer mit Kopiervorlagen für Arbeitsblätter

1/2

Herausgeber:
Werner G. Mayer

Autoren:
Ulrike Schwandt
Klaus-Dieter Holenz
Werner G. Mayer

Bayerischer Schulbuch-Verlag · München

Schlag nach im Sachunterricht
Band 1/2

Handbuch für Lehrerinnen und Lehrer
mit Kopiervorlagen für Arbeitsblätter

herausgegeben von Werner G. Mayer
erarbeitet von Ulrike Schwandt, Klaus-Dieter Holenz, Werner G. Mayer

unter Mitarbeit von Irmgard Seelen, Michael Kober, Ulrike Schiefer

Verzeichnis der Abkürzungen

AB	Arbeitsblatt
EA	Einzelarbeit
LHB	Handbuch für Lehrerinnen und Lehrer, Seite
SB	Schülerbuch, Seite
UE	Unterrichtseinheit
UR	Unterrichtsreihe

Gedruckt auf chlorfrei gebleichtem Papier

1996
4. Auflage

Lektorat: Sabine Neubarth, Ruth Tiedge-Eicher
Herstellung: Friderun Thiel, München
Illustration: Kristina Klotz, München
Umschlaggestaltung: Lutz Siebert
Satz und Druck: Tutte Druckerei GmbH, Salzweg
ISBN: 3-7627-8307-1

INHALT DES HANDBUCHS FÜR LEHRERINNEN UND LEHRER

Die im Handbuch für Lehrerinnen und Lehrer angegebenen Filme und Lichtbildreihen sind dem Katalog „Audiovisuelle Medien", hrsg. v. Landschaftsverband Rheinland/Landesbildstelle Rheinland, Düsseldorf, entnommen und können über die Landesbildstelle Rheinland, Prinz-Georg-Straße 80, 40479 Düsseldorf (Tel. 0211/899 81 81), bezogen werden.

Die BAGUV – Lehrerbriefe können beim zuständigen Versicherungsträger oder direkt beim ROT-GELB-GRÜN-Verlag, Theodor-Heuss-Str. 3, 38122 Braunschweig (Tel. 0531/809 07-0), bezogen werden.

Die rot eingerahmten Suchbilder im Schülerbuch sind auf folgenden Seiten wiederzufinden: S. 5 → S. 4, S. 8 → S. 7; S. 13 → S. 6, S. 18 → S. 16-17; S. 20 → S. 16, S. 24 → S. 16, S. 40 → S. 30, S. 44 → S. 42, S. 70 o. → S. 67, S. 70 u. → S. 73, S. 97 → S. 6.

INHALT DES SCHÜLERBUCHS SCHLAG NACH IM SACHUNTERRICHT 1/2

Einführung

Liebe Kolleginnen und Kollegen,

Sachunterricht versteht sich nach den Richtlinien und Lehrplänen nicht mehr als elementarisierter Fachunterricht, sondern als mehrperspektivischer Lebenswelt- und Umweltunterricht, das heißt als ein fächerübergreifender Lernbereich der Grundschule. Er führt zu einer standort- und heimatbezogenen Orientierung und zu altersgemäßer Daseinsbewältigung.
Die folgende Übersicht zeigt den Weg auf, der mit **Schlag nach im Sachunterricht** beschritten werden kann, um diese Zielsetzung zu erreichen. Dabei ist der Aspekt Handlungsfähigkeit in seiner steten Wechselbeziehung mit den Aspekten fächerübergreifender Lernbereich und Wissenschaftsorientierung zu sehen. Da Handeln immer die Orientierung an bestimmten Werten einschließt, ist es zentrales Anliegen des Unterrichts, bei den Schülerinnen und Schülern auf ein verantwortungsbewußtes Verhalten im Umgang mit Menschen, Tieren, Pflanzen und Sachen hinzuwirken.

I. Richtlinien, Lehrpläne und ihre Umsetzung im Schlag nach im Sachunterricht

Sachorientierung

Der Sachunterricht regt das Kind an, sich für Sachen und Sachverhalte zu interessieren und sie zu befragen. Die Vermittlung von Fachwissen ist Grundvoraussetzung für den Erwerb von Handlungsfähigkeit und ermöglicht es den Kindern, sich in ihrer Lebenswirklichkeit zunehmend selbständig zurechtzufinden.
Das Einüben methodischer Verfahren zum Erwerb von Kenntnissen hilft ihnen, Antwort auf ihre Fragen zu finden und die sie umgebenden Phänomene in ihrer vielschichtigen Bedeutung zu begreifen.
Um eine Sache aus verschiedenen Perspektiven zu sehen, müssen häufig zusätzliche Informationen aus den unterschiedlichsten Informationsträgern zu Rate gezogen werden. Zum Kanon der Kulturtechniken einer Grundschule gehören daher nicht mehr nur Lesen, Schreiben und Rechnen, sondern auch eine altersgemäße Beschäftigung mit Medien.

- **Schlag nach im Sachunterricht** teilt zu allen Aufgabenschwerpunkten des Lehrplans Informationen in Bild und Text unter verschiedenen Perspektiven mit und ist in den verschiedenen Verlaufsphasen des Unterrichts einsetzbar (Einführung, Exploration, Produktion, Kontrolle).
  Die Beschäftigung mit dem Schülerbuch (z. B. in der „Freien Arbeit") greift die Interessen der Kinder auf und stabilisiert Interessenschwerpunkte. Die Themenkreise eignen sich als Zugang zu dem von der Lehrerin und vom Lehrer geplanten Unterrichtsstoff (z. B. Wochenarbeitsplan), sie bieten Anregungen zum Beschaffen, Sammeln und Verwerten von Informationen und können die Vernetzung und Vertiefung sprachlich-gestalterisch unterstützen.
- Das Schülerbuch ist, entsprechend der Entwicklungsphase der Kinder, sowohl mit Elementen des Bilderbuchs (Klassen 1 und 2), des Sachbuchs und des Bilderlexikons ausgestattet. Diese Gestaltung ermöglicht das Hinführen der Kinder zu einem selbständigen und entwicklungsgerechten Umgang mit Informationen.
- Die Abbildungen haben erzählenden Charakter, und sie sind selbständige Informationsträger. Ihre vielfältigen Ausdrucksformen (Zeichnungen, Fotos, Bildsequenzen, Collagen) regen zur visuellen und sprachlichen Auseinandersetzung an.
- Das **Schlag nach im Sachunterricht** arbeitet nicht mit vereinheitlichenden oder schematisierenden Fragen bzw. Arbeitsanweisungen. Indem sich Problemstellungen aus der aktuellen Begegnung mit der Sache selbst ergeben, eignet sich das Werk für den offenen, differenzierten Sachunterricht im Rahmen jedes standortbezogenen Schulprogramms.

Sachunterricht als fächerübergreifender Lernbereich

Die fächerübergreifende Arbeit bezieht, über den sachunterrichtlichen Gegenstand hinaus, alle Aspekte ein, durch die den Kindern das jeweilige Interessengebiet in der Wirklichkeit begegnet. Diese Erfahrungsmomente sind entsprechend der unterschiedlichen Voraussetzungen der Kinder weit gestreut; als spontane Ideensammlung (Brainstorming) vereinigt, erleichtern sie den unmittelbaren Einstieg in eine Unterrichtsreihe.

- **Schlag nach im Sachunterricht** verknüpft Ziele mit den Interessen und Bedürfnissen der Schülerinnen und Schüler, indem jedem Inhalt fächerübergreifende Lernangebote, z. B. aus den Bereichen Sprache, Kunst, Gestaltung und Musik zur Integration in den Unterricht zur Verfügung stehen. Sie dienen einerseits als Einführung in das Thema und können andererseits zur Durchführung einer projektorientierten Unterrichtsreihe genutzt werden.

Handlungsfähigkeit

Kinder nehmen ihre Lebenswirklichkeit in diffus-ganzheitlichen Ausschnitten und nicht als Fächer wahr. Der Sachunterricht greift diese Wahrnehmungsform auf, führt sie aktualgenetisch weiter und fördert stufenweise analytisch-synthetische Denk- und Sprachprozesse.*

* s. auch: Werner G. Mayer: Der Sachunterricht. Teil I: Anthropologie und Pädagogik. Anthropologische und pädagogische Grundlagen für einen mehrperspektivischen Projektunterricht. Teil II: Unterricht und Erziehung. Praktische Anleitungen und Begründungen für einen „Erziehenden" Sachunterricht. Teil III: Informationen und Reflektionen. Denkanstöße zur wissenschaftlichen Vertiefung: Literatur – Quellen – Anmerkungen. Heinsberg: Agentur Dieck, 1993 f.

Die ganzheitliche Auseinandersetzung mit einer Sache verbindet Sach-, Sprach- und Sozialkompetenzen mit methodischem Vorgehen und führt zur Handlungsfähigkeit auch über den Bereich der Schule hinaus. Wichtig ist dabei, auf das emotionale Erleben und die Phantasie der Schülerinnen und Schüler einzugehen. Diesem Lernprinzip folgt der Sachunterricht, indem er bei der Behandlung der Sachgebiete von der unmittelbaren Alltagswelt der Kinder ausgeht. Dadurch fällt es ihnen nicht nur leicht, die eigenen Erlebnisse und Gefühle zu thematisieren; aus dem kommunikativen Austausch und dem gemeinsamen Lernprozeß erwachsen neue Einsichten wie Raum-, Zeit- und Sozialerfahrungen. Ausgehend vom ungezielten, über bewußtes, probierendes Handeln bis hin zum selbständigen Handeln bei der Problemlösung ist es wichtig, vielfältige Arbeitsformen im Unterricht einzusetzen. Diese können sich auf konkrete Objekte aus der Wirklichkeit wie auf didaktische Materialien richten. Im Sachunterricht können die Schülerinnen und Schüler erfahren, daß kooperatives Handeln (Partner- und Gruppenarbeit, Kreisgespräch) hilft, Aufgaben und Probleme besser zu bewältigen.

- **Schlag nach im Sachunterricht** ist unter lerntheoretischem Aspekt so gestaltet, daß die Bearbeitung ein ganzheitlich-analytisches Verfahren nahelegt: Auf Doppelseiten wird als Einstieg das Sinnganze eines Handlungsfeldes präsentiert, das dann auf den folgenden Seiten aufgegliedert wird. Rot eingerahmte Bildausschnitte fungieren als Verbindung und gleichzeitig als Suchspiel. Diese Struktur ermöglicht einen Lernprozeß von der zunächst diffusen Wahrnehmung des Ganzen über Teilaspekte bis zur Synthese des durchschaubaren Gesamtgebildes.

- Die im Schülerbuch vorgestellten Inhalte mögen als Anregung dienen, ähnliche Phänomene in der eigenen Lebensumwelt aufzusuchen.
  Die Bilder spiegeln nach Möglichkeit Lebenswirklichkeit wider. Sie sind didaktisch reduziert und erleichtern den Schülerinnen und Schülern der Eingangsstufe, sich mit den konkret oder symbolisch vermittelten Sachverhalten zu identifizieren und ihnen eine subjektive Bedeutung zu unterlegen.

- Das Schülerbuch regt die Kinder an, Informationen und Zusammenhänge, die nicht an der Sache selbst ablesbar sind, selbständig zu suchen.
  Dabei fördert das Begriffsverzeichnis „Wort für Wort" das Nachschlagen im vorliegenden Band und in einem Lexikon bzw. einem alphabetischen Wörterbuch. Dieses Wörterangebot kann zu einem individuellen Grundwortschatz für den Sachunterricht erweitert werden, indem jedes Kind sein eigenes Wörterheft oder seine eigene Grundwortschatzkartei führt.

II. Das Handbuch für Lehrerinnen und Lehrer

Das Handbuch für Lehrerinnen und Lehrer ergänzt die Arbeit mit dem **Schlag nach im Sachunterricht** und bietet gleichzeitig Hilfen zur Vorbereitung und Durchführung des Unterrichts:

- Praktische Hinweise, ergänzende Informationen und Verweise auf Arbeitshilfen und Medien erleichtern die Bearbeitung der einzelnen Themen in den jeweiligen Unterrichtssituationen. Ein mögliches Unterrichtskonzept mehrperspektivischer Strukturierung unter fachwissenschaftlichem und soziokulturellem Aspekt sowie subjektivem Zugang zum Thema ist modellhaft im Kapitel „Ich mag Tiere" vorgestellt.
  Auf die Formulierung fester Lerninhalte und die Beschreibung von Unterrichtsstunden wurde bewußt verzichtet.

- Das Handbuch für Lehrerinnen und Lehrer umfaßt Materialien für vielfältige, vor allem handlungsorientierte Arbeitsformen. Die Themenbereiche im Schülerbuch werden unter verschiedenen Aspekten ergänzt und vertieft, ohne die Komplexität eines Lerninhaltes abdecken zu wollen. Die Arbeitsblätter sind für die Hand der Schülerin und des Schülers gedacht. Sie wurden nach folgenden Kriterien gestaltet:
  - angemessene sprachliche Umsetzung des Gelernten;
  - Einüben methodischer Verfahren und Fertigkeiten (Experimentieren, Zuordnen, Bauen, Werken, Spielen, Lesen von Tabellen);
  - Anregung von Tätigkeiten wie Malen, Ausschneiden, Kleben;
  - Anregung von Erkundungsformen wie Beobachten, Probieren, Suchen;
  - differenzierte Bearbeitung (individuell – in der Gruppe);
  - Berücksichtigung spielerischen Lernens.

- Die Integration weiterer Materialien wie Vorlesetexte, Gedichte, Lieder, Reime, Rätsel, Spielanleitungen und nicht zuletzt Vorschläge für frei zu gestaltende Arbeitsblätter eignen sich besonders für den fächerübergreifenden Unterricht.

- Das Material für Lehrerinnen und Lehrer regt darüber hinaus zur Einrichtung einer schuleigenen Ideenkiste an, in der bewährtes Material gesammelt wird und für alle zur Verfügung steht.

- In der Bearbeitung der Materialien dokumentieren die Kinder ihre speziellen Interessen und individuellen Lernfortschritte. Ausgewählte Blätter können in einem Ordner zusammen mit freien Notizen (Themenwünsche, Fragen, Berichte etc.) gesammelt werden, so daß jedes Kind sein eigenes „Sachbuch" erstellt.

Wir in der Schule

Schülerbuch Seite 6-7

Lernziele

Die Kinder lernen die Schule nicht nur als Unterrichtsstätte, sondern als Lebens-, Lern- und Erfahrungsraum kennen. Sie sollen sich in der Schule orientieren können, indem sie
- ihre Klasse und die darin arbeitenden Personen kennenlernen;
- andere Klassenräume (ihre Patenklasse) kennenlernen;
- die Schule erkunden, die Räume darin untersuchen und benennen;
- wissen, welche Räume von ihnen zu welchen Zeiten aktiv genutzt werden können;
- Namen, Berufe und Aufgabenbereiche der an der Schule tätigen Personen kennenlernen: Lehrerinnen und Lehrer, Schulleiter (Rektor), Pfarrer (Pastor), Hausmeister, Putzdienst usw.;
- an der Schule gebräuchliche Verfahrensformen kennenlernen und üben.

Umsetzung/Handlungsmöglichkeiten

Wir in der Schule Klasse 1, erste Schulwoche Sitzordnung	– Mitschüler kennenlernen: Namenkärtchen mit Bildsymbolen versehen; – Spiele: Mein rechter Platz ist frei; wer den Ball zugeworfen bekommt, stellt sich vor; – sich malen, Steckbrief herstellen; Lieblingsspielzeuge mitbringen und vorstellen; – Plätze zuordnen/aussuchen lassen; mit dem gleichen Symbol kennzeichnen (ebenso den Kleiderhaken u. a.);
Ordnung am Platz	– gemeinsam Tisch/Tischfach aufräumen, Funktion der Ordnung erläutern; Aufhängen von Tasche/Kleidung;
Raumordnung kennenlernen	– Rundgang in der Klasse; Suchspiele: „Ich sehe was, was du nicht siehst, und das ist . . ."; – Gegenstände des Raums auf Kärtchen malen/schreiben, diese in der Klasse wiederfinden und auf ein Plakat mit dem Grundriß der Klasse heften;
Ordnungsregeln	– Unterrichtsmaterial kennenlernen; Anwendungsregeln besprechen; benutzte Gegenstände gemeinsam ordentlich ins Regal einräumen;
Klassenraum wiederfinden	– Türe mit Bild schmücken, auf dem die Paßfotos aller Kinder sind; Weg üben; Kleiderhaken mit Symbol des Kindes markieren;
Gebäude und Einrichtungen	– Gang durch das Schulgebäude; Wege zu den Toiletten – deren Zeichen erläutern; andere Klassen und deren Lehrer besuchen; alle Räume und die darin tätigen Personen kennenlernen; Schulhofbegrenzungen ablaufen; Spiele und Spielmöglichkeiten auf dem Hof erkunden; – vergleichen, was an der jeweiligen Schule anders ist als auf dem Bild; Kennkarten für die einzelnen Räume in der Schule entwerfen.

In Klasse 2 kann die Schülerbuchseite 6-7 dazu eingesetzt werden, Schulregeln für die Neulinge in der ersten Klasse aufzustellen.

Die Kinder
- führen die Regeln vor, z. B. Aufstellen, Mülldienst auf dem Schulhof, Raumbenutzung, Ankleiden in der Sporthalle,
- fotografieren ihre Verfahrensformen,
- schreiben die Regeln dazu auf und
- stellen ein Plakat her, das in der ersten Klasse gezeigt und erläutert wird.

Arbeitshilfen:
Skizze des Klassenraums in Schrägaufsicht (vgl. SB 10-11, AB 1) als großes Plakat und entsprechend als AB für die Kinder;
Paßfotos der Kinder;
Gegenstände, die von den Kindern mitgebracht werden;
Fäden zur Mengendarstellung.

Fächerübergreifendes Lernangebot:
- Mathematikunterricht: Raumbeziehungen kennenlernen: rechts/links/vor/hinter/über/unter/zwischen/innerhalb/außerhalb;
  Ordnungsrelationen mit mehr als 2 Elementen herstellen („geht vor"), Pfeilbilder.
- Sport: Raumbegriffe (rechts/links ...) richtig in Bewegungshandlungen umsetzen; in Reihen (vor/hinter), Linien (neben/zwischen) und Kreisen schnell aufstellen.
- Musik: Lied einüben: „In der Schule".
- Sprache: Gesprächsregeln erarbeiten, begründen, in Symbolen festhalten.

Unsere Schule – ein Haus für Kinder Ausschneidebogen

So möchte ich in meiner Klasse sitzen zu Arbeitsblatt 1

1. Schneide die Einrichtungsgegenstände aus.
2. Auf Seite 9 siehst du deinen Klassenraum von oben. Trage die Türen und Fenster richtig ein.
3. Klebe die Einrichtungsgegenstände ein, und gestalte dein Klassenzimmer, wie du es dir wünschst!

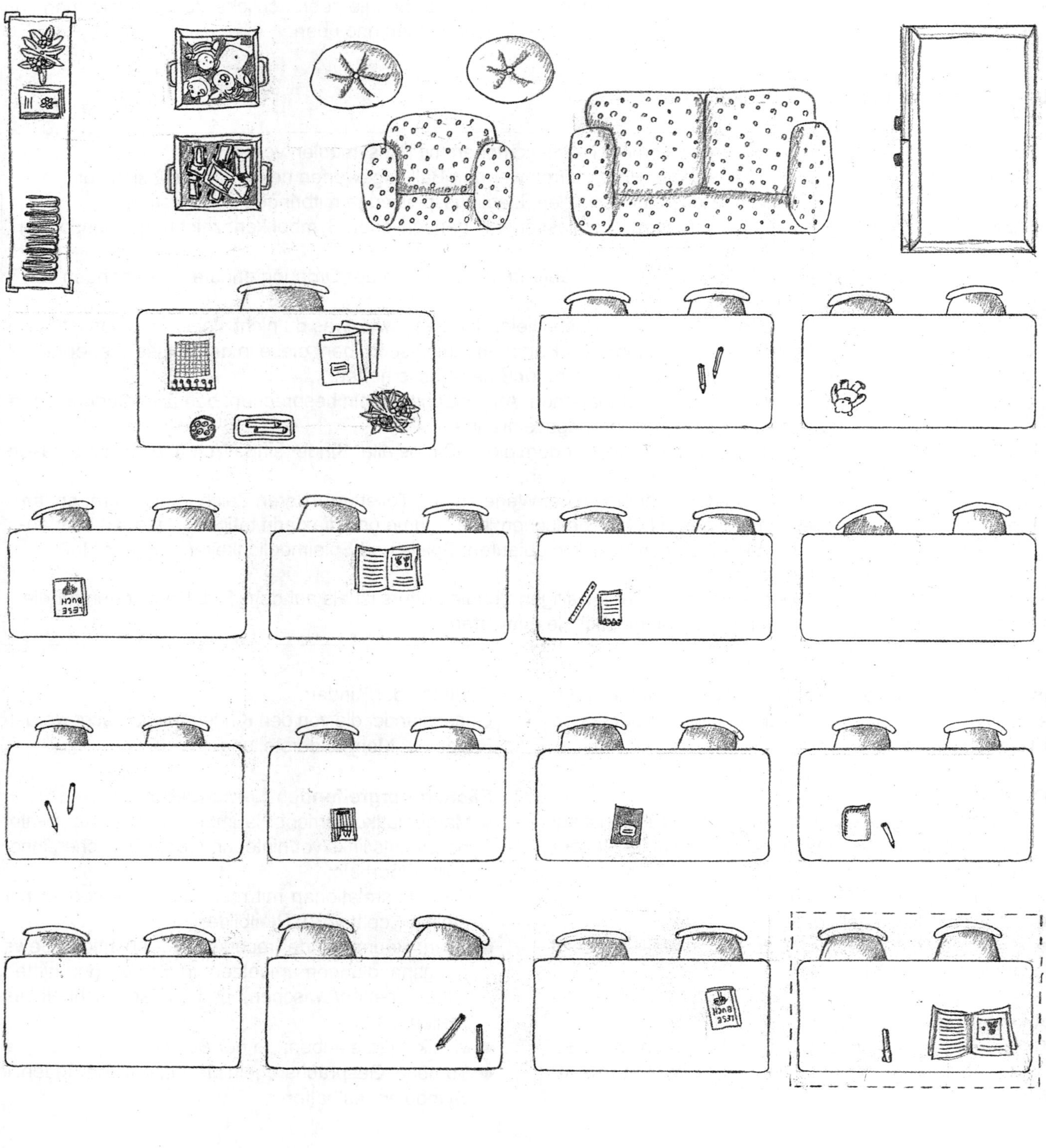

Schlag nach 1/2 — Arbeitsblatt
Bayerischer Schulbuch-Verlag, München

Unsere Schule – ein Haus für Kinder

Arbeitsblatt 1

So möchte ich in meiner Klasse sitzen

Ein Spiel für zwei

Schülerbuch Seite **8-9**

Lernziele

- bei Schulbeginn vertraute Formen des alltäglichen Lebens, des Spielens und Arbeitens, der Bewegung und des Sports wiederfinden;
- Freude am Partnerspiel entwickeln;
- Unterschiede in den Tätigkeiten zu Hause und in der Schule feststellen;
- die Notwendigkeit von Ordnungsformen einsehen, die das gemeinsame Lernen erleichtern.

Umsetzung/Handlungsmöglichkeiten

Ein Spiel für zwei SB 8-9 Klasse 1	– Gegenstände aus dem häuslichen Lebensbereich mitbringen und ausstellen; – Vergleich zwischen zu Hause und der Schule anstellen; – Partnerspiel durchführen.

SB 8-9 ist geeignet, den Kindern den Start in der neuen Umgebung dadurch zu erleichtern, daß sie Gemeinsamkeiten mit dem gewohnten Handlungsablauf zu Hause feststellen. Ängstlichen Kindern kann so mehr Sicherheit vermittelt werden. Das Spiel kann zum Einstieg wie in der Erarbeitungsphase des Unterrichts eingesetzt werden.
Die im Spiel gewonnenen Ergebnisse werden von den Kindern vorgestellt und verglichen. Sie dienen als Grundlage für ein vertieftes Gespräch darüber, welche Erwartungen die Kinder selbst, ihre Eltern oder auch die Lehrerin/der Lehrer an die in der Schule ausgeführten Tätigkeiten haben. So lassen sich erste Einsichten in die für die Schule typischen Gewohnheiten und Ordnungen entwickeln, die für den Umgang mit der Ausstattung der Klasse sowie der Kinder untereinander notwendig sind. Im Vergleich sollte die individuelle Ausprägung von Tätigkeiten zu Hause und in der Freizeit betont werden, die z. T. nach eigenem Ermessen und selbstbestimmten Zeitphasen möglich sind. Dem gegenübergestellt sind Beschäftigungen in der Gruppe, die Schwierigkeiten mit sich bringen (Lärm, unterschiedlicher Zeitbedarf . . .). Nicht zuletzt sollte auf die unterschiedliche Rückmeldung auf Geleistetes seitens der Eltern und der Lehrerin/des Lehrers mittels Lob/Tadel eingegangen werden. Der Vergleich macht den Kindern den Sinn von Vereinbarungen bei gemeinsamer Beschäftigung in der Gruppe/im Klassenverband deutlich. Dieser Aspekt wird auf der SB 12-13 fortgeführt.

Arbeitshilfen:
Gegenstände zur Repräsentation der verschiedenen Tätigkeiten;
Wendeplättchen aus dem Mathematikunterricht;
Ausstellungstische für Vorstellung von Hobbys o. ä.
Lösung zu SB 9 (von links oben nach rechts unten): aufräumen, bauen, lesen, schreiben, frühstücken, feiern, musizieren, Sport treiben, ausstellen, basteln, spielen, pflegen.

Die Schule verändert sich/Die Klasse verändert sich

Schülerbuch Seite **10-11**

Lernziele

- erste Einsichten in die geschichtliche Entwicklung der Schule gewinnen;
- Erfahrungen über verschiedenartige Einrichtung und Gestaltung von Klassenräumen sammeln;
- Möglichkeiten suchen, den Klassenraum nach eigenen Wünschen zu gestalten;
- ein Grundverständnis für die Entstehung von Karten entwickeln.

Umsetzung/Handlungsmöglichkeiten

Die Schule verändert sich SB 10 Klasse 2	– Bildquellen der eigenen Schule in früheren Zeiten auswerten; Großeltern zu ihren Schulerfahrungen interviewen; – Wünsche für die Gestaltung des eigenen Klassenraums realisieren; – Vergleich mit anderen Klassen anstellen;
Die Klasse verändert sich SB 11 Klasse 2	– Gegenstände aus der Vogelschau sehen und zeichnen; – Modell der Klasse bauen; Grundriß der Klasse anfertigen; Plan der Klasse zeichnen; Ideen zur Veränderung der Klasse umsetzen.

Arbeitshilfen:
Material zum Bau von Modellen; Packpapier zum Herstellen von Grundrissen, Schuhkartons, Püppchen, Tapeten und Teppichbodenreste.

Fächerübergreifendes Lernangebot:
Einrichtung von Puppenstuben planen: Material/Werkzeug/Vorgehen; Werkerfahrungen mit Papier und Pappe machen; Umgang mit Werkzeugen einüben; Klebstoffe testen und sparsam gebrauchen lernen; Puppenstube mit Licht versehen (einfacher Stromkreis, vgl. AB 6 zum Kapitel „Jahrein, jahraus“, SB 102 ff.).

Unsere Schule – ein Haus für Kinder

Arbeitsblatt 2

Unser Klassenzimmer

Was möchtest du in der Klasse tun?
Kreuze drei Dinge an:

- Mit anderen Kindern zusammen lernen ☐
- Basteln oder bauen ☐
- Ein Buch lesen ☐
- Ausruhen ☐
- Malen ☐
- Gemütlich frühstücken ☐
- Musik hören und singen ☐
- Spielen ☐

Das brauchen wir, um eine ______ ecke einzurichten:

Male!	Schreibe!

Kreuze an, was du mitbringen kannst.

Lernziele

- Rechte und Pflichten des einzelnen in der Klassengemeinschaft reflektieren;
- Fehlverhalten an Beispielen erkennen und beschreiben;
- die Notwendigkeit bestimmter Regeln einsehen;
- eine Klassenordnung aufstellen und dabei die Fertigkeit, eine Tabelle herzustellen und zu lesen, einüben.

Umsetzung/Handlungsmöglichkeiten

Reden wir mal darüber!/ Die anderen und ich SB 12-13 Klasse 1 und 2	– Problemsituationen in der Klasse szenisch darstellen; – Lösungen für Probleme im Rollenspiel finden; – eine Klassenordnung aufstellen; – Gestaltung von Festen (Geburtstage) absprechen

Der Einstieg in die Thematik sollte anhand einer Schlüsselsituation vorgenommen werden, die sich in der Klasse ereignet hat (z. B. Nicht-Wiederfinden persönlicher Gegenstände wegen Unordnung). So empfinden die Kinder die Bearbeitung von SB 12 nicht als Belehrung. Die Seite 12 kann als Möglichkeit genutzt werden, Fehlverhalten zu erkennen und zu verbalisieren.
Bei der Behandlung einzelner Probleme ist es wichtig, auf die emotionale Befindlichkeit der Kinder in solchen Situationen einzugehen. Dabei sollten Kinder, die häufig problematisches Verhalten zeigen, nicht durch Nennung abgestempelt werden.
Bei der Herleitung von Regeln und Ordnungsformen sollten immer Gründe für das richtige/falsche Verhalten gesucht und benannt werden, so z. B.:
- Unfallgefahren wegen Stolperns über auf dem Boden liegende Gegenstände;
- Zerstörung von Eigentum durch Herabfallen, Drauftreten usw.;
- schnellere Beschaffung von notwendigen Gegenständen;
- Mehrarbeit für den Putzdienst wegen nicht hergestellter Ordnung (ein Interview/Gespräch mit dem Putzdienst bietet sich hier an!);
- Verschwendung von Material.

Anhand der Seite kann erstmalig in Formen des Umweltschutzes eingeführt werden, indem folgende Möglichkeiten der Müllvermeidung besprochen werden:

- getrenntes Sammeln von Papier, Zuführen zur Recycling-Station;
- Butterbrotdosen anstelle von Butterbrotpapier einführen;
- Mehrwegflaschen bei der Milch bzw. bei mitgebrachtem Getränk anstelle von Papptüten.

Die notwendigen Ordnungsformen sollten nicht nur besprochen, sondern gemeinsam eingeübt werden: Aufhängen der Kleidung bzw. der Turnbeutel an speziellen Orten, die evtl. mit einem persönlichen Symbol des Kindes versehen werden. Für jedes Kind sollten Schuhkartons/Stapelboxen mit Namen versehen, mit den für die schulische Arbeit wichtigen Materialien wie Wasserfarben, Scheren, Klebzeug usw. gefüllt und an einem vereinbarten Ort ordentlich aufbewahrt werden.
Für wiederkehrende Aufgaben in der Klasse kann ein Ordnungsdienst eingerichtet werden. An dieser Stelle ist AB 3: „Wir legen eine Tabelle an" einsetzbar. Die erforderlichen Schritte dazu sollten im Klassenverband zunächst gemeinsam bei der Erstellung einer großen Tabelle auf einem Plakat vollzogen werden, bevor sich jedes Kind mit dem Arbeitsblatt eine persönliche Übersicht über den eigenen Einsatz im Ordnungsdienst herstellt. Sofern der namentliche Eintrag mit Bleistift erfolgt, können die Blätter mehrere Wochen verwendet werden.
Die Erstellung von Tabellen sollte an weiteren Beispielen (Stundenplan) weiter eingeübt werden.
Zeitliche Absprachen sollten getroffen und (akustische) Signale vereinbart werden, die den Abschluß einer gemeinsamen Tätigkeit ankündigen.

Unsere Schule – ein Haus für Kinder Arbeitsblatt 3

Wir legen eine Tabelle an

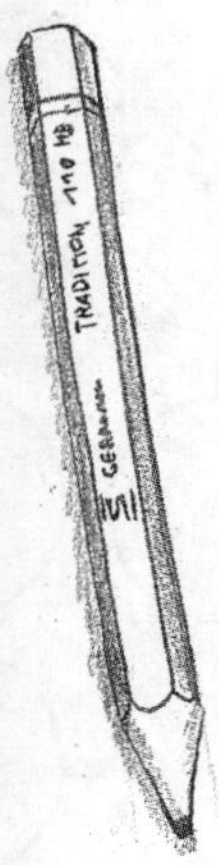

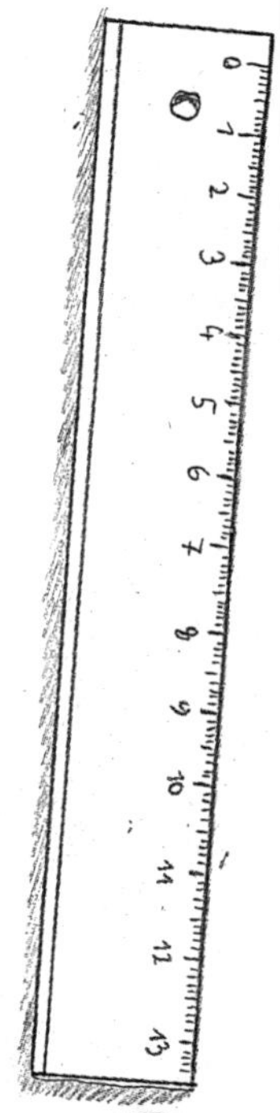

Tag / Klassendienst					

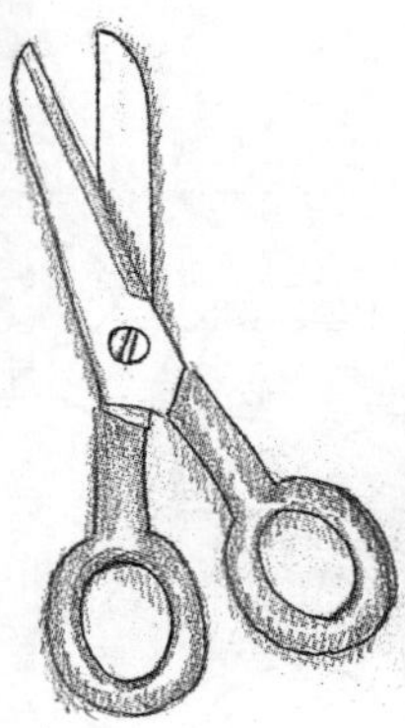

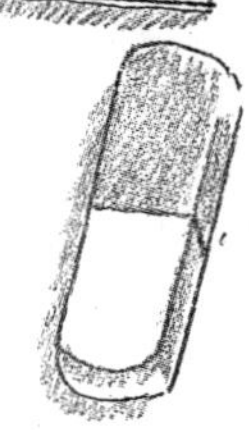

Montag	Dienstag	Mittwoch	Donnerstag	Freitag

1. Zeichne die waagerechten (→) und senkrechten (↓) Linien ein.
2. Schneide die Kästchen mit den Wochentagen und Klassendiensten aus.
3. Klebe die Wochentage in die waagerechte oder senkrechte Spalte.
4. Klebe die Klassendienste in die andere Reihe.
5. Suche dir Aufgaben, und trage dich an den passenden Tagen ein.

Unsere Schule – ein Haus für Kinder

In unserer Klasse ist viel los!

Schlag nach 1/2 — Arbeitsblatt
Bayerischer Schulbuch-Verlag, München

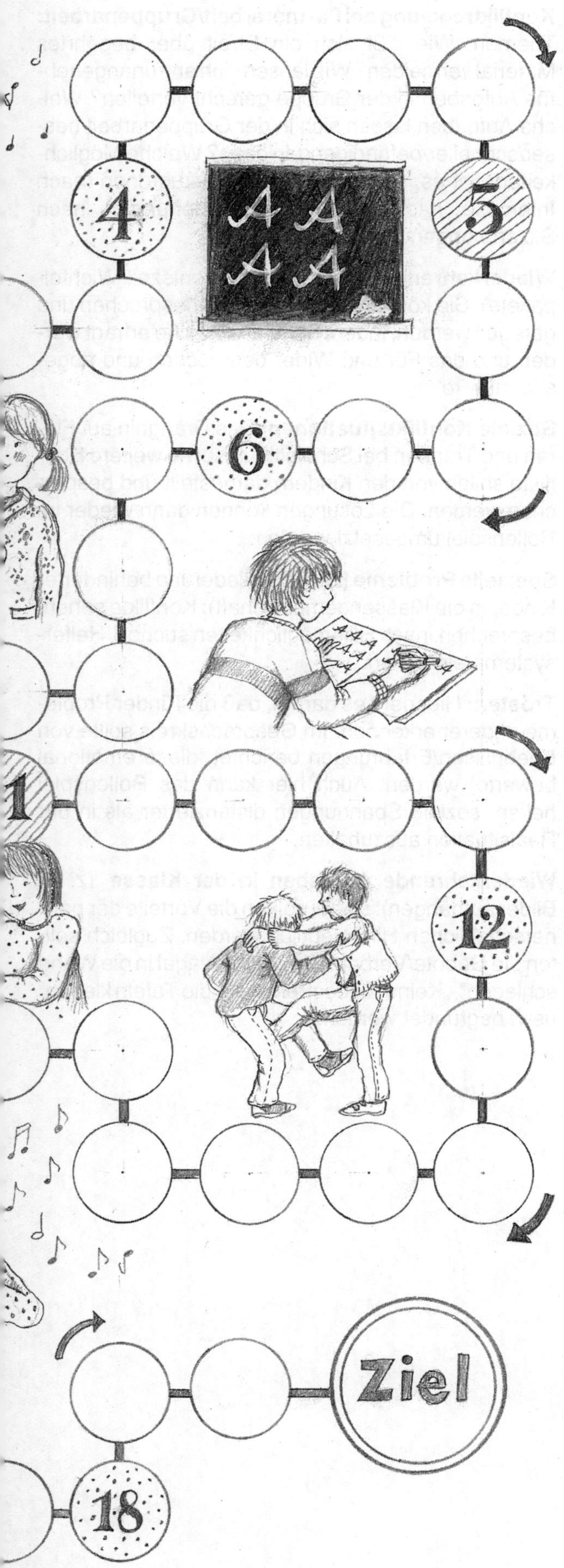

Ihr braucht dazu:
Spielfiguren und einen Würfel

Spielregel:
Wer die höchste Zahl würfelt, beginnt. Wenn du auf ein besetztes Feld kommst, stelle deine Figur daneben. Die Zahlenfelder sind Ereignisfelder. Unten wird erklärt, was bei diesen Feldern passiert.
Wer als erster am Ziel ankommt, hat gewonnen!

Zahlenfelder:
1. Du wippst mit dem Stuhl: einmal aussetzen.
2. Du hast die Werkecke aufgeräumt: noch einmal würfeln.
3. Du hast einem Mitschüler ein Bein gestellt: zweimal aussetzen.
4. Du singst besonders schön: 2 Felder vor.
5. Du hast vergessen, die Tafel zu putzen: Sag ein Gedicht auf!
6. Du gibst dir beim Schreiben viel Mühe: 3 Felder vor.
7. Du teilst mit dem Nachbarn dein Frühstück: 6 Felder vor.
8. Du hast in der Pause den Schulhof verlassen: warten, bis der nächste Mitspieler an dir vorbeizieht.
9. Dein Papier liegt auf dem Boden: Nenne drei Wörter mit „Sch" am Anfang.
10. Du hast die Blumen gegossen: Rücke vor den nächsten Mitspieler.
11. Du hilfst deiner Freundin bei den Schreibaufgaben: 4 Felder vor.
12. Du hast dich auf dem Schulhof geprügelt: Sing ein Lied vor!
13. Du teilst den Kakao aus: noch einmal würfeln.
14. Du reißt die Blätter von den Sträuchern: warten, bis du eine 3 würfelst.
15. Du hast einen Nagel in die Wand geschlagen: einmal durch den Raum hüpfen.
16. Deine Schultasche liegt im Weg: 3 Felder zurück.
17. Du hast Ausstellungsstücke mitgebracht: Rücke vor den nächsten Mitspieler.
18. Du spielst mit der Flöte vor: noch einmal würfeln.

Lernziele

- die eigene Identität in der Klasse finden und soziale Sensibilität für die Probleme anderer entwickeln;
- erkennen, daß es bestimmte Situationen im Schulalltag gibt, die Regeln erfordern;
- Regeln des sozialen Miteinanders vereinbaren;
- soziale Arbeitsformen kennenlernen und einüben.

Umsetzung/Handlungsmöglichkeiten

Wie auf der Seite „Reden wir mal darüber!" sollte der Einstieg in die Thematik anhand einer elementaren sozialen Situation erfolgen, die in der Klasse z. B. zu einem Konflikt geführt hat. Die Kinder werden dann infolge der persönlichen Betroffenheit leichter bereit sein, die Notwendigkeit von Regeln im sozialen Miteinander einzusehen und zu befolgen.
SB 13 zeigt typische Situationen aus dem Schulalltag, die als Gesprächsanlaß, aber auch als Vorlage für szenische Darstellungen/Rollenspiele sein können:

- **Interaktion bei der Partnerarbeit:** Das partnerschaftliche Umgehen, nicht zuletzt mit den ausländischen Mitschülern, kann anhand der Darstellung besprochen werden. Zugleich ist die Erörterung der Frage wichtig, wie beide Partner in der Partnerarbeit handelnd tätig werden können. Indem die Kinder ihre Befindlichkeit allein bzw. mit anderen emotional bewerten, sollen sie das Wesen partnerschaftlicher Arbeit erfahren. Sie sollten sich an Situationen erinnern, in denen sie einen Partner nötig hatten.
  Die Partnerarbeit selbst sollte bewußt mittels Aufgabenstellungen eingeübt werden, die sie notwendig oder erstrebenswert machen (SB 8-9 „Ein Spiel für zwei"). Die geregelte Kooperation (z. B. bei der Arbeit mit Wendekarten: Aufgaben + Kontrolle) muß in ihrem Ablauf kennengelernt (Kinder dabei beobachten!), festgelegt und geübt werden: Sitzordnung (nebeneinander/gegenüber); die Kontrolle; die Art der Hilfestellung usw.
- **Konfliktregelung bei Partnerarbeit/Gruppenarbeit:** Themen: Wie läßt sich ein Streit über begehrtes Material vermeiden? Wie lassen sich an-/unangenehme Aufgaben in der Gruppe gerecht verteilen? Welche Aufgaben lassen sich in der Gruppenarbeit besser/schneller/befriedigender lösen? Welche Möglichkeiten gibt es, sich einer Gruppe zuzuordnen (nach Interesse, nach Freundschaftsbeziehungen, nach Sitzordnungen etc.)?
- **Wiederkehrende Feste** (hier Adventszeit-Wichtelpakete): Sie können in ihrem Ablauf besprochen und geregelt werden, indem Schülerwünsche erfragt werden und das Für und Wider besprochen und abgestimmt wird.
- **Soziale Konfliktsituationen:** Das Drängeln auf Fluren und Treppen bei Schulschluß sowie weitere Konflikte sollen von den Kindern dargestellt und besprochen werden. Die Lösungen können dann wieder im Rollenspiel umgesetzt werden.
- **Spezielle Probleme** (hier: Eingliederung behinderter Kinder in die Klassengemeinschaft): Konflikte sehen, besprechen, nach Hilfsmöglichkeiten suchen, Helfersysteme einrichten.
- **Trösten:** Hier geht es darum, daß die Kinder Probleme anderer erkennen. Im Gesprächskreis sollte von Erlebnissen/Erfahrungen berichtet, diese emotional bewertet werden. Auch hier kann das Rollenspiel helfen, soziale Spannungen distanzierter als in der Realsituation auszuhalten.
- **Wiederkehrende Aufgaben in der Klasse** (z. B. Bilder aufhängen): Dabei sollten die Vorteile der partnerschaftlichen Hilfe deutlich werden. Zugleich sollten die Gebote/Verbote wie „Keine Nägel in die Wand schlagen", „Keine Klebestreifen auf die Tafeln kleben" usw. begründet werden.

Lernziele

- den Pausenhof als einen Teil des Erlebnisraums Schule erfahren;
- verschiedene Zonen (Ruhe-, Lauf-, Spiel-, Gerätezonen) auf dem Schulhof unterscheiden;
- Spiele und Aktivitäten auf dem Schulhof nennen, dabei zwischen Erlaubtem und Unerlaubtem unterscheiden;
- von Verhaltensweisen der Mitschüler in der Pause berichten; eigene Verhaltensweisen reflektieren;
- eine Pausenordnung entwickeln.

Umsetzung/Handlungsmöglichkeiten

Was wollen wir in der Pause spielen? SB 14-15 Klasse 2	– Den Pausenhof sowie mögliche/erlaubte Spiele genau erkunden; – eigene Verhaltensweisen und die von Mitschülern im Rollenspiel darstellen und verändern; – eine Pausenordnung entwickeln und aufschreiben; – eine Ideenkiste/ein Spielebuch für Pausenspiele entwerfen; – Kisten für Pausenspiele einrichten.

SB14-15 dient als Einstiegssituation und Gesprächsanlaß; denkbar wären auch aktuelle Vorfälle/Konflikte, von denen die Kinder nach der Pause berichten. Im Unterrichtsgespräch sollten die Tätigkeiten beschrieben und bewertet werden. Partnerschaftlicher Umgang und eine Pausenordnung sollten nicht zuletzt zur Vermeidung von Unfällen und Verletzungen als hilfreich erkannt werden. Die Funktion des aufsichtführenden Lehrers wird im Zusammenhang mit Problemen/Beschwerden besprochen.
AB 4 beschreibt die Erstellung eines Plakates, mit dem eine zweite Klasse als Patenklasse die Schulneulinge über die Pausenordnung in der Schule informieren kann. Hier wäre auch eine Plakatgestaltung mit auf dem Schulhof aufgenommenen Fotos von spielenden Kindern möglich.

AB 5 regt an, eine Ideenkiste für Pausenspiele zu entwerfen. Entsprechend den Vorlagen können den Kindern weitere DIN A 5-Kartons zur Verfügung gestellt werden, auf welche sie ihnen bekannte Spiele malen (Vorderseite) und die Regeln dazu schreiben (Rückseite).
Die Kinder suchen zu Hause/in der Schule nach weiteren Spielen. Die Lehrerin/der Lehrer kann den Kindern hierzu auch Spiele aus Spielkarten (vgl. Arbeitshilfen) vorlegen. Diese werden von den Kindern gesichtet, nach gemeinsam erarbeiteten Kriterien auf Brauchbarkeit untersucht und ausgewählt, abgeschrieben/kopiert und aufgeklebt. Eine erste gemeinsame Erprobung schließt sich an. Vor jeder Pause sollten dann Spiele gewählt und die dafür notwendigen Materialien mitgenommen werden. So lernen es die Kinder zunehmend, ihre Spiele selbst zu organisieren.

Arbeitshilfen:
- BAGUV Lehrerbriefe zur Unfallverhütung und Sicherheitserziehung Primarbereich:
  * GUV 57.2.204 R. Pihusch: Sicherheit auf dem Schulhof,
  * GUV 57.2.168 F. H. Kulhoff/H. Siemen: Lauf- und Fangspiele,
  * GUV 57.2.140 F. H. Kulhoff/H. Siemen: Kleingeräte im Sportunterricht,
  * GUV 57.2.171 A. Grüneklee/D. Eikemeier: Kleine Ballspiele.
- BAGUV Pluspunkt, Lehrerinformationen zur Sicherheitserziehung, Unfallverhütung 3/88, Postfach 5720, Wiesbaden: Pausenhofgestaltung.
  Arbeitskreis Peter Petersen e. V. Regionalgruppe Köln, Oktober 1988: Aktive Pause – Materialien, Praxisbeispiele, Arbeitshilfen.
- Jugendamt der Landeshauptstadt Düsseldorf: Spielzeitung
  Nr. 1 Gemeinschaftsspiele,
  Nr. 2 Hüpfen und Seilspringen,
  Nr. 3 Ballspiele,
  Nr. 4 Lauf- und Fangspiele,
  Nr. 5 Darstellende Spiele,
  Nr. 6 Spiele aus 8 Ländern.

Unsere Schule – ein Haus für Kinder

Pausenordnung

Entwerft ein Plakat!
Malt die Bilder aus!
Schneidet die Bilder aus,
und klebt sie auf das Plakat!

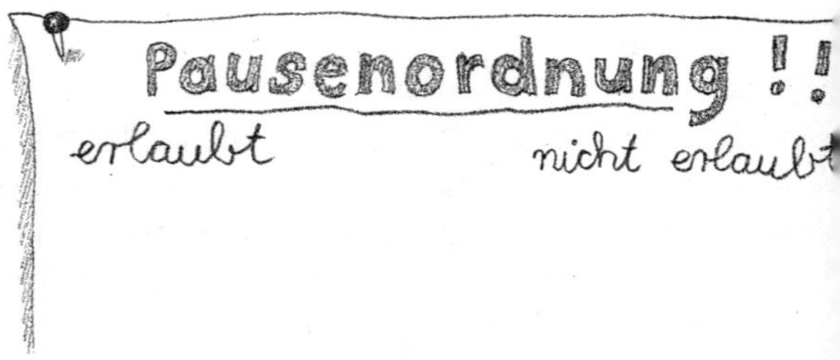

Hängt das Plakat draußen vor Regen geschützt auf!

Schlag nach 1/2 — Arbeitsblatt
Bayerischer Schulbuch-Verlag, München

Unsere Schule – ein Haus für Kinder

Arbeitsblatt 5

Pausenspiele

Gerät: Seil

a)

b)

c)

e)

Gerät: Seil

Spielregeln

a) 1 Schüler springt.
b) 2 Schüler springen gleichzeitig.
c) Seilspringen im Vorwärtslauf.
d) 2 Schüler laufen und springen.
e) Das doppelt gelegte Seil mit einer Hand fassen, kreisförmig flach über den Boden schwingen. Die Schüler springen im Schlußsprung über das Seil.

Gerät: Zauberschnur

a)

b)

c)

Gerät: Zauberschnur

Spielregeln

a) 2 Schüler halten die Schnur in verschiedener Höhe straff. Andere kriechen darunter durch. Wer die Schnur berührt, muß die Schnur halten.
b) Schnur im Bogen schlagen, die Kinder laufen durch, ohne die Schnur zu berühren.
c) Die Schnur wird von 2 Schülern gehalten. Die Schüler müssen sie überspringen, ohne sie zu berühren.
Variation: verschiedene Höhe.

Schneidet die Karten aus, und klebt Vorder- und Rückseite aufeinander.

Schlag nach 1/2 — Arbeitsblatt
Bayerischer Schulbuch-Verlag, München

Unsere Schule – ein Haus für Kinder

Arbeitsblatt 6

Abzählreime

Trage einen Abzählreim ein, der dir besonders gut gefällt!

Hokuspokus, Kokosnuß,
Hexenzwirn und Löwenfuß
Eulenschwanz und Nudelmann,
der – ist – dran. *(Janosch)*

Eins, zwei, drei, vier,
fünf, sechs, sieben.
Eine alte Frau kocht Rüben.
Eine alte Frau kocht Speck,
und du bist weg!

____

____

____

____

____

____

Ele, mele, Mule.
Wir gehen in die Schule.
Ene, mene, Maus.
Du bist raus!

Auf einem Gummi-Gummi-Berg,
da wohnt ein Gummi-Gummi-Zwerg,
der Gummi-Gummi-Zwerg
hat eine Gummi-Gummi-Frau,
die Gummi-Gummi-Frau
hat ein Gummi-Gummi-Kind,
das Gummi-Gummi-Kind
hat ein Gummi-Gummi-Kleid,
das Gummi-Gummi-Kleid
hat ein Gummi-Gummi-Loch,
und du bist es doch!

Himmel, Hölle, Wurst und Pelle,
Pustekuchen
du mußt suchen! *(Janosch)*

Was wir auf dem Schulweg sehen und erleben/ Augen auf im Straßenverkehr!

Schülerbuch Seite 16-18

Lernziele

- die eigene Schulumgebung erkunden und sich räumlich orientieren;
- öffentliche, kirchliche, kulturelle und kommerzielle Einrichtungen aus der Schulumgebung kennenlernen und wissen, wie sie zu erreichen sind;
- verkehrsgerechtes Verhalten auf dem Schulweg einüben und Gefahren erkennen.

Umsetzung/Handlungsmöglichkeiten

Was wir auf unserem Schulweg sehen und erleben SB 16-17 Klasse 1	– Unterrichtsgang durch die Schulumgebung (Beobachtungen und Verhaltenstraining); – Bau der Schulumgebung als Modell (mit Pappschachteln, aus Holzklötzen, aus Ton auf Plakatunterlage oder Holzplatte, im Sandkasten), Bauteile bekleben oder anmalen, Straßen, öffentliche Gebäude und Verkehrseinrichtungen (Ampel, Zebrastreifen usw.) markieren; – den eigenen Schulweg beschreiben (Fragen: Wie kommt ihr zur Schule? Worauf müßt ihr achten?); – über eigene Erfahrungen berichten (sicherer Schulweg, Gefahren im Straßenverkehr); – die auf SB 16-17 dargestellten Situationen beschreiben (verkehrsgerechtes oder gefährliches Verhalten von Verkehrsteilnehmern);
Augen auf im Straßenverkehr! SB 18 Klasse 2	– die auf SB 18 vergrößert dargestellten Ausschnitte im Gesamtbild SB 16-17 suchen, die Situationen und möglichen Folgen besprechen.

Die Doppelseite SB 16-17 zeigt aus der Schrägsicht eine fiktive städtische Schulumgebung, die in allen Einzelheiten möglichst realitätsgetreu dargestellt ist. Sie bietet den Kindern vielfältige Anlässe zum Betrachten und Sprechen; anhand von AB 1 können sie ihren eigenen Schulweg darstellen. Gezeigt werden alltägliche morgendliche Verkehrssituationen, die den Kindern vertraut sind. Verkehrszeichen und -einrichtungen sind den innerstädtischen Bedingungen angepaßt.

Die Kinder finden viele Vorbilder für verkehrsgerechtes Verhalten, aber auch Beispiele für gefährliches, verkehrswidriges Verhalten von Verkehrsteilnehmern. Diese Situationen sind auf SB 18 vergrößert dargestellt (Suchbildcharakter). Dazu kann AB 2 eingesetzt werden. SB 16-17 zeigt weitere Einrichtungen wie die Post und die Tankstelle, die auf den folgenden Seiten (SB 24-25, SB 26-27) thematisiert werden.

Der Stadtausschnitt zeigt unterschiedliche Bebauung; darauf kann in der Themeneinheit „Bei uns zu Hause“ zurückgegriffen werden.

Mein Schulweg

Arbeitsblatt 1

Was wir auf dem Schulweg sehen und erleben

Was siehst du auf deinem Schulweg?
Schneide die Bilder von Seite 24 aus, und klebe sie hier ein.
Finde weitere Dinge, die du auf deinem Schulweg siehst.

Mein Schulweg Ausschneidebogen

Was wir auf dem Schulweg sehen und erleben zu Arbeitsblatt 1

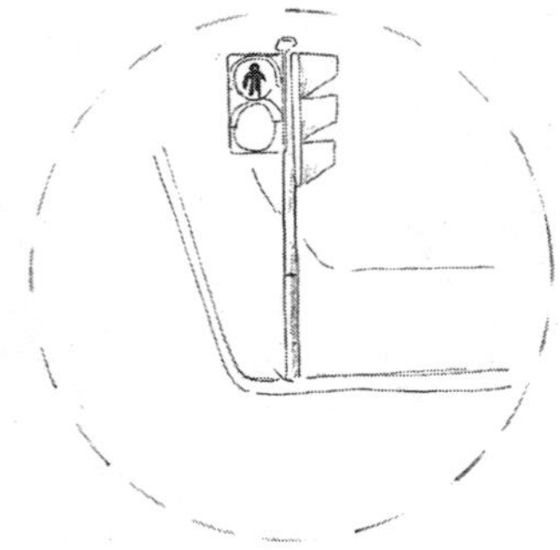

Schlag nach 1/2 — Arbeitsblatt
Bayerischer Schulbuch-Verlag, München

Lernziele

- Einsicht in die Straßenverkehrsordnung gewinnen (gegenseitige Rücksichtnahme, grundlegende Verkehrsregeln);
- eine Straße ohne Ampel sicher überqueren;
- die Bedeutung der für Fußgänger und Radfahrer wichtigsten Verkehrszeichen kennen und beachten;
- wissen, wie man als Verkehrsteilnehmer in der Dunkelheit gut erkannt wird;
- Hilfen und Helfer im Straßenverkehr kennen, akzeptieren und nutzen.

Umsetzung/Handlungsmöglichkeiten

Nur so über die Straße! SB 19, Klasse 1	– Rollenspiel im Klassenraum zum Überqueren der Fahrbahn (Markierung des Fahrbahnrandes mit Kreide oder Klebestreifen, Karton für „Autofahrer", dazu AB 3);
Immer auf dem richtigen Weg SB 20 Klasse 1	– die wichtigsten Verkehrszeichen für Fußgänger und Radfahrer einführen; – Übungen im Schonraum Schulhof (Straßenkreuzung mit Kreide aufmalen), Verkehrsübungsplatz durchführen; – richtiges Verhalten auf der Landstraße üben;
Sehen und sichtbar sein SB 21 Klasse 1und 2	– im verdunkelten Klassenraum ausprobieren, wie man gut zu sehen ist (helle Kleidung, dunkle Kleidung, reflektierende Accessoires); – Sticker aus reflektierender Folie für Kleidung und Tornister anfertigen;
Helfer im Straßenverkehr/ Die Polizei – dein Freund und Helfer SB 22-23 Klasse 1 und 2	– Teile des Fahrrads benennen, dabei unterscheiden zwischen Funktionsteilen und Teilen, die für die Verkehrssicherheit vorgeschrieben sind; – das eigene Fahrrad mit der Checkliste AB 6 überprüfen; – Unterrichtsgang mit Verkehrspolizisten und evtl. Eltern in die Schulumgebung; – Übungen im Verkehr mit entsprechenden Sicherungen durchführen.

Ein wesentliches Ziel dieses Themenbereiches ist, daß sich die Kinder ihre eigene Schulumgebung erschließen. Sie lernen, sich auf dem Schulweg verkehrsgerecht zu verhalten und sich im Straßenverkehr sicher zu bewegen. Daher nimmt die Verkehrserziehung den größten Teil der Einheit ein.
Grundsätzlich gilt § 1 der Straßenverkehrsordnung:
Die Teilnahme am Straßenverkehr erfordert ständige Vorsicht und gegenseitige Rücksichtnahme. Jeder Verkehrsteilnehmer hat sich so zu verhalten, daß kein anderer geschädigt, gefährdet oder, mehr als nach den Umständen unvermeidbar, behindert oder belästigt wird.
Das Überqueren einer Straße ohne Ampel (SB 19) sollte in sechs fließend ineinander übergehenden Phasen erfolgen:

1. an der Bordsteinkante stehen und nach links schauen, ob die Straße frei ist;
2. nach rechts schauen, ob sich nicht evtl. überholende Fahrzeuge nähern;
3. noch einmal nach links schauen, ob die Fahrbahn immer noch frei ist;
4. zügig bis zur Fahrbahnmitte gehen, dabei nach links, aber auch nach rechts schauen;
5. in der Fahrbahnmitte nach rechts schauen; sollte sich zwischenzeitlich von rechts ein Fahrzeug genähert haben, in der Fahrbahnmitte stehenbleiben;
6. ist die rechte Fahrspur frei, zügig die zweite Fahrbahnhälfte überqueren und dabei nach rechts, aber auch nach links schauen.

Für die Verkehrsräume Gehweg, Radweg und Fahrbahn gibt es eine Fülle von Regeln und Zeichen (AB 4, 5).
SB 20 zeigt als Auswahl die Verkehrszeichen für

- Gehweg (Fußgänger und Kinder bis 8 Jahre mit dem Fahrrad, wenn kein Radweg vorhanden ist),
- Radweg (Radfahrer müssen diesen Weg benutzen),
- Geh- und Radweg gemeinsam (Fußgänger müssen die Radfahrer durchfahren lassen, durch eine waagrechte, weiße Mittellinie erkennbar),
- Geh- und Radweg nebeneinander (durch eine senkrechte Mittellinie erkennbar),
- Zebrastreifen
- Fußgängerunterführung oder -überführung.

Ist ein Gehweg vorhanden, muß er auch benutzt werden (SB 21). Auf einer Straße ohne Gehweg (Landstraße) geht man auf der linken Seite am Rand hintereinander.
Helle Kleidung und reflektierende Accessoires erhöhen die Sicherheit bei Dunkelheit.
Neben der helltönenden Klingel und den zwei voneinander unabhängigen Bremsen gehören zum vorschriftsmäßig ausgerüsteten Fahrrad: Scheinwerfer, Rückleuchte mit Rückstrahler (Katzenauge), Tretstrahler, Speichenstrahler (mindestens zwei pro Rad, versetzt

um 180° angebracht) oder reflektierende Vorder- und Hinterreifen, Frontstrahler (weiß), großflächige Rückstrahler (rot). Anhand von AB 6 können die Kinder die Verkehrssicherheit ihrer eigenen Fahrräder testen.
Die Druckknopfampel ist wohl eine der wichtigsten Einrichtungen zur Erhöhung der Sicherheit für Fußgänger im Straßenverkehr. Der auf SB 22 dargestellte Typus (drei-äugig) ist am häufigsten vertreten. Standortbezogene andere Ausführungen (zwei-äugig oder mit zusätzlichem gelben Licht) müssen unterrichtlich berücksichtigt werden.

Arbeitshilfen:
Materialien von folgenden Institutionen:

Deutsche Verkehrswacht e. V.
Platanenweg 39
53225 Bonn
Tel: 0228/400 080
Broschüre: Dieter Hohenadel, Unterricht über Radfahren (Klasse 1 und 2).

Bundesministerium für Verkehr, Abt. Straßenverkehr
Bereich Unfallforschung
Brüderstraße 53
51427 Bergisch Gladbach
Tel: 02204/430 oder 434 59

Deutscher Verkehrssicherheitsrat
Obere Wilhelmstraße 32
53225 Bonn
Tel: 0228/400 010

Ministerium für Stadtentwicklung, Wohnen und Verkehr des Landes Nordrhein-Westfalen
Breite Straße 31
40213 Düsseldorf
Tel: 0211/837 04

Allgemeiner Deutscher Fahrrad-Club (ADFC) e. V.
Landesverband NRW
Birkenstraße 48
40233 Düsseldorf
Tel: 0211/675 248

Allgemeiner Deutscher Automobil-Club (ADAC)
Am Westpark 8
81373 München
Tel: 089/767 624 79

Filme:
32 3202 Kinder haben keine Bremse
30 2222 Pamfi paßt nicht auf
30 2640 Pamfi an der Druckknopfampel
30 2478 Pamfi und die Schülerlotsen
42 6046 Wer ist Meister auf zwei Rädern?

Audio-Cassette: Rolf Zuckowskis Schulweg-Hitparade

Fächerübergreifendes Lernangebot:
- Musik: Lieder aus Rolf Zuckowskis Schulweg-Hitparade.
- Sport: Übungen zum Radfahrtraining (Parcours auf dem Schulhof).

Mein Schulweg

Arbeitsblatt 2

Verkehrsteilnehmer

Warum schauen wir zuerst nach links?
Schneide die Bilder von Seite 28 aus.
Klebe sie auf den richtigen Verkehrsweg.
Achte dabei auf die richtige Fahrtrichtung!

Mein Schulweg
Verkehrsteilnehmer

Ausschneidebogen
zu Arbeitsblatt 2

Mein Schulweg

Arbeitsblatt 3

Augen auf im Straßenverkehr!

Welche Verkehrsteilnehmer dürfen die Straße überqueren? Male sie grün an. Male alle, die warten müssen, rot an.

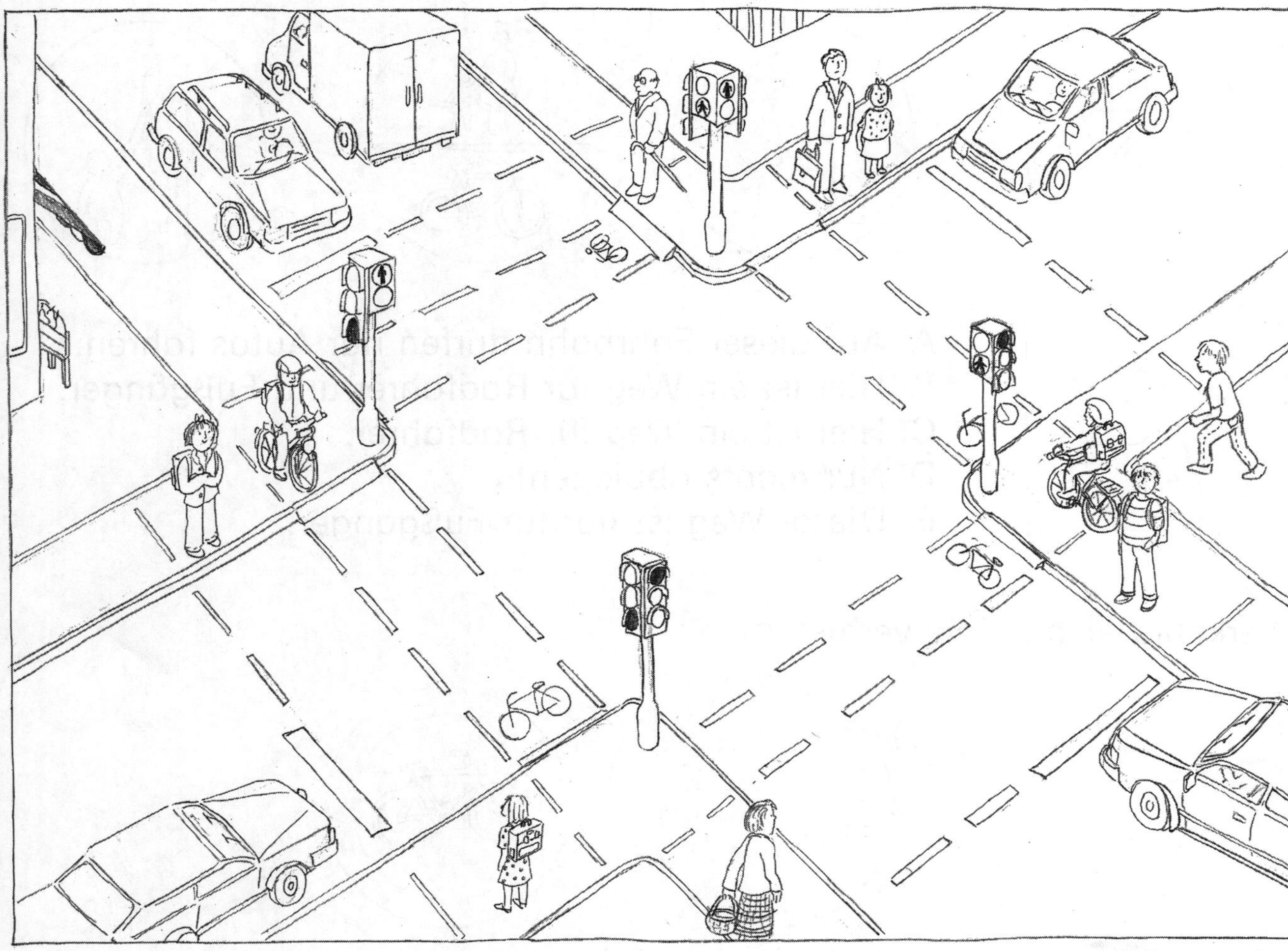

Wer paßt nicht auf? Kreise ein.

Mein Schulweg

Arbeitsblatt 4

Mit dem Fahrrad unterwegs

Verkehrszeichen, die gebieten:

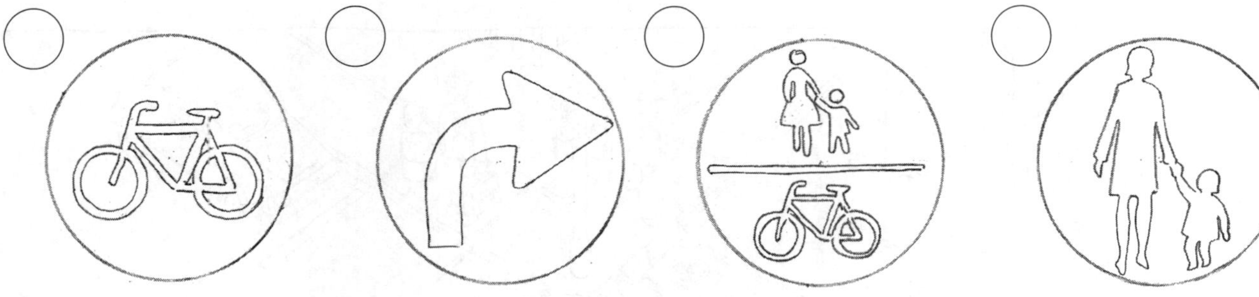

A Auf dieser Fahrbahn dürfen nur Autos fahren.
B Hier ist ein Weg für Radfahrer und Fußgänger.
C Hier ist ein Weg für Radfahrer.
D Nur rechts abbiegen!
E Dieser Weg ist nur für Fußgänger.

Verkehrszeichen, die verbieten:

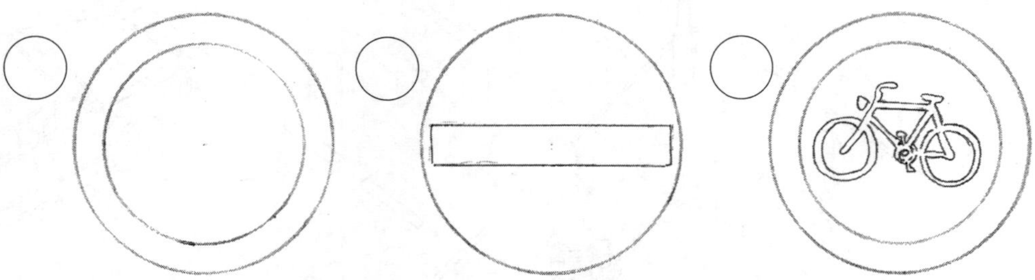

A In diese Richtung darf ich nicht fahren.
B Hier darf niemand fahren.
C Hier ist Radfahren verboten.

Male die Verkehrszeichen richtig aus.
Ordne die Buchstaben zu.

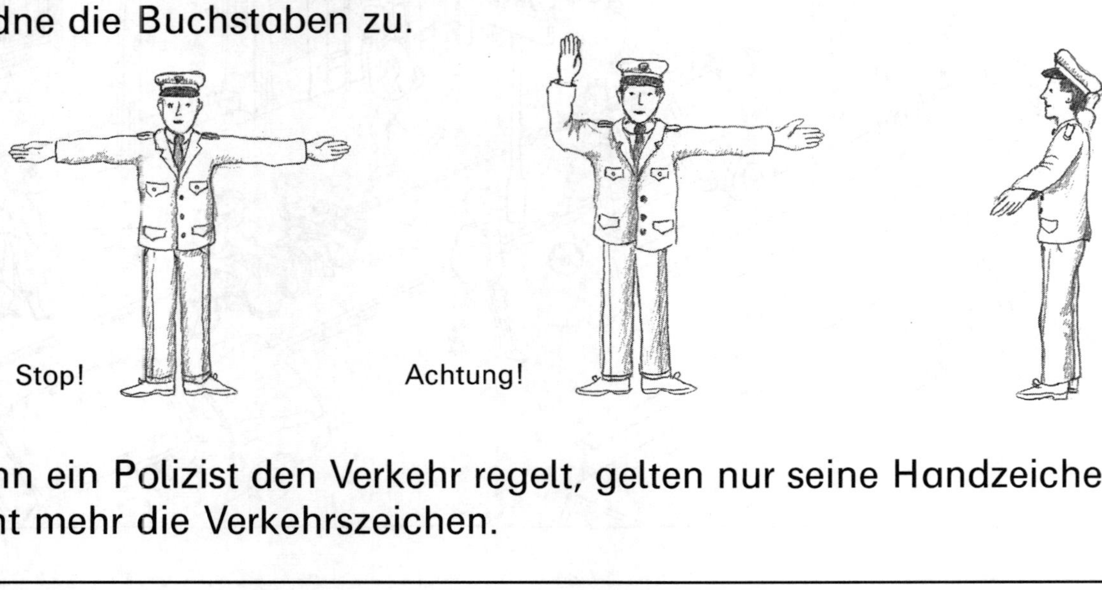

Wenn ein Polizist den Verkehr regelt, gelten nur seine Handzeichen und nicht mehr die Verkehrszeichen.

Schlag nach 1/2 — Arbeitsblatt
Bayerischer Schulbuch-Verlag, München

Mit dem Fahrrad unterwegs

Verkehrszeichen, die warnen:

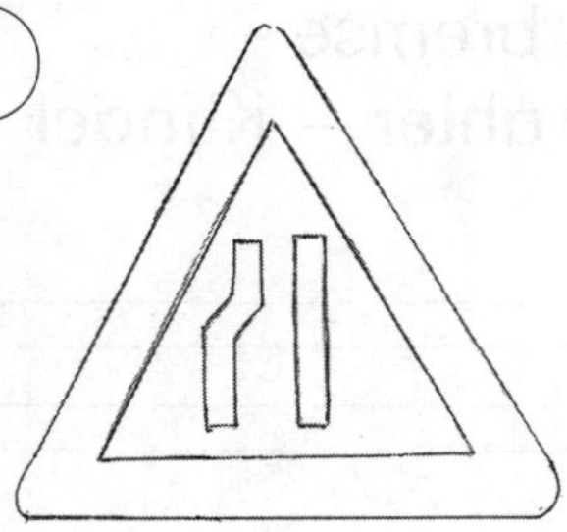

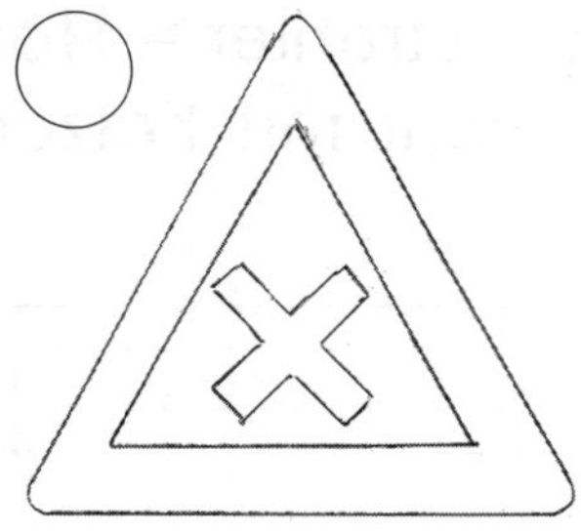

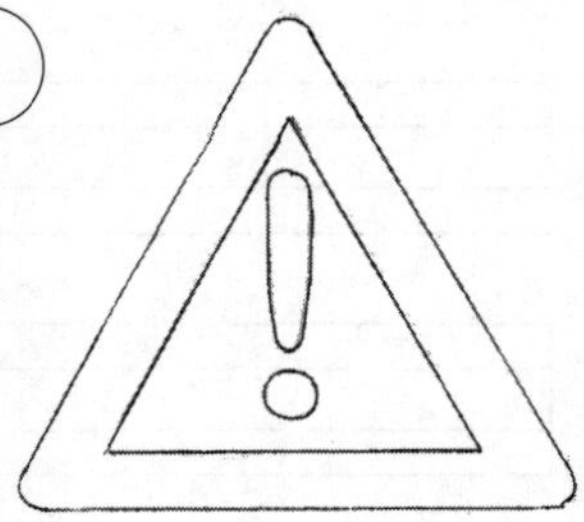

A Vorsicht, hier ist eine Schule oder ein Kindergarten.
B Gefährliche Kreuzung.
C Kurven fahre ich gerne, aber hier muß ich aufpassen.
D Die Straße wird eng.
E Hier droht Gefahr!

Verkehrszeichen, die die Vorfahrt regeln:

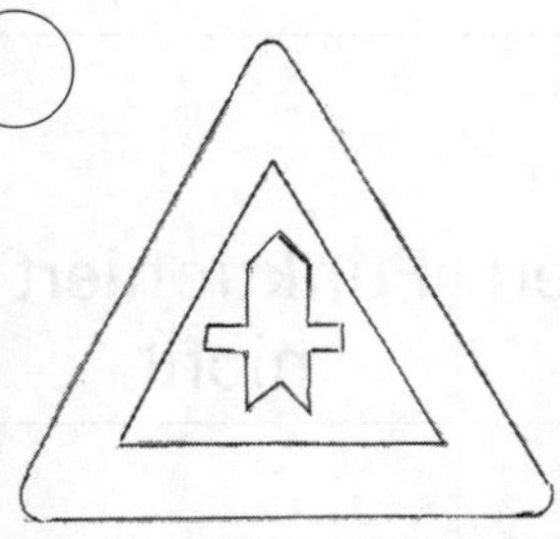
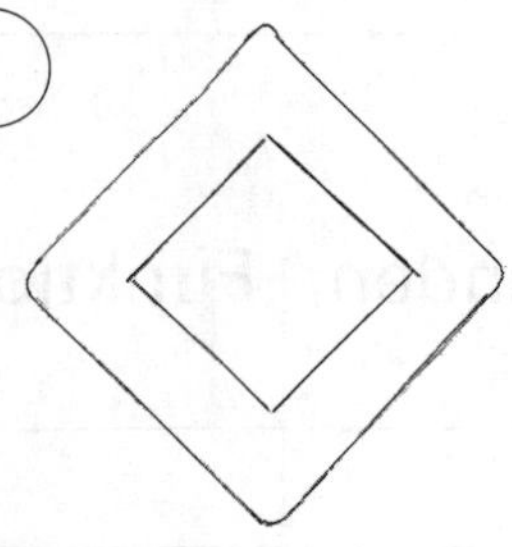
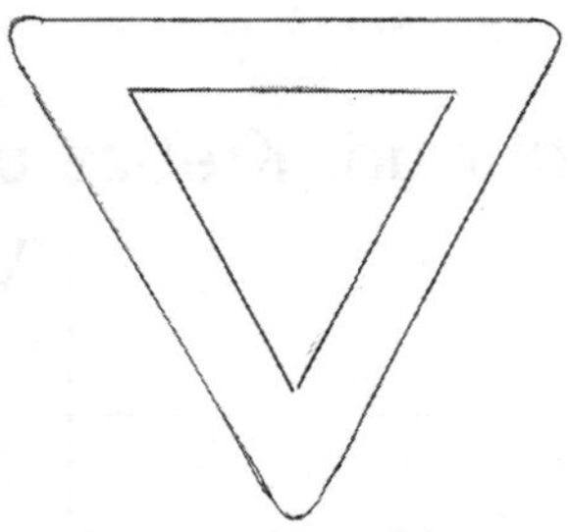
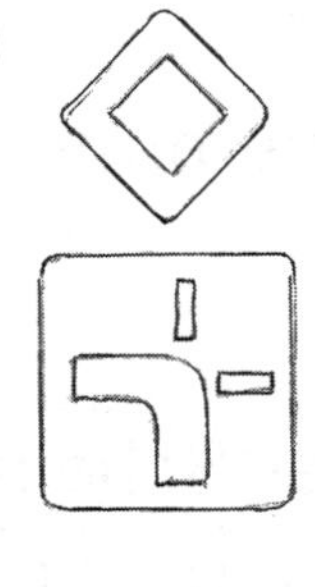

A Hier muß ich unbedingt halten.
B An der nächsten Einmündung habe ich Vorfahrt.
C Auf einer Straße mit diesem Zeichen habe ich Vorfahrt.
D Achtung, hier haben andere Vorfahrt!
E Achtung, die Vorfahrtsstraße biegt hier links ab!

Male die Verkehrszeichen richtig aus.
Ordne die Buchstaben zu.

Polizei und Feuerwehr haben immer Vorfahrt.
Sie zeigen das durch Blaulicht und Martinshorn an.

Mein Schulweg

Arbeitsblatt 6

Mein Fahrrad ist sicher

Neun Teile sind beim Fahrrad besonders wichtig. Trage sie an der richtigen Stelle ein:

Scheinwerfer – Rückstrahler – Handbremse – Rücktrittbremse – Tretstrahler – Rücklicht mit Katzenauge – Speichenstrahler – Klingel – Frontstrahler

Überprüfe dein Fahrrad. Kreuze an.

	Vorhanden	Funktioniert	Funktioniert nicht
Der Scheinwerfer			
Das Rücklicht mit Katzenauge			
Die Tretstrahler			
Die Speichenstrahler			
Die Vorderradbremse			
Die Rücktrittbremse			
Die Klingel			
Der Frontstrahler			
Der Rückstrahler			

Die Reifen aufgepumpt	ja	nein	Der Lenker fest	ja	nein
			Der Sattel fest	ja	nein

Schlag nach 1/2 — Arbeitsblatt
Bayerischer Schulbuch-Verlag, München

Lernziele

– Einrichtungen der Post (Briefverkehr) und der Telekom (Telefondienst) kennen und sachgerecht benutzen können.

Umsetzung/Handlungsmöglichkeiten

Die Post SB 24-25 Klasse 2	– einen Brief an einen kranken Mitschüler, an eine Partnerklasse, an eine Lehrerin /einen Lehrer oder an Verwandte schreiben; – Briefumschlag adressieren, Briefmarken aufkleben, zum Briefkasten gehen, Leerungszeiten entziffern; – Unterrichtsgang zur Post (Schalterhalle, Kauf von Postwertzeichen); – Unterrichtsgang zur nächstgelegenen Telefonzelle: mit Eltern, Hausmeister, Sekretärin der Schule telefonieren; – Rollenspiel: mit Spieltelefon oder alten Apparaten telefonieren, Bedienungsschritte und Sprechmuster einüben.

Weiträumige und schnelle Kommunikation ist ein wesentliches Kennzeichen unserer Gesellschaft. Informationen werden als Nachrichten durch unterschiedliche Übermittlungssysteme, wie Brief oder Telefon, weitergegeben.
Der Transport von Briefen ist wohl eine der ältesten Dienstleistungen der Post. Bei Briefen müssen bestimmte Höchst- und Mindestmaße eingehalten werden. Die Portogebühren richten sich nach dem Gewicht und dem Transport im Inland oder Ausland. Die Aufschrift eines Briefes (SB 24) sollte folgendermaßen gegliedert sein:

rechtes, unteres Viertel der Vorderseite:
Name des Empfängers
Straße und Hausnummer
evtl. Postfachnummer
eine Freizeile
fünfstellige Postleitzahl und Bestimmungsort

linkes, oberes Viertel der Vorderseite oder Rückseite (Mitte oben):
Name des Absenders
Straße und Hausnummer
Postleitzahl und Ort

Die Beförderung eines Briefes verläuft im wesentlichen folgendermaßen: Postangestellte holen die Briefe aus den Briefkästen zu den angegebenen Leerungszeiten ab. Im Postamt werden die Briefe per Hand oder Maschine gestempelt, nach Postleitzahlen geordnet, gebündelt und in Postsäcke verpackt. Anschließend werden die Postsäcke per Lastwagen, Bahn, Flugzeug oder Schiff zu den Bestimmungsorten transportiert und dort an die einzelnen Zustellbezirke verteilt. Hier wird die Post nach Straßen und Hausnummern sortiert und durch Postboten (Postbotinnen) per Fuß, Rad, Pkw etc. zugestellt (AB 7).

Der Fernsprechverkehr ist für die Telekom der gewinnträchtigste Sektor ihrer Dienstleistungen. Heute haben die meisten Haushalte ein Telefon. Das Telefonieren ist also ein Vorgang, der auch für die meisten Kinder zur Selbstverständlichkeit geworden ist. Für das Telefonieren vom öffentlichen Fernsprecher aus gelten einige Regeln, die die Kinder anhand von Rollenspielen oder außerhalb der Schule einüben können (AB 8):
Rufnummer des gewünschten Teilnehmers ermitteln (Telefonbuch oder über die gebührenpflichtige Fernsprechauskunft), Hörer abnehmen, Telefonkarte einschieben oder drei 10-Pfennig-Münzen einwerfen, für Ferngespräche weitere Münzen (10-Pfennig, 1,00 DM, 5,00 DM) bereithalten, Vorwahlnummer und Rufnummer wählen und bei Besetztzeichen den Vorgang wiederholen (Wiederholungstaste).
Meldet sich der Teilnehmer, kann das Gespräch geführt werden. Dabei ist die Geldanzeige zu beachten, evtl. sind Münzen nachzuwerfen. Nach dem Gespräch ist der Hörer einzuhängen, unverbrauchte Münzen sind zu entnehmen. Die Rufnummern von Feuerwehr und Polizei sollten alle Kinder kennen, ebenso wie die Bedienung des Notrufmelders. Das Telefonieren mit Telefonkarte statt mit Münzen wird in Zukunft immer mehr zunehmen.

Arbeitshilfen:
Materialien von Post und Schule, Postamt V
Am Hauptbahnhof 16-18
66111 Saarbrücken
Tel: 0681/4105-636 oder 637

* Pauls kleine Stadt, Spiel- und Bastelbogen
* Dein Postamt, Post-Malbuch
* Postdienst und Schule, Informationsmappe 1

Filme (ebenfalls über Post und Schule zu beziehen, Tel: 0681/4105-631):
2325 Fünf Kinder und ein Pony
2370 Die Brieftaube
2408 Post für den Tiger
2395 Der schnelle Draht
2371 Die stille Post
2369 Die Flaschenpost

Mein Schulweg

Arbeitsblatt 7

Ein Brief ist unterwegs

Briefe schreiben

Beschrifte den Briefumschlag richtig.
Setze als Absender deine Anschrift ein.

Adresse: Ralf Rabe / bsv
Friedrichstr. 26
40217 Düsseldorf

Der Weg eines Briefes

Zeichne den Weg des Briefes nach, und setze die Namen der Stationen richtig ein.

Lastwagen – Briefkasten – Bahn – Postamt – Flugzeug – Postamt – Schiff – Hausbriefkasten

Schlag nach 1/2 — Arbeitsblatt
Bayerischer Schulbuch-Verlag, München

Mein Schulweg

Arbeitsblatt 8

Telefonieren

1. Lies die Anweisungen in der richtigen Reihenfolge.
Trage jeweils im Text und in den Bildern die Zahlen 1, 2, 3 ein.

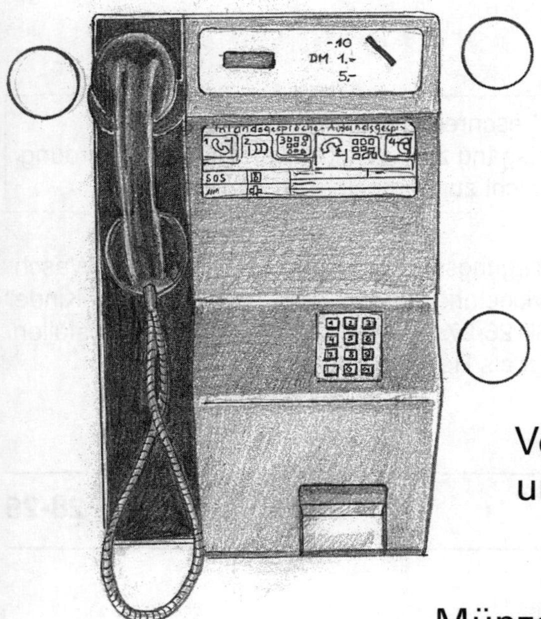

Vorwahlnummer
und Rufnummer
wählen

Münzen einwerfen ◯ Telefonkarte einschieben

Hörer abnehmen

◯

Wie geht es weiter? Trage die Zahlen 4, 5, 6 in die Kreise ein.

◯ sprechen und hören ◯ besetzt, Hörer kurz einhängen, neu wählen

◯ Gespräch beendet, Hörer einhängen

2. Was bedeuten die folgenden Töne beim Telefonieren?
Verbinde die Signaltöne mit ihrer richtigen Deutung.

tüüt tüüt tüüt	Es ist besetzt!
tüüüüüüüüüüüüüü	Es klingelt beim Angerufenen!
tüt tüt tüt tüt	Du kannst wählen!

Ich komme an der Tankstelle vorbei

Schülerbuch Seite **26-27**

Lernziele

– die Leistungen einer Tankstelle als Beispiel für einen Dienstleistungs-Versorgungsbetrieb kennen und beschreiben können.

Umsetzung/Handlungsmöglichkeiten

Ich komme an der Tankstelle vorbei SB 26-27, Klasse 2	– SB 26-27 betrachten und die Situationen beschreiben; – eigene Erfahrungen einbringen (Unterrichtsgang zur Tankstelle ist wegen Gefährdung der Kinder und Behinderung der Kunden nicht zu empfehlen)

Die meisten modernen Tankstellen bieten die Versorgungsleistung mit Kraftstoffen heute im SB-Betrieb an. Zu den herkömmlichen Dienstleistungen im Pflege-, Service- und Reparaturbereich treten vielfach Verkaufs- und Verpflegungsshops, hin und wieder auch SB-Wasch- und Serviceeinrichtungen (Mischbetrieb). Die Kinder können SB 26-27 betrachten und dazu AB 10 ausfüllen. Das AB ist als Rechtschreibübung geeignet.

Ein Haus wird gebaut

Schülerbuch Seite **28-29**

Lernziele

– die wichtigsten handwerklichen Berufe, die am Hausbau beteiligt sind, kennen;
– ihre charakteristischen Tätigkeiten in Verbindung mit den benutzten Maschinen, Geräten und Werkzeugen beschreiben können.

Umsetzung/Handlungsmöglichkeiten

Ein Haus wird gebaut SB 28-29 Klasse 2	– eine Baustelle aufsuchen; – den Bauzustand sowie eingesetzte Maschinen und Geräte beschreiben, evtl. einige Handwerker nach ihren Tätigkeiten befragen (AB 9); – Bauen mit Holzbauklötzen

Am Bau eines Hauses sind verschiedene Berufsgruppen beteiligt. Durch einen steigenden Grad an Arbeitsteilung haben sich in den letzten Jahren viele Berufssparten stark spezialisiert. Deshalb soll die Darstellung auf einige traditionelle und auch heute noch grundlegende Berufsgruppen beschränkt bleiben.

1. Gruppe: Bau- und Vermessungswesen
   Sparte: Technik
   Architekt: Die Aufgabe des Architekten ist die Planung und die Leitung der Ausführung von Hochbauten sowie von städtebaulichen Anlagen und Umbaumaßnahmen. Bei der Planung muß er die unterschiedlichen Bedürfnisse der Menschen und die Wünsche des Auftraggebers berücksichtigen und mit seinen gestalterischen Zielen sowie den besonderen technischen Bedingungen in Einklang bringen.

2. Gruppe: Mineralien und Gesteine
   Sparte: Hoch- und Tiefbau
   Maurer: Auch die Beton- und Fertigbauweise haben den Maurer nicht verdrängt. Er verarbeitet neben Ziegeln, Hohlblocksteinen, Gasbetonblöcken auch Gips- und Ytonbausteine. Moderne Mischmaschinen für die Herstellung des Mörtels nehmen ihm zwar Handarbeit ab, auf die Geräte wie Maurerkelle, Wasserwaage, Lot, Richtschnur kann er jedoch nicht verzichten.

Spezialisierte Berufe im Hoch- und Tiefbau sind Beton- und Stahlbetonbauer. Zu Fachleuten zählen weiterhin Verputzer, Estrichleger, Fliesenleger, Dachdecker, Glaser.

3. Gruppe: Holz
Sparte: Holzkonstruktion
Zimmerer: Sein Aufgabenbereich umfaßt Holzkonstruktionen wie Fachwerk, Dachstühle, Treppen, Decken- und Wandverkleidungen. Sägt, bohrt und schraubt der Zimmerer heutzutage fast nur noch mit Elektrowerkzeugen, so dient zum Nageln nach wie vor der Zimmermannshammer.

Spezialisierte Berufe in der Sparte Holzkonstruktion sind z. B. der Parkettleger sowie der Rolladen- und Jalousienbauer.

4. Gruppe: Metall
Sparte: Installation und Rohrleitung
Gas- und Wasserinstallateur,
Zentralheizungs- und Lüftungsbauer: Ihre Aufgabe ist die Verlegung von Versorgungsleitungen aus Blei, Kupfer, Stahl, Kunststoff, Porzellan u. ä. für Gas, Wasser und Heizöl sowie die Montage von Zentralheizungen und Feuerungsanlagen. Dazu gehören das Abdichten, Isolieren und Verlegen von Anschlußleitungen sowie der Einbau von Ventilen und Armaturen. Wenn auch das Abstemmen der Wände mittels Elektrohammer und -bohrer erfolgt, so gehören mechanische Geräte wie Gewindeschneider, Rohrzange, Löt- und Schweißgeräte noch immer zum Handwerkszeug.

5. Gruppe: Elektrizität
Elektroinstallateur: Er verlegt Stromleitungen und installiert Abzweigdosen, Verteiler, Steckdosen und Schalter. Der Elektroinstallateur legt Sicherungskästen an, schließt die Leitungen an das Stromnetz und beseitigt Fehler und Gefahrenquellen.

6. Gruppe: Dekoration
Maler und Lackierer: Seine Aufgabe ist vor allem der Schutz und die Verschönerung von Häusern und Wohnräumen. Er streicht, rollt, spritzt, tapeziert, beizt und lackiert. Außer mit der elektrischen Spritzpistole und dem Schleifgerät arbeitet er viel mit den traditionellen Handwerksgeräten Pinsel, Rolle, Streichbürste, Spachtel.

Anhand von Arbeitsblatt 9 können die Kinder ihre Erfahrungen und Kenntnisse zum Thema Hausbau versprachlichen und vertiefen.
Beim Bauen mit Holzklötzen erfahren die Kinder:
Der versetzt geschichtete Mauerverband hat gegenüber dem bündig geschichteten eine höhere Stabilität. Je größer die Grundfläche, desto standfester ist das Schichtwerk. Ein Bauwerk kippt, wenn der Schwerpunkt über die Standfläche hinauswandert.

Arbeitshilfen:
Kindersachbücher, Bilderbücher, z. B.:
Ali Mitgutsch: Rundherum in meiner Stadt. Otto Maier Verlag Ravensburg

Fächerübergreifendes Lernangebot:
- Musik: Lied: Wer will lustige Handwerker seh'n?
- Sport: Beruferaten durch pantomimische Darstellungen

Mein Schulweg

Ein Haus wird gebaut

Verbinde die Geräte und Maschinen durch Pfeile mit den richtigen Bauarbeitern oder Handwerkern.

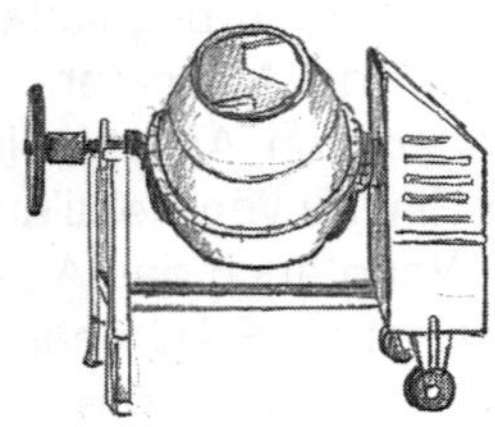

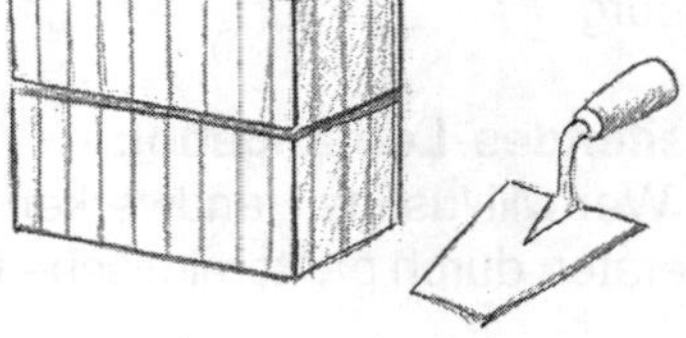
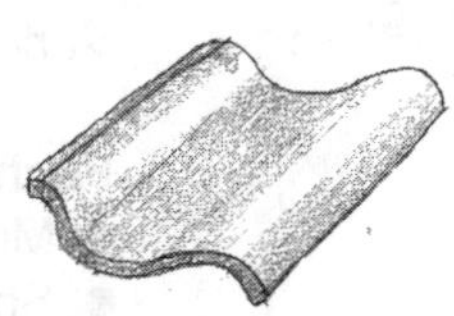

Schlag nach 1/2 — Arbeitsblatt
Bayerischer Schulbuch-Verlag, München

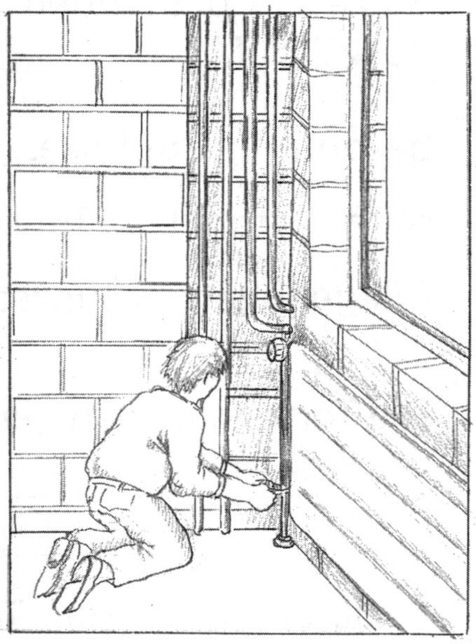

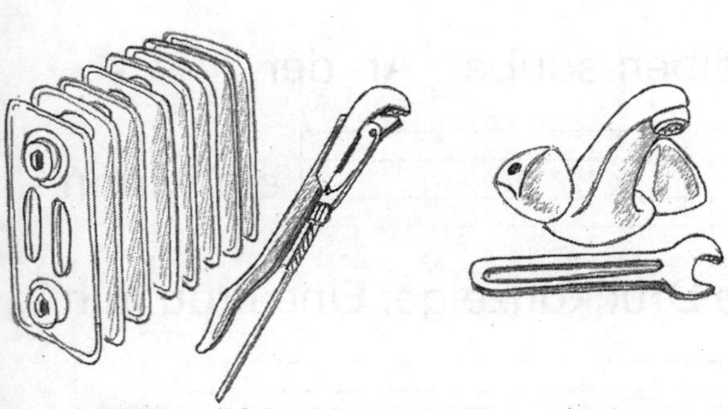

NO RISK
NO FUN

Mein Schulweg

Arbeitsblatt 10

An der Tankstelle ist viel Betrieb

Setze die passenden Wörter ein. Schlage dazu die Schülerbuchseiten 26-27 auf.

bezahlt Zapfinsel beliefert Entlüftung Luft-Wasserstation

prüft tankt Tankwagen waschen Scheibenwaschanlage

Pflegehalle Münzstaubsauger Verkaufsraum Waschstraße

Die Tankstelle wird gerade mit neuem Kraftstoff ________.

Ein ________ bringt ihn. Der Fahrer füllt den Kraftstoff in die unterirdischen Tanks. Neben der Fahnenstange sind Rohre zur ________ der Tanks. An den Zapfsäulen auf der ________ kann man verschiedene Kraftstoffe tanken. Der Mann an der Zapfsäule ________ Diesel. Die Kinder ________ die Scheiben sauber. An der ________ ________ ein Mann den Reifendruck. Der Junge kontrolliert die Druckanzeige. Eine Frau füllt den Behälter der ________ mit Wasser auf. In der ________ wird ein Ölwechsel gemacht. Ein Auto fährt gerade in die ________. Ein Mann reinigt die Sitzpolster seines Wagens mit einem ________. Ein Junge möchte ein Eis im ________ kaufen. An der Kasse ________ eine Frau.

Schlag nach 1/2 — Arbeitsblatt
Bayerischer Schulbuch-Verlag, München

Hier wohnen Julia und Stefan

Schülerbuch Seite **30-31**

Lernziele

- die Wohnumgebung erkunden und sich räumlich orientieren;
- die Aufteilung der eigenen Wohnung beschreiben können;
- bestimmte Formen und Regeln des Familienlebens erkennen.

Umsetzung/Handlungsmöglichkeiten

Hier wohnen Julia und Stefan SB 30-31, Klasse 1	– Unterrichtsgang durch das Wohnviertel (Beobachtungen bzgl. Bebauung, Beschreiben der Haustypen); – die unterschiedlichen Wohnlagen der Kinder beschreiben; – Berichte der Kinder bzgl. Aufbau ihres Wohnviertels, der Spiel- und Einkaufsmöglichkeiten etc.; – Erweiterung des Schulmodells aus dem Thema „Mein Schulweg" (SB 16-17, LHB 22); – Bilder unterschiedlicher Bebauung aus Zeitschriften und Prospekten von Verkehrsämtern ausschneiden, Collage des eigenen Wohnortes (standortgetreu oder komprimiert auf wichtige Gebäude), einer nahegelegenen Großstadt oder einer fiktiven Stadt anfertigen; – den Weg von der Wohnung zur Schule, zum Spielplatz, zur Mitschülerin, zum Mitschüler, zum Supermarkt etc. beschreiben; – Vergleich der auf SB 31 abgebildeten Wohnung mit der eigenen Wohnung; – Analyse von Grundrißplänen; – Modell einer Wohnung in Kartons (Schuhkarton als einzelner Raum – ausgestaltet mit Schachteln, Papp-, Stoff-, Tapeten-, Teppichbodenresten o. ä.) anfertigen, dabei die Ausgestaltung der Räume als Abbild der wirklichen häuslichen Gegebenheiten oder fiktive Einrichtung durchführen.

Ziel dieses Themenkreises ist, daß sich die Kinder in der eigenen Wohnumgebung orientieren können. Sie erkennen, daß die Art der Bebauung, die Versorgungseinrichtungen, die Wohnanlage und die Wohnaufteilung entscheidenden Einfluß auf das soziale Miteinander in der Familie, in der Nachbarschaft und im Wohnviertel haben. SB 30 zeigt aus der Schrägsicht ein fiktives städtisches Wohnviertel; die Darstellung ist die Erweiterung der Doppelseite 16-17. Der Ausschnitt des Stadtviertels zeigt unterschiedliche Bebauung (AB 1). Ein im Bau befindliches Haus schafft den Zusammenhang zum vorangehenden Kapitel „Mein Schulweg – Ein Haus wird gebaut", (SB 28-29).
Ein Spielplatz ist als Stätte wesentlicher Sozialerfahrungen in das Bild integriert. Die Wohnung von Julia und Stefan liegt über einem Supermarkt (vgl. SB 40) und ist auf SB 31 aus einer schrägen Aufsicht dargestellt. Es handelt sich um eine stilisierte 4-Zimmer-Wohnung mit Küche, Diele, Bad, WC und Balkon für einen 4-Personen-Haushalt.
Die Kinder können Diele (Flur), Küche, Wohnzimmer, Elternschlafzimmer, Kinderzimmer von Julia und Stefan (vertauschbar) sowie Bad und WC identifizieren, die Einrichtungsgegenstände sowie raumtypische Aktivitäten beschreiben, mit ihren eigenen Wohngegebenheiten vergleichen und Alternativen zur Wohnaufteilung entwickeln. Dazu kann AB 2 gestaltet werden.
In der Familie werden die Kinder durch Vorbilder, Gebote, Verbote sowie negative und positive Bestärkungen zu Verhaltensweisen geführt, die für das Zusammenleben innerhalb und außerhalb der Familie von Bedeutung sind. Die Familie ist der Ort, wo das Kind Liebe und Geborgenheit erfährt, aber auch mit Konflikten konfrontiert wird. Es erlebt soziale Probleme, orientiert sich an Bezugspersonen und erkennt Rollenschemata, die die Familienmitglieder innerhalb der Gruppe einnehmen können. Das Kind lernt, daß es seine Wünsche und Bedürfnisse nur so weit realisieren kann, wie es nicht die Freiheit und Rechte der anderen in der Gemeinschaft beeinträchtigt. Dieser Sozialisationsprozeß dehnt sich in der Schule auf die Klassengemeinschaft, in der Zugehörigkeit zu einer neuen Gruppe, aus.

Arbeitshilfen:
Zeitschriften, Plakate und Prospekte des Verkehrsamtes der eigenen oder einer fremden Stadt, auf denen unterschiedliche Bebauung erkennbar ist;
Grundriß einer Wohnung (Architekturbüro).
Film:
32 3151 4-5 Zi/Whg. gesucht

Bei uns zu Hause

Arbeitsblatt 1

Verschiedene Gebäude

Ordne richtig zu:

(1) Kirche (2) Hochhaus (3) Fachwerkhaus (4) Bungalow
(5) Reihenhaus (6) Fabrik

Schlag nach 1/2 — Arbeitsblatt
Bayerischer Schulbuch-Verlag, München

Bei uns zu Hause

Arbeitsblatt 2

Ich richte mein Zimmer ein!

Nimm ein Blatt Papier. Es soll die Grundfläche deines Zimmers sein.
Zeichne zuerst die Türen und Fenster ein.
Schneide die Einrichtungsgegenstände aus, und klebe sie so auf das Papier, wie du dein Zimmer gestalten möchtest.

Unsere Nachbarn

Schülerbuch Seite **32-33**

Lernziele

– Rücksicht auf andere Menschen nehmen und soziales Verhalten in der Gemeinschaft entwickeln.

Umsetzung/Handlungsmöglichkeiten

Unsere Nachbarn SB 32-33 Klasse 1	– über die auf SB 32-33 dargestellten nachbarschaftlichen Situationen diskutieren; – Darstellung der einzelnen Tätigkeiten im Rollenspiel; – Analyse einzelner Regeln, Hausordnungen und der Schulordnung; – wünschenswerte gemeinschaftliche Leistungen zusammentragen, dazu Listen für Hilfsdienste in der Klasse und zu Hause erstellen.

Nach dem analytischen Schritt von der Wohnumgebung zur Wohnung von Julia und Stefan wird das Thema um den Aspekt „Nachbarschaft" erweitert.
Auf der SB 32-33 blickt der Betrachter in die Wohnung von Julia, die darüberliegende Nachbarwohnung und das Treppenhaus. Die dargestellten Situationen – Beispiele von familiärer bzw. Nachbarschaftshilfe sowie Beispiele von Rücksichtslosigkeit und Verstößen gegen die Hausordnung – regen zur Diskussion an. Die Kinder sollen den Sinn von bestimmten Regeln innerhalb einer Hausgemeinschaft erkennen und zu bewußtem, sozialem Verhalten gegenüber ihrer Umwelt angeleitet werden (AB 3).

Aus Julias Fotoalbum

Schülerbuch Seite **34-35**

Lernziele

– die verwandtschaftlichen Beziehungen in der eigenen Familie kennen und die Personen abstammungsmäßig zuordnen können;
– Bewußtsein für die Familiengeschichte und die eigene Identität entwickeln.

Umsetzung/Handlungsmöglichkeiten

Aus Julias Fotoalbum SB 34-35 Klasse 2	– den Ausschnitt aus Julias Fotoalbum betrachten; – die fotografierten Situationen beschreiben; – die verwandtschaftlichen Beziehungen in Julias Familie analysieren; – die eigenen Verwandten benennen.

SB 34/35 zeigt einen Ausschnitt aus Julias Fotoalbum mit fotografierten Erlebnissen von der Geburt bis zum siebten Geburtstag. Auf einem Familienfoto sind die Verwandten ersten Grades (Vater, Mutter, Bruder, Oma, Opa) und Verwandte zweiten Grades (Onkel, Tante, Kusine, Vetter) abgebildet. Durch Befragen der Verwandten und Gestaltung von AB 4 lernen die Kinder ihre eigene Familiengeschichte kennen.

Arbeitshilfen

Fotoalbum, Familienstammbuch.

Bei uns zu Hause

Arbeitsblatt 3

Unsere Nachbarn

Was stört die Nachbarn in der Mittagsruhe? Male aus.

Finde Beispiele, wie du auf deine Nachbarn Rücksicht nehmen kannst.

Schreibe oder male.

Bei uns zu Hause Arbeitsblatt 4

Meine Familie

Trage die Namen deiner Familienmitglieder ein.
Klebe Fotos ein, oder male deine Familie.

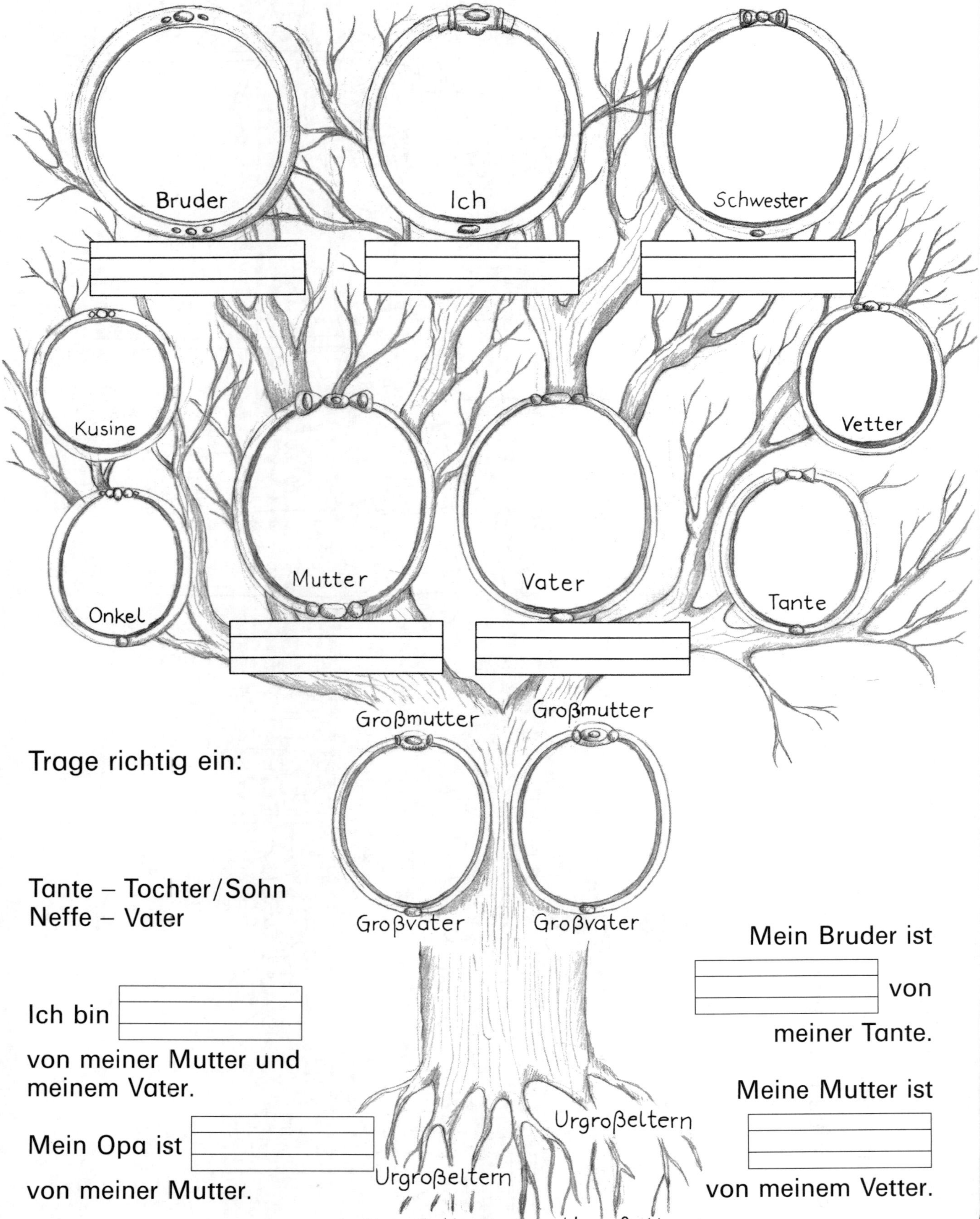

Trage richtig ein:

Tante – Tochter/Sohn
Neffe – Vater

Ich bin __________ von meiner Mutter und meinem Vater.

Mein Opa ist __________ von meiner Mutter.

Mein Bruder ist __________ von meiner Tante.

Meine Mutter ist __________ von meinem Vetter.

Schlag nach 1/2 — Arbeitsblatt
Bayerischer Schulbuch-Verlag, München

Lernziele

- Aufgabenstellungen innerhalb der Familie kennen und bereit sein, Aufgaben zu übernehmen;
- Material und Werkzeuge, die im Haushalt benötigt werden, benennen, ihre Benutzung beschreiben und – soweit aus Sicherheitsgründen vertretbar – ihre sachgerechte Handhabung praktizieren können.

Umsetzung/Handlungsmöglichkeiten

Alle helfen mit SB 36 Ohne Werkzeug geht es nicht SB 37 Klasse 2	– die auf SB 36 dargestellten Situationen besprechen und bewerten; – die abgebildeten und weitere Tätigkeiten im Rollenspiel darstellen; – die Fotos auf SB 37 beschreiben; – gemeinsam Bilder im Klassenraum oder in den Fluren aufhängen; – Handwerkskiste von der Lehrerin/vom Lehrer, vom Hausmeister untersuchen; – die Werkzeuge in ihrer Funktion beschreiben, Sicherheitshinweise erklären; – die Arbeitsschritte in Einzelgruppen durchführen (Handhabung von Bohrmaschine durch Lehrerin, Lehrer, Hausmeister); – eigene Erfahrungen einbringen.

SB 36 zeigt beispielhafte Aktivitäten im Haushalt. Dabei können alle Familienmitglieder mithelfen, möglichst ohne daß alte Rollenklischees gefestigt werden oder sich umgekehrt neue bilden (AB 5).
Das neben dem Bücherschrank unten auf SB 36 abgestellte Bild stellt die Verbindung zu SB 37 her: Es soll neben dem Bücherregal im Kinderzimmer aufgehängt werden. Der geöffnete Werkzeugkasten zeigt die evtl. benötigten Werkzeuge, Materialien und Hilfsmittel. Die Handlungsschritte sind in Fotografien dargestellt:

- Aufhängepunkt mittels Zollstock und Bleistift anzeichnen (bei zwei Aufhängern zusätzlich Wasserwaage);
- Nagel mit dem Hammer einschlagen (bei Gipsblöcken, Kalksandsteinen, Bimssteinen oder ähnlichen porösen Materialien leicht möglich, bei Vollziegeln, Hohlblöcken oder Beton schwer oder kaum möglich);
- den krumm geschlagenen Nagel mit der Beißzange herausziehen;
- Loch mit Bohrmaschine oder mit Schlagbohrmaschine (Steinbohrer) bohren;
- Dübel in das Bohrloch stecken;
  Schraube mit dem Schraubendreher einschrauben;
- Bild aufhängen.

Bewußt wurden die Aktivitäten nicht rollenstereotyp festgelegt. Abschließend kann AB 6 eingesetzt werden.

Arbeitshilfen
Werkzeugkasten und Werkzeug für den Haushalt.

Lösung des Kreuzworträtsels (AB 6)
Dübel, Zollstock, Hammer, Messer, Zange, Schraube, Schraubendreher, Bleistift, Säge
Lösungswort: Bohrmaschine

Bei uns zu Hause Arbeitsblatt 5

Alle helfen mit

Was ist hier zu tun? Zählt auf.

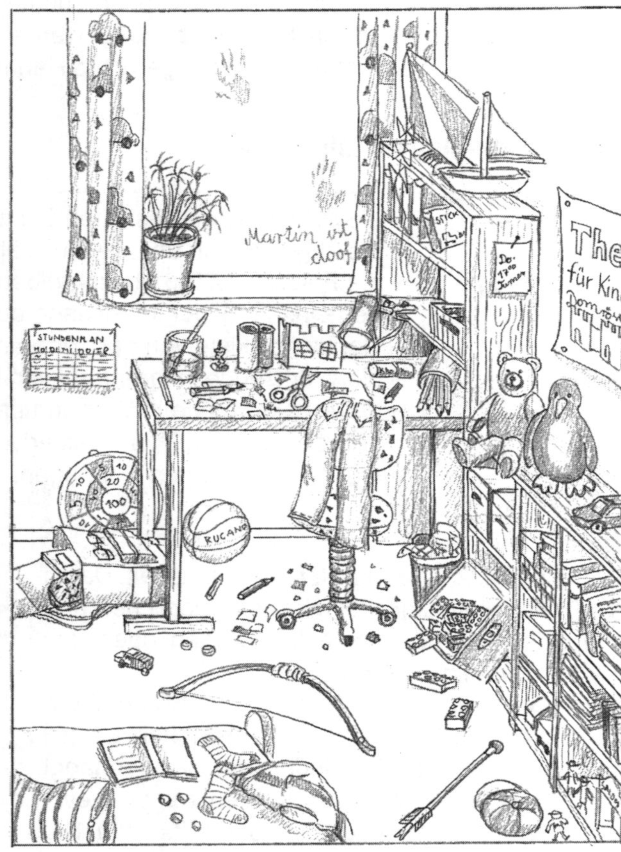

Mädchenarbeit – Jungenarbeit?
Überlegt, wer welche Hausarbeiten bevorzugt. Kreuzt an.

	Julia	Stefan
Blumen gießen		
Einkaufen		
Leere Pfandflaschen wegbringen		
Staub wischen		
Schuhe putzen		
Tisch decken		

Vergleicht eure Ergebnisse. Überlegt gemeinsam, welche Hausarbeit ihr gerne übernehmt.

Schlag nach 1/2 — Arbeitsblatt
Bayerischer Schulbuch-Verlag, München

Bei uns zu Hause

Arbeitsblatt 6

Ohne Werkzeug geht es nicht

Welche Werkzeuge und Materialien passen zusammen? Verbinde!

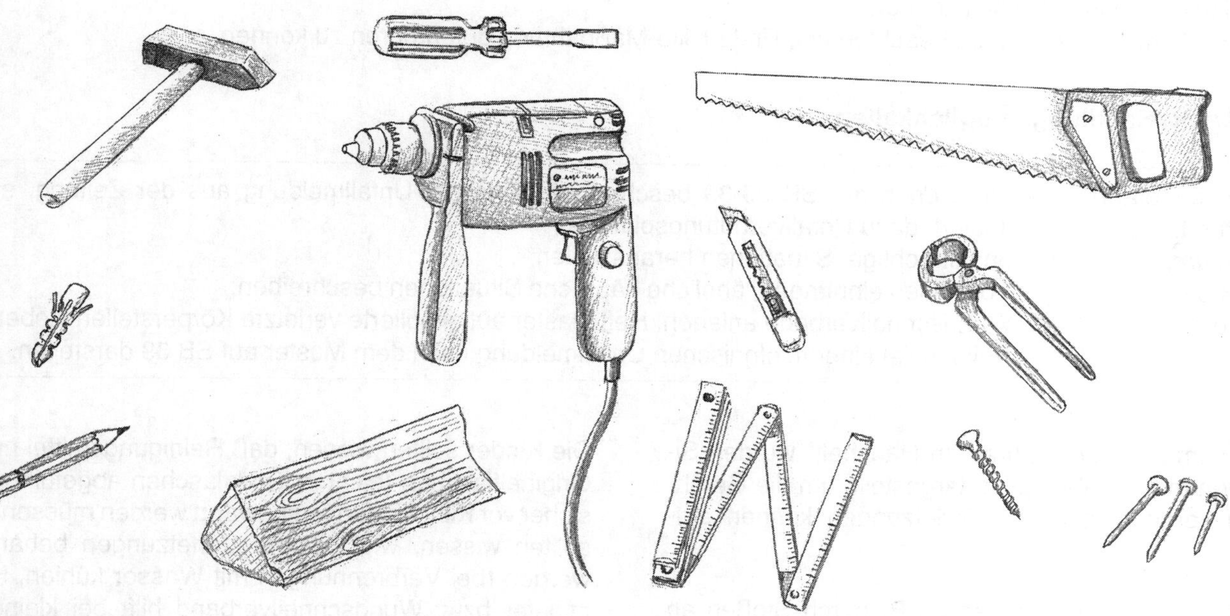

Rätsel

Die ______ geben Schrauben Halt.

Man mißt mit einem ______ .

Mit dem ______ schlägt man Nägel ein.

Mit einem ______ kann man schneiden.

Mit einer ______ zieht man Nägel heraus.

Eine ______ wird mit

einem ______

geschraubt. Ein ______ hilft beim Anzeichnen.

Mit einer ______ zerteilt man Holz.

Das Lösungswort ist ein elektrisches Werkzeug.

Lernziele

- Unfallgefahren im Haushalt kennen;
- lernen, Sicherheitsregeln zu beachten und Erste-Hilfe-Maßnahmen durchführen zu können.

Umsetzung/Handlungsmöglichkeiten

Vorsicht: Gefahr!/ Was tun bei Verletzungen? SB 38-39 Klasse 2	– Situationen auf SB 38-39 beschreiben (Einstieg: Unfallmeldung aus der Zeitung, evtl. fingiert, dazu Unfallverhütungsplakate); – unfallträchtige Situationen herausstellen; – Vorwissen einbringen, ähnliche häusliche Situationen beschreiben; – Wundschnellverband anlegen, Heftpflaster auf simulierte verletzte Körperstellen kleben; – Rollenspiel einer telefonischen Unfallmeldung nach dem Muster auf SB 39 darstellen.

Zum Thema „Unfallgefahren im Haushalt" wurden Situationen massiv überspitzt dargestellt, um die Gefahren zu verdeutlichen. An Verletzungen können auftreten:

- mechanische Verletzungen (z. B. durch Stoßen an offenen Türen, Stolpern über herumstehende oder -liegende Sachen, Ausrutschen auf Teppichen, nassem oder glattem Boden),
- Schnittverletzungen (z. B. durch Messer oder Glasscherben),
- Verbrennungen (z. B. durch heiße Töpfe, Herdplatten, heißes Fett),
- Verätzungen und Vergiftungen (z. B. durch Einnahme von Spül- oder Reinigungsmitteln, vor allem bei Kleinkindern).

Die Kinder sollten wissen, daß Reinigungsmittel nur in Originalflaschen (nicht in Trinkflaschen abgefüllt!) und sicher vor Kleinkindern aufbewahrt werden müssen. Sie sollten wissen, wie kleinere Verletzungen behandelt werden (bei Verbrennungen mit Wasser kühlen, Heftpflaster bzw. Wundschnellverband hilft bei kleineren Schnittwunden), und dies auch praktizieren können.
Die Gedankenblasen auf SB 39 sollen helfen, bei schwerwiegenden Fällen die Ruhe zu bewahren und telefonisch Hilfe zu holen.

Arbeitshilfen:
Filme/Lichtbildreihen:
10 7190 Unfallverhütungsplakate
32 3374 Hier muß was passieren!
32 3403 Erste Hilfe – Versorgung bei Verbrennungen

Lernziele

- die Abteilungen des Supermarktes und bestimmte Fachgeschäfte mit ihren Warenangeboten kennen und beschreiben können;
- in der Lage sein, selbständig einzukaufen.

Umsetzung/Handlungsmöglichkeiten

Einkaufen im Supermarkt/ Einkaufen in Fachgeschäften SB 40-41 Klasse 2	– Einkauf im Supermarkt in Kleingruppen mit Begleitung (Lehrerin/Lehrer, Eltern) für Schulfest, Elternabend, Klassenfest o. ä.; – Warenkorb nach Produktsortiment ordnen; – Werbeprospekte ausschneiden, Collage zu bestimmten Warengruppen anfertigen und zum Warenhausangebot zusammenstellen (evtl. unter bestimmten Aspekten: Gesundheit, Spiel und Sport u. ä.); – SB 40-41 betrachten und die Fotos den Begriffen und Symbolen zuordnen; – eigene Erfahrungen einbringen; – Rollenspiel von Einkaufssituationen; – Waren benennen, die in bestimmten Abteilungen bzw. Fachgeschäften gekauft werden können.

Die Kinder gehen mit ihren Eltern oder mit Geschwistern und Freunden einkaufen (im Alter von 6-8 Jahren möglichst nicht alleine). Sie kennen in der Regel die wichtigsten Abteilungen des Supermarktes und beherrschen die Handhabung von Einkaufswagen und Waren (im Regal finden, an der Kasse auf das Förderband legen). Einkaufszettel (Sprachunterricht) erleichtern das gezielte Einkaufen. Die Kenntnis der Zahlungsmittel (Münzen und Scheine) und ihrer Wertverhältnisse kann nicht bei allen Kindern vorausgesetzt werden.
Auf SB 40 sind drei Abbildungen eines Supermarktes mit ihrem Produktsortiment exemplarisch dargestellt, auf SB 41 einige Fachgeschäfte, in denen Produkte für den Bedarf von Kindern angeboten werden (AB 7).

Arbeitshilfen:
Werbeprospekte von Geschäften, Kataloge
Film:
32 3287 Anna geht Brot kaufen

Fächerübergreifendes Lernangebot:
- Sprache: Einladung und entsprechenden Einkaufszettel schreiben, Wunschzettel für Geschenke schreiben;
- Mathematik: Mengenangaben, Maßangaben, Geldwertsystem;
- Gestalten: Ausschmücken der Einladung, des Raumes, der Tische etc.

Bei uns zu Hause Arbeitsblatt 7

Einkaufen

Wo kaufst du ein? Schneide die Waren von Seite 53 aus, und lege sie in die richtigen Schaufenster.

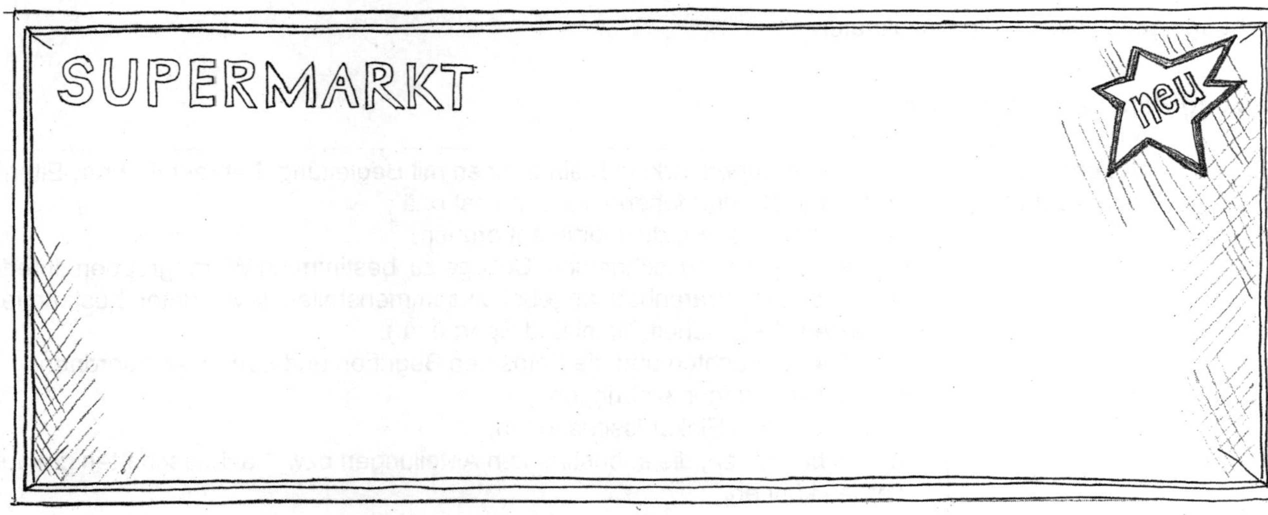

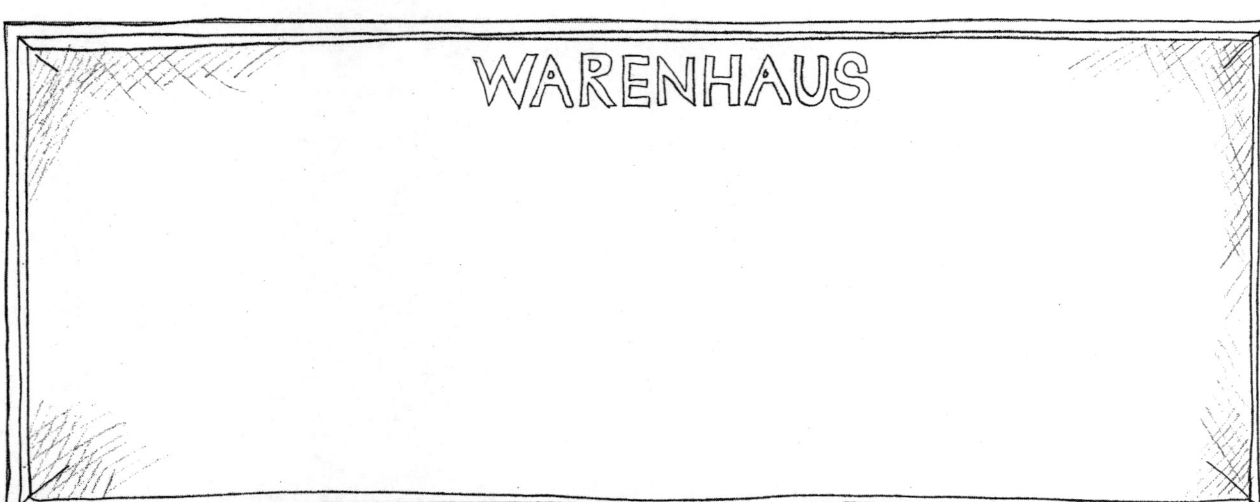

Finde weitere Waren für jedes Geschäft!

Schlag nach 1/2 — Arbeitsblatt
Bayerischer Schulbuch-Verlag, München

Bei uns zu Hause
Einkaufen

Ausschneidebogen
zu Arbeitsblatt 7

Was wir in der Schule essen/Freude am Schulfrühstück

Schülerbuch Seite 42-43

Lernziele

Die Schüler sollen für eine gesunde Ernährung sensibilisiert werden, indem sie
- ihre Frühstücksgewohnheiten in der Schule reflektieren;
- richtige und falsche Verhaltensweisen beim Schulfrühstück unterscheiden;
- Vorstellungen über ein wünschenswertes Schulfrühstück entwickeln;
- gesunde und ungesunde Nahrung unterscheiden lernen;
- ihr mitgebrachtes Pausenbrot auf Bestandteile untersuchen;
- die Bestandteile für ein gesundes Schulfrühstück benennen;
- ein Frühstücksbuffet veranstalten, dabei den Zusammenhang von gesunder und wohlschmeckender Nahrung erfahren.

Umsetzung/Handlungsmöglichkeiten

Was wir in der Schule essen SB 42, Klasse 1 Freude am Schulfrühstück SB 43, Klasse 1	– Frühstück in der Schule nach Schülerwünschen gestalten; – Collage von gesunden und ungesunden Lebensmitteln herstellen; – Pausenbrote untersuchen; – Plakat über die Bestandteile eines gesunden Pausenbrotes gestalten; – Ausstellung zu Milch und Milchprodukten organisieren; – Frühstücksbuffet planen und durchführen; – ein Müsli nach Wahl zubereiten; – Heft für Eltern mit leckeren Pausenbroten herstellen.

Da eine Gesundheitserziehung nicht ohne Mitarbeit der Eltern erfolgen kann, sollte vorab ein Elternabend organisiert werden, bei dem die Eltern über die Ziele der UR unterrichtet werden. Zugleich können dabei die Regelung der Pausenmilchbestellung sowie Kooperation und Hilfen bei der Verwirklichung des Vorhabens besprochen werden. Sinnvoll im Zusammenhang mit gesunder Ernährung wäre das Thema Zahnpflege (vgl. SB 52-55, „Au Backe – die Schulzahnärztin kommt").

UE 1: SB 42 dient als Impuls, eigene Vorlieben und Abneigungen gegenüber dem Schulfrühstück zu äußern. Die Lehrerin/der Lehrer bringt Ideen für ein gemeinsames Frühstück ein. Die Kinder aktivieren ihre Vorerfahrungen mit gesunden/ungesunden Nahrungsmitteln und gestalten dazu eine Collage, indem sie in EA Bildmaterial aus Zeitschriften und Prospekten ausschneiden, zuordnen und aufkleben (AB 1).

UE 2: Die Kinder besprechen, wie das gemeinsame Pausenfrühstück zukünftig gestaltet werden soll und stimmen ab.
SB 43 oben dient als Grundlage zum Gespräch über die gewünschte Form. Die Vereinbarung wird fixiert.

Das Schulfrühstück wird in mehreren Schritten realisiert:

UE 3: AB 2: „Frühstücksdeckchen – selbstgemacht" wird als eine Möglichkeit eingesetzt, Verschmutzungen zu vermeiden.

UE 4: Die Kinder erarbeiten die vier Bestandteile, die zu einem ausgewogenen Schulfrühstück gehören: Milchprodukte, Getreideprodukte, Obst/Gemüse, Brotbelag (Darstellung in Form eines Nahrungsmittelkreises als Plakat).
Die Kinder untersuchen ihr mitgebrachtes Schulfrühstück, ordnen es den vier Nahrungsmittelgruppen zu und begründen, warum ein „gesundes" Schulfrühstück alle Gruppen abdecken sollte. Die Kinder füllen das Modell des Nahrungsmittelkreises aus, indem sie entsprechende Bilder in das Plakat kleben.

UE 5: Die Kinder probieren Milch und sammeln Gründe für ihren Genuß. Die Lehrerin/der Lehrer erläutert die Bedeutung der Milch für alle Lebensvorgänge (Kreislauf, Verdauung, Muskelbildung, geistige Arbeit). Die Organisation der Schulmilchbestellung kann hier eingeführt werden (Einsatz AB 3 „Weg der Schulmilch"). Als Hausaufgabe sammeln die Schüler Milchprodukte (bzw. Bilder von Milchprodukten) und gestalten damit einen Ausstellungstisch (AB 4).

UE 6: Die Kinder erarbeiten Müsli als eine Möglichkeit des gesunden Frühstücks. Sie benennen die Zutaten entsprechend dem Nahrungsmittelkreis: geschrotetes Getreide, Milch, Obst. Die Kinder bringen Zutaten mit, stellen sich nach ihrem Geschmack ein Müsli zusammen und verzehren es in der Pause.

UE 7: Der Lehrer und die Kinder planen die Zusammenstellung des Frühstückbuffets. Partnerübung: Die Kinder befragen ihren Partner, was er gerne auf Grundlage der gesunden Bestandteile des Nahrungsmittelkreises als Pausenbrot ißt, und berichten darüber im Gesprächskreis. SB 43 dient als Grundlage oder Erweiterung der Vorschläge. Die Kinder gestalten Arbeitskarten als Rezeptvorschläge für die Vorbereitung des Frühstücksbuffets, auf denen jeweils die Bestandteile gemalt, geschrieben oder als Bild geklebt werden. Die Lehrerin/der Lehrer berechnet die Menge der benötigten Brot-, Wurst- und Käsemengen, kauft diese ein oder läßt, je nach Absprache mit den Eltern, die Kinder die Zutaten mitbringen.
Möglich wäre auch, mit den Schülern Einkaufslisten zu erstellen und Gruppen unter Aufsicht relativ selbständig einkaufen zu lassen (vgl. SB 40-41). Das Einkaufsgeld kann aus einer gemeinsam geführten Kasse bereitgestellt werden.

UE 8: Das gemeinsame Frühstück wird durchgeführt: Die Kinder bereiten anhand der Arbeitskarten in Partnerarbeit verschiedene Pausenbrote zu. Sie gehen dabei verantwortlich mit den Lebensmitteln um (Belag nicht mit den Händen berühren, Gemüse waschen usw.). Sie teilen die Brote in kleine Portionen. Die Kinder decken die Tische gemäß ihren Wünschen. Sie bedienen sich am Buffet und sollten dabei möglichst viele Variationen kennenlernen. Alternativ zu Milch oder Kakao kann Tee angeboten werden.
Beim Frühstück werden abgesprochene Tischsitten eingehalten und die Andersartigkeit der Geschmäcker toleriert. Einige Kinder können aus ihren Lieblingsbüchern vorlesen; anschließend beteiligen sich alle gemeinsam am „Tischgespräch“.

UE 9: Die Kinder halten ihre Vorlieben für bestimmte Pausenbrote fest, indem sie ihre Namen auf die Rückseite der entsprechenden Arbeitskarten eintragen.
Sie fassen ihre beliebtesten Pausenbrote in einem Heft zusammen und legen sie den Eltern vor, damit diese bei der Zubereitung der Brote darauf Rücksicht nehmen.

Arbeitshilfen:
Informationsmaterial von folgenden Institutionen:
- IDIS, Westerfeldstr. 35, 33611 Bielefeld, Heft: Gesundheitserziehung, Materialien für die Schule „Schulfrühstück macht Spaß“.
- Vereinigung Getreide, Markt- und Ernährungsforschung e. V. GMF, Kronprinzenstr. 51, 53173 Bonn. Die blaue Mappe zur Aktion „Gesundes Schulfrühstück“.
- Bundeszentrale für gesundheitliche Aufklärung; Ostheimer Str. 200, 51109 Köln (Tel.: 0221/892031-35) „Ernährungstips“.
- Landesvereinigung der Milchwirtschaft NRW e. V., An der Piwipp 68, 40468 Düsseldorf, Heft: „Zum Start in den Tag: Das richtige Frühstück“.
- AID-Verbraucherdienst, Konstantinstr. 124, 53179 Bonn, Hefte: „Milch und Milcherzeugnisse; „Getreideerzeugnisse“.

Als Ausschneidematerial für die Kinder eignen sich Lebensmittelprospekte sowie die Hefte der Tiefkühlketten, die an der Haustür liefern.

Lösung des Kreuzworträtsels (AB 1)
Milch, Schwarzbrot, Joghurt, Butter, Banane
Lösungswort: Magen

Essen und trinken

Arbeitsblatt 1

Unser Schulfrühstück

1. Wähle gesunde Speisen und Getränke für das Schulfrühstück aus. Kreise sie farbig ein!

2. Hier sind gesunde Zutaten für dein Schulfrühstück gesucht. Nimm das Buch zu Hilfe!

1. Das liefert die Kuh.
2. Eine Brotart.
3. Eine Milchspeise.
4. Ein Brotaufstrich.
5. Eine Obstsorte.

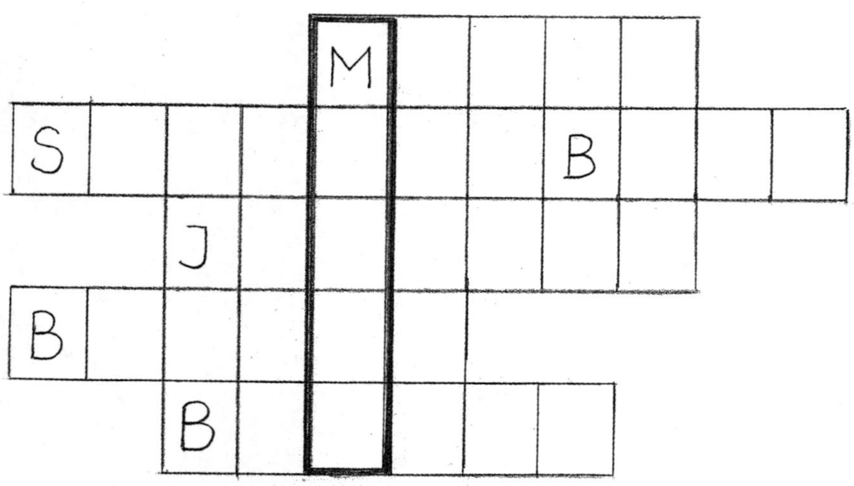

Die Buchstaben in dem dick umrandeten Feld nennen ein wichtiges Organ des Menschen:

____

Essen und trinken

Arbeitsblatt 2

Frühstücksdeckchen – selbstgemacht!

Du brauchst dazu:

- durchsichtige Klebefolie
- einen Bleistift
- eine Schere
- Stoffreste
- einen Pinsel
- Stoffarbe
- ein Bügeleisen

So wird's gemacht:

1. Male eine Blume auf die Klebefolie (Rückseite).

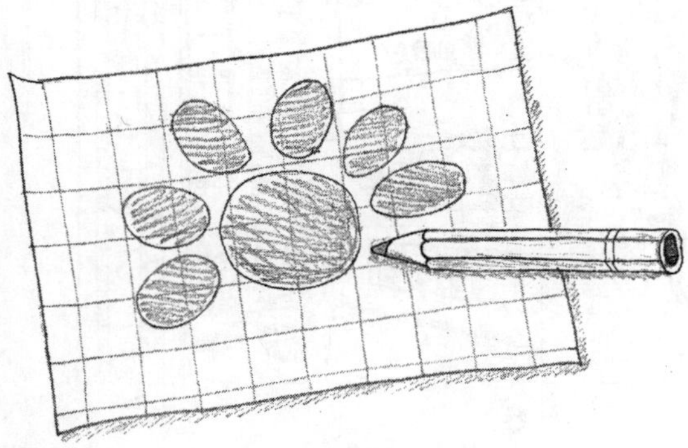

2. Schneide nur die bemalten Flächen aus.

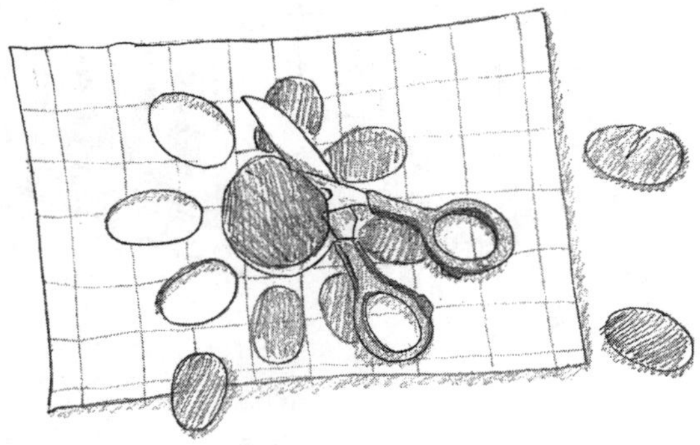

3. Schneide Deckchen aus dem Stoff.

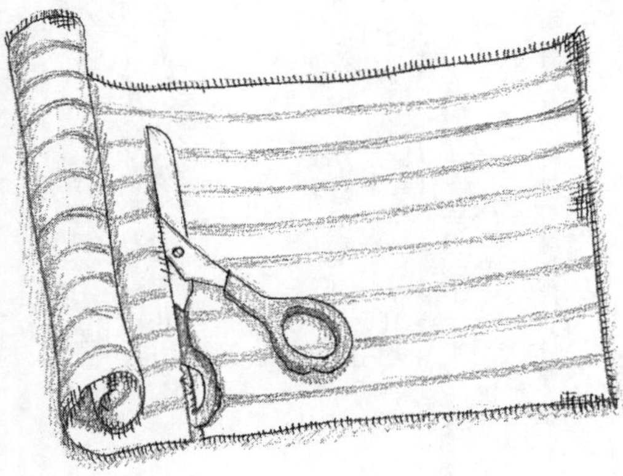

4. Ziehe das Papier von der Klebefolie ab, und klebe die Folie auf das Deckchen.

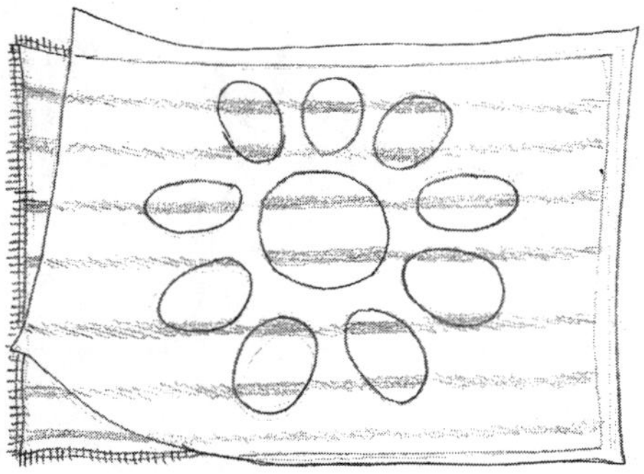

5. Trage mit dem Pinsel Stoffmalfarbe auf. Wenn die Farbe getrocknet ist, ziehe die Folie wieder ab.

6. Bügle mit dem heißen Bügeleisen den Stoff. So wird die Farbe waschfest.

Essen und trinken Arbeitsblatt 3

Der Weg der Schulmilch

Welcher Text gehört zu welchem Bild? Schreibe die richtigen Zahlen in die Kästchen.

- [ ] Die Milch wird erhitzt und gereinigt.
- [ ] Der Lieferwagen bringt die Milch in die Schule.
- [ ] Die Milch wird in Flaschen oder Tüten abgefüllt.
- [ ] Die Kuh wird gemolken.
- [ ] Der Milchsammelwagen holt die Milch beim Bauern ab. Er bringt sie in die Molkerei.
- [ ] Die Milch wird in der Schule verteilt. Die Kinder trinken sie in der Pause.

Essen und trinken Arbeitsblatt 4

Milcherzeugnisse

1. Aus Milch kann man viele Nahrungsmittel herstellen. Suche diese Nahrungsmittel heraus, und schreibe ihre Namen auf!

1. ______________________ 5. ______________________

2. ______________________ 6. ______________________

3. ______________________ 7. ______________________

4. ______________________ 8. ______________________

2. Hier findest du ein Rezept für eine Quarkspeise.

Du brauchst dazu:

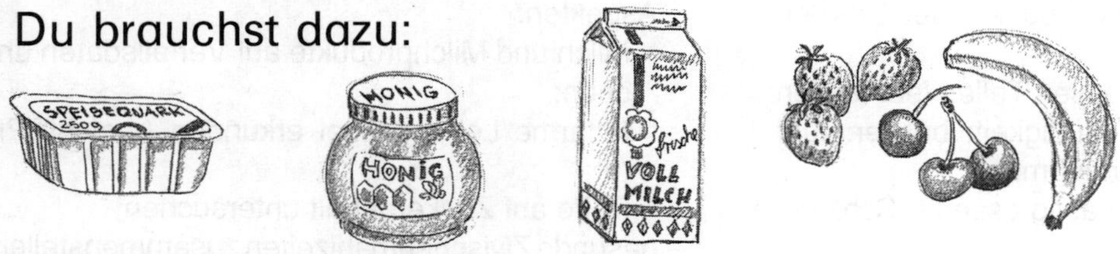

1 Paket 1 Eßlöffel 1 Tasse 1/2 Pfund

Vervollständige den Text!

So wird's gemacht:

1. Fülle den Qu . . . in die Schüssel.
2. Gib den H . . . und die M . . . dazu.
3. Mische das O . . . unter.
4. Verrühre alles gründlich.

Guten Appetit!

Ein Tip: Plant ein gemeinsames Schulfrühstück, und probiert das Rezept aus!

Lernziele

Die Schüler sollen für gesunde Ernährung aufgeschlossen werden, indem sie
- erkennen, daß der Körper verschiedenartige Nahrungsmittel braucht, um kräftig und gesund zu bleiben;
- die Nährstoffe (Eiweiß, Fett, Kohlehydrate, Vitamine) ansatzweise unterscheiden und bestimmten Lebensmitteln zuordnen;
- die Funktion von Eiweiß zum Wachsen/Erneuern der Körperzellen, von Fett/Kohlehydraten als Energiestoffe zum Bewegen/Wärmehaushalt sowie von Vitaminen als Schutzstoffe ansatzweise verstehen;
- falsche Eßgewohnheiten als Ursache von Unwohlsein interpretieren;
- die Verteilung von mehreren kleineren Mahlzeiten über den Tag als vorteilhaft erkennen und den Einfluß der Mahlzeiten auf die Leistungsfähigkeit verstehen;
- Nahrungsmittel nach pflanzlicher und tierischer Herkunft unterscheiden und ordnen.

Umsetzung/Handlungsmöglichkeiten

Essen und trinken – warum eigentlich? SB 44, Klasse 2 Die Mischung macht's! SB 45, Klasse 2	– Eßgewohnheiten reflektieren und ggf. ändern; – Regeln für gesunde Ernährung und richtiges Eßverhalten sammeln; – Herkunft der Nahrungsmittel erkunden; – Mahlzeiten in ausgewogener Mischung zusammenstellen; – Werbesprüche für gesunde Nahrungsmittel zusammentragen; – Erkenntnisse aus der UR „Gesund durch richtige Ernährung" in einer Ausstellung dokumentieren.

Im Rahmen des spiralcurricularen Aufbaus der Gesundheitserziehung kann das Thema „Gesund durch richtige Ernährung" in der zweiten Klasse wieder aufgenommen und vertieft werden. Handlungsformen und Methode zur Verwirklichung einer Ausstellung (vgl. SB 45) entsprechen dabei SB 42/43.
Ausgangspunkt der UR sollten auch hier die Erfahrungen der Schüler sein. Dabei sollten nicht zuletzt kulturell bedingte Eßgewohnheiten der ausländischen Mitschüler einbezogen werden.
SB 44: Die Sprüche weisen auf falsches Eßverhalten hin. Die Schüler können weitere Sprüche/Reklametexte sammeln und auswerten. Schwerpunkte der Erarbeitung können dabei sein:
- zu viel bei einer Mahlzeit essen/Teller leer essen müssen – Völlegefühl und Müdigkeit; besser: fünf kleine Mahlzeiten am Tag einnehmen;
- nicht ausreichend kauen/zu hastig essen – Schluck- und Magenbeschwerden;
- Belastung des Magens am Abend (Abendessen sollte höchstens 25% des Tagesbedarfs abdecken) – Gewichtszunahme und unruhiger Schlaf;
- Süßigkeiten als Zwischenmahlzeit – Gefahr für Zähne, Gewichtszunahme;
- Erkenntnis, daß gründliches Kauen eine wichtige Voraussetzung für die Ausnutzung der Nahrung im Körper ist;
- Nahrungsmittel nennen, die besonders energiereich sind (z. B. in bezug auf Sport);
- ballaststoffreiche Kost als Bedingung für geregelte Verdauung (vgl. SB 46-47);
- Flüssigkeitsbedarf am Tag (1,5 - 2 l) durch zuckerfreie Getränke stillen;
- Gefahr durch verdorbene Lebensmittel (Schimmel), Aufbewahrung verschiedener Nahrungsmittel, Verfallsdaten auf Verpackungen.

SB 45: Weitere Handlungsmöglichkeiten, die in Zusammenhang mit einer Ausstellung über gesunde Ernährung, zu der andere Klassen eingeladen werden können, stehen:
- Plakat mit Nahrungsmitteln, die dick machen (z. B. Chips, Limonade, Schokolade) erstellen;
- Unterrichtsgang in Lebensmittelladen unter folgenden Aspekten:
  * Milch und Milchprodukte auf Verfallsdaten untersuchen;
  * fettarme Lebensmittel erkunden („Leicht"-Produkte);
  * Säfte auf Zuckergehalt untersuchen;
- gesunde Zwischenmahlzeiten zusammenstellen (konkret oder als Collage);
- Funktion der Schneide-, Eck- und Backenzähne beim Verzehr von Frühstücksbrot oder Apfel erkunden (vgl. SB 54-55);
- leckere Milch- oder Joghurtmixgetränke (mit Obst) herstellen und probieren;
- Werbesprüche untersuchen, selber Werbesprüche für gesunde Nahrungsmittel erfinden und im „Fernsehen" (Pappattrappe) vorführen;
- mitgebrachte Nahrungsmittel nach ihrer Herkunft ordnen (AB 5 „Woher kommen die Nahrungsmittel?");
- Regeln für richtiges Essen aufschreiben.

Essen und trinken Arbeitsblatt 5

Woher kommen die Nahrungsmittel?

Schneide die Bilder von S. 62 aus.
Ordne sie den Pflanzen und Tieren zu, und klebe sie ein!

Pflanzen

Tiere

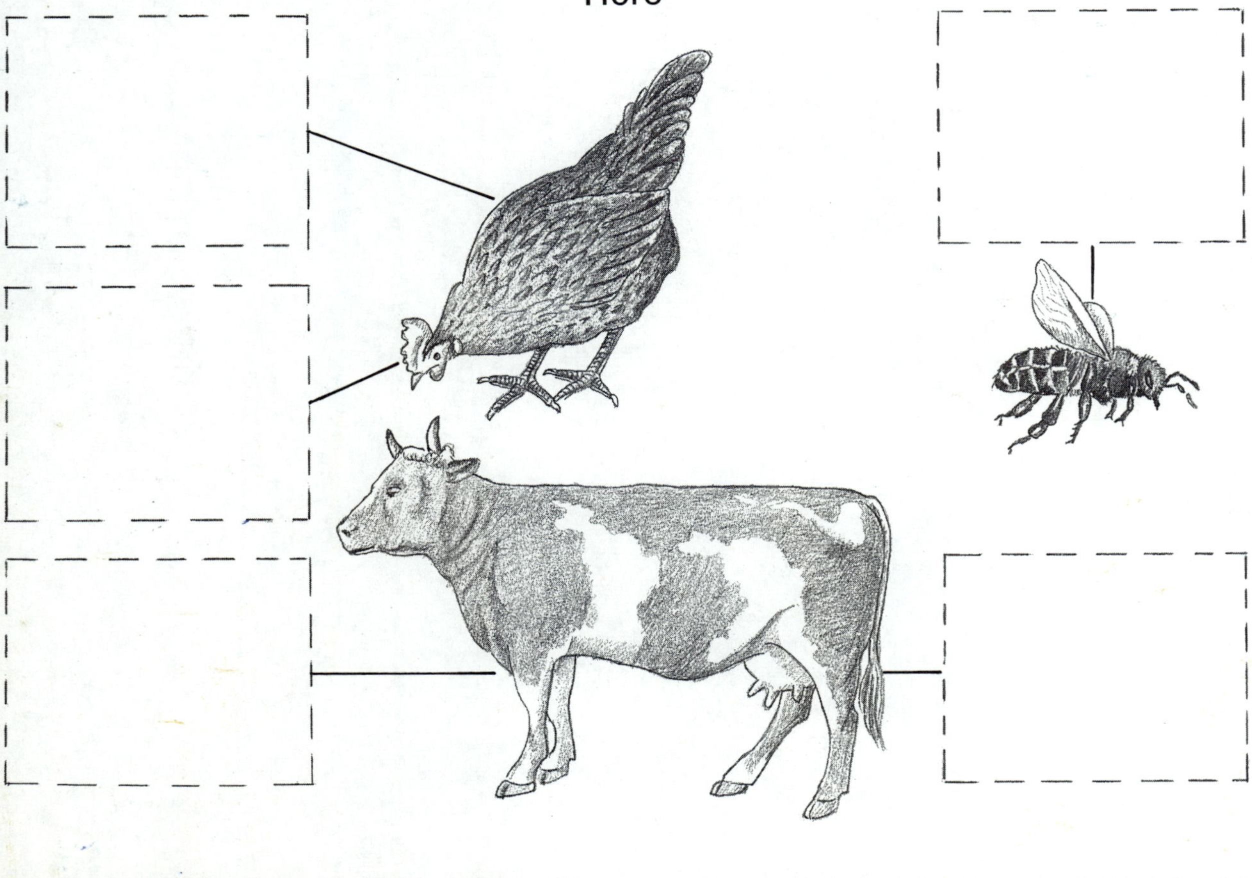

Schlag nach 1/2 — Arbeitsblatt
Bayerischer Schulbuch-Verlag, München

Essen und trinken

Woher kommen die Nahrungsmittel?

Ausschneidebogen
zu Arbeitsblatt 5

Schlag nach 1/2 — Arbeitsblatt
Bayerischer Schulbuch-Verlag, München

Lernziele

- Handlungskompetenz in der Einkaufssituation (Bäckerei) erwerben, Brot aus der Bäckerei wegen seiner Frische und gesünderen Herstellung als besonders gesund einstufen;
- einen Erkundungsgang in die Bäckerei durchführen und mit der Eigenproduktion von Backwaren vergleichen hinsichtlich der Vorteile fortgeschrittener Technisierung zur Erhöhung der Arbeitsteilung;
- Unterschiede und Ähnlichkeiten bei den verwendeten Zutaten feststellen;
- Erkenntnisse über Getreideanbau und Getreideverarbeitung sammeln und verschiedene Getreide unterscheiden;
- wissen, daß man trockene Körner jahrelang aufbewahren kann und daß sie erst in feuchter Erde keimen;
- den Wert des Vollkorns für eine gesunde Ernährung erfahren;
- Veränderungen von Lebens- und Arbeitsbedingungen der Bauern früher und heute feststellen.

Umsetzung/Handlungsmöglichkeiten

Getreide – unser tägliches Brot/Vom Korn zum Mehl SB 46-47, Klasse 2	– Getreide auf einem Ausflug sammeln; – Brotsorten vergleichen und Bestandteile kennen; – Nahrungsmittel verschiedenen Getreiden zuordnen; – Einkaufssituationen im Rollenspiel darstellen; – Produktionsbetrieb „Bäckerei“ erkunden; – Getreide zu Vollkornmehl mahlen und damit backen; – Getreide schroten und Müsli damit zubereiten; – Langzeitversuche zur Quellung und Keimung von Getreidekörnern durchführen; – Arbeit der Bauern früher und heute vergleichen (AB 6).

Die UR sollte für den Herbst in die Jahresplanung aufgenommen werden, damit das Getreide möglicherweise auf einem Unterrichtsgang oder Ausflug selbst gesammelt werden kann. SB 46/47 kann zum Ausgangspunkt genommen werden, um über die Ganzheit „Getreide/Getreideverarbeitung“ Erfahrungen auszutauschen und Wünsche über gemeinsame Aktivitäten zum Thema zu äußern.

SB 46:

UE 1: Die Unterscheidung der Bäckereiprodukte in Brotsorten, Klein- und Feingebäck kann über SB 46 erfolgen. Denkbar wäre auch eine vorbereitende Hausaufgabe, bei der die Kinder während eines Familieneinkaufs in der Bäckerei die Angebote sichten, aufschreiben und Werbematerial besorgen.

UE 2: Einkaufssituationen können im Rollenspiel dargestellt werden, wobei Strategien entwickelt werden, wie ein Kind gegenüber Erwachsenen zu seinem Recht (z. B. beim Anstellen) kommen kann. Der Hund vor der Ladentür verweist auf die Hygienevorschrift, daß Tiere nicht in Läden mit Lebensmitteln dürfen.

UE 3: Brot untersuchen: Die Kinder bringen je eine Scheibe ihres bevorzugten Brotes als Pausenfrühstück mit. Die verschiedenen Brotsorten werden verglichen, beschrieben und durch Riechen und Schmecken (vgl. SB 62) getestet. Durch langes Kauen auf einem Stück Graubrot kann die Umwandlung von Kohlehydraten in Zucker erfahren und die Gefahr für die Zähne (vgl. SB 52) wiederholt werden. Wichtig ist es auch, den Kindern den Vorteil des Brotes ohne Konservierungsstoffe aus der Bäckerei durch einen Vergleich mit minderwertigem Brot (aus dem Supermarkt) zu verdeutlichen.

UE 4: Der Bäckereibesuch sollte möglichst erst dann erfolgen, wenn die Kinder Erfahrungen mit Backen gesammelt haben (vgl. SB 47). Sie sind dann für den Vergleich des Arbeitsablaufes und der Maschinen/Geräte aufgeschlossener. Vor dem Besuch sollten Interview-Fragen an den Bäcker formuliert werden, die darauf zielen, die Arbeitsplatzsituation (Arbeitszeit, Arbeitsteilung, Arbeitsmotivation) im Produktionsbetrieb zu erkunden. Die Beantwortung dieser Fragen kann dann arbeitsteilig beim Erkundungsgang mit Hilfe der Schreibunterlage (vgl. AB 9 zu SB 92, LHB S. 166) geleistet werden.

SB 47:

UE 1: Die Kinder sammeln Getreideähren und Rispenstände. Sie vergleichen, bestimmen, lösen die Körner heraus und ordnen diese den Ähren zu (AB 7).

Langzeitversuche: Ein Glas bis zum Rand mit Körnern füllen, wiegen, mit Wasser auffüllen, beobachten, was geschieht. Ergebnis zeichnen, Körner erneut wiegen und die Gewichtszunahme begründen; gequollene Körner mit der Lupe betrachten, in Erde pflanzen, die Entwicklung beobachten; Keimlinge in unterschiedlichen Phasen betrachten und zeichnen.

UE 2: Die Kinder können Getreide mahlen, das Vollkornmehl mit Weißmehl vergleichen, vermuten, woher die unterschiedliche Färbung rührt, Vollkornmehl entsprechend der Abbildung auf SB 47 sieben und die Trennprodukte mit „Kleie“ und „Mehl“ bezeichnen. Durch den Gebrauch eines Mörsers können die Kinder den Begriff Vollkornschrot durch seinen geringeren Ausmahlgrad gegenüber dem Vollkornmehl sinnlich erfahren. Die Lehrerin/der Lehrer erklärt, warum Weißmehl sich länger hält, Vollkornprodukte aber gesünder sind.

UE 3: Durch Backen mit Vollkornmehl oder Zubereitung von Gerichten mit Vollkornflocken sollen die Kinder erfahren, daß diese Gerichte auch lecker sein können, z. B.: Müsli aus selbstgeschrotetem Getreide (vgl. SB 47, LHB S. 54) oder Weckmann aus Vollkornmehl zum Martinsfest.

Rezept – Vollkorn-Weckmann

Zutaten:	Zum Verzieren:
500 g Weizen-Vollkornmehl	Rosinen
1 Tasse lauwarme Milch	Mandeln
2 Eier	1 Eigelb
1 Päckchen Trockenhefe	
5 Eßlöffel Öl	
1 Prise Salz	

Zubereitung:

1. In einer großen Schüssel das Mehl mit der Trockenhefe vermischen;
2. in das Mehl eine Mulde drücken;
3. jetzt alle übrigen Zutaten mit etwas Mehl verrühren;
4. einen geschmeidigen Teig kneten;
5. den Teig mit einem Tuch zudecken und um das Doppelte aufgehen lassen;
6. den aufgegangenen Teig mit bemehlten Händen gut durchkneten;
7. auf einer bemehlten Arbeitsfläche den Teig bleistiftdick ausrollen;
8. Weckmannschablonen ausschneiden, auf den Teig legen, die Schablonen jeweils mit einem Küchenmesser umfahren;
9. die Weckmänner auf ein gefettetes Backblech legen;
10. mit Rosinen und Mandeln verzieren;
11. alles mit Milch oder verquirltem Eigelb einpinseln;
12. im vorgeheizten Backofen bei 250 Grad 10 Minuten backen.

Arbeitshilfen:

Werbematerial aus Bäckereien; Bildmaterial von Brot, Gebäck und Backgeräten; verschiedene Brotsorten;
Ordner „Die Bäckerei“ vom Zentralverband des deutschen Bäckerhandwerks e. V., erschienen im Hagemann-Verlag;
Broschüre „Brot“, zu beziehen vom Bundesausschuß für volkswirtschaftliche Aufklärung e.V., Sachsenring 38, 50677 Köln;
Originale Ähren- und Rispenstände (ersatzweise verschiedene Kornarten, erhältlich durch: IMA Informationsgemeinschaft Meinungspflege und Aufklärung e.V., Alexanderstr. 3, in 30159 Hannover);
Gläser für Keimversuche, Blumentöpfe, Erde, Waage, Lupen, Bildmaterial aus Bäckereien und Reformhäusern;
Getreideprodukte entsprechend AB 7;
Getreidemühle, Mörser, Sieb, Teller;
Zutaten und Geräte zum Backen.

Filme:
32 00814 Bauer und Müller zu Großvaters Zeit
32 45035 Ernten und Dreschen

Fächerübergreifendes Lernangebot:

- Sprache: Bäckereiprodukte aufschlüsseln, z. B. Schwarz-, Weiß-, Graubrot, Mürbchen, Nußschnitte, Butterstuten;
- Mathematik: Zutaten wiegen und Kilogramm, Pfund und Gramm unterscheiden.

Essen und trinken Arbeitsblatt 6

Vom Korn zum Mehl

Schneide die Bilder von Seite 66 aus. Ordne sie den Begriffen „Früher“ und „Heute“ zu, und klebe sie ein.

	Früher	Heute
Pflügen		
Eggen		
Säen		
Ernten Mähen		
Dreschen		
Mahlen		

Essen und trinken

Vom Korn zum Mehl

Auschneidebogen

zu Arbeitsblatt 6

Schlag nach 1/2 — Arbeitsblatt
Bayerischer Schulbuch-Verlag, München

Essen und trinken

Arbeitsblatt 7

Getreide – unser tägliches Brot

1. Wie heißt das Getreide? Trage die richtigen Nummern ein.

(1) Hafer (2) Weizen (3) Gerste (4) Mais (5) Roggen

2. Schaue zu Hause oder bei deinem nächsten Einkauf nach, welche Getreidearten in diesen Nahrungsmitteln enthalten sind. Schreibe den Namen des Getreides unter die Abbildung.

Lernziele für Klasse 1:

- verschiedene Obstarten in Formen und Namensvielfalt kennenlernen und als gesund einschätzen;
- Früchte nach ihrer Eignung als Schulfrühstück, für Müsli oder Milchmixgetränke einteilen;
- erkennen, daß Obsternte und -angebot zeitgebunden sind;
- die Begriffe Obst/Gemüse als Sammelnamen für verschiedene Arten kennenlernen; weitere Oberbegriffe zu Lebensmitteln bilden;
- Obst in Stein-, Kern-, Beerenobst und Südfrüchte nach Anlage und Beschaffenheit der Samen unterscheiden;
- wissen, daß Obstarten zum Gedeihen unterschiedliches Klima brauchen;
- die Merkmale verschiedener Obstarten untersuchen und beschreiben;
- verschiedene Apfelsorten probieren, den unterschiedlichen Geschmack feststellen; erkennen, daß die Teile der Frucht immer gleich aussehen;
- die Teile des Apfels benennen und ihre Funktion kennen.

Umsetzung/Handlungsmöglichkeiten

Obst und Gemüse sind gesund SB 48-49, Klasse 1	– auf einem Unterrichtsgang zum Markt Obst und Gemüse erkunden (und kaufen); – verschiedene Apfelsorten vergleichen; Längs- und Querschnitte herstellen, Aufbau und Funktion der Teile in Versuchen erkunden; – Samen verschiedener Obstarten untersuchen, vergleichen und zuordnen; – Vorhaben: Obstsalat planen, vorbereiten, durchführen.

Im Schülerbuch wurde der gebräuchliche Begriff „Beerenobst" verwendet, um den Schülern das Einprägen der entsprechenden Obstsorten (Erdbeere, Himbeere etc.) zu erleichtern; die fachlich korrekte Bezeichnung ist jedoch „Sammelfrucht".

UE 1: SB 48-49 als Gesprächsanlaß über Vorerfahrungen; Vorschlag des Lehrers, einen Obstsalat herzustellen; Einigung über den ersten Schritt: „Woher bekommen wir Obst?", „Welche Früchte gibt es zur Zeit im Garten, welche kann man kaufen?"

UE 2: Im Ratespiel Obstsorten im Zaubersack durch Fühlen erraten; Obstsorten am Geruch unterscheiden lernen (vgl. SB 62).

UE 3: Verschiedene Apfelsorten vergleichen und benennen; verschiedene Äpfel austeilen; in Gruppenarbeit Querschnitt und Längsschnitt ausführen und malen lassen, Teile nennen und je nach Schreibfähigkeit beschriften lassen; Kerne herauslösen, quellen lassen, in Erde Keimversuche anlegen und so die Funktion der Kerne als Samen erkennen; Langzeitversuch mit zwei gleich großen, einem geschälten und einem ungeschälten Apfel anlegen, um die Funktion der Schale als Schutz vor Austrocknung, Verfaulen, Verletzen und Verschmutzen zu erfahren; Funktion des Stiels (Befestigung am Baum), des Fruchtfleisches (Nahrung für Mensch und Tier), und des Kerngehäuses (Schutz der Samen) nennen lassen; Geschmack der Äpfel beim Essen kennenlernen.

UE 4: Die Kinder unternehmen einen Unterrichtsgang zum Markt: Sie vergleichen Obst, kaufen Nüsse und betrachten die Waren der anderen Stände (AB 8).

UE 5: Die Kinder planen die Zubereitung des Obstsalates: Sie wählen Zutaten aus, benennen notwendige Geräte und besprechen die Behandlung des Obstes vor dem Verzehr. Auf einem Plakat können die Zutaten, Geräte und die einzelnen Arbeitsschritte bildlich dargestellt werden.

UE 6: Die Kinder bereiten den Obstsalat zu (Samen der Früchte aufheben): Sie decken die Tische, laden evtl. Patenklasse oder andere Kinder ein und verzehren den Obstsalat gemeinsam.

UE 7: Die Kinder beschreiben, untersuchen und vergleichen die Samen der verschiedenen Obstarten und ordnen die Samen Bildern der entsprechenden Früchte zu. Dazu paßt AB 9.

In der Klasse 2 kann das Thema wieder aufgenommen und vertieft werden.

Obst und Gemüse sind gesund

Schülerbuch Seite **48-49**

Lernziele für Klasse 2:

- Früchte nach ihrer Herkunft unterscheiden;
- Samen verschiedenen Früchten zuordnen;
- Möglichkeiten der Konservierung von Früchten kennenlernen;
- Gemüse nach Blatt-, Wurzel-, Frucht- und Stengelgemüse unterscheiden;
- wissen, was unter und über der Erde wächst;
- wissen, wie Gemüse bearbeitet wird;
- Brauch des Erntedanks kennenlernen.

Umsetzung/Handlungsmöglichkeiten

SB 48-49 Klasse 2	– Früchte verschiedener Pflanzen sammeln und bestimmen; – weitere Keimversuche durchführen; – Obst durch selbstgewählte Methode haltbar machen ; – Erntedankfest planen, vorbereiten, durchführen.

UE 1: Auf einem Unterrichtsgang können die Kinder über Obst hinaus Früchte verschiedener Pflanzen sammeln und in der Klasse unter Angabe des Fundortes (Wald, Feld etc.) ausstellen. Auch hier sollten die Samen herausgelöst und möglichst für weitere Keimversuche verwendet werden. Gemeinsam können die Kinder das Obst-Gemüse-Quartett (AB 10) anfertigen und spielen.

UE 2: Die Kinder lernen konserviertes Obst (z. B. Glas mit eingeweckten Pflaumen, Dose Pfirsiche, Schachtel tiefgefrorene Erdbeeren, Packung Dörrobst, Glas Marmelade) kennen und diskutieren die Vor- und Nachteile. Evtl. läßt sich gemeinsam Marmelade herstellen.

UE 3: Erntedankfest feiern: Die Kinder stellen Früchte aus und verkaufen sie evtl. im Rahmen eines Schulfestes. Dazu können sie Gemüsesuppe kochen (AB 11) oder eine Rohkostplatte zubereiten.

Arbeitshilfen:
Früchte, Bildmaterial zu Früchten; Plakate aus Lebensmittelläden zu Obst/Gemüse; Nahrungsmittelverpackungen, die Obst/Gemüse enthalten;
Bundeszentrale für gesundheitliche Aufklärung, Ostheimer Str. 200, 51109 Köln (Tel.: 0221/892031-35) Ordner Materialien zur Gesundheitserziehung – Bereich Ernährung.
Bundesausschuß für volkswirtschaftliche Aufklärung e. V., Sachsenring 38, 50677 Köln, Heft: „Gemüse".

Fächerübergreifendes Lernangebot:
- Sprache: Verkaufsgespräche beim Obstkauf einüben; Versprachlichung der Arbeitsschritte bei der Zubereitung des Obstsalates.

Mein Lieblingsgericht im Frühling: Pellkartoffeln mit Kräuterquark

Schülerbuch Seite **50-51**

Lernziele

- Kresse und andere Kräuter aus Samen ziehen;
- Rezepte kennenlernen und umsetzen können.

Umsetzung/Handlungsmöglichkeiten

Mein Lieblingsgericht im Frühling: Pellkartoffeln mit Kräuterquark SB 50-51 Klasse 1 und 2	– Aufbau der Kartoffel und Funktion der Teile durch Versuche erkunden (AB 12); – Stärke als Nährmittel kennenlernen und nachweisen; – Kresse in selbsthergestelltem Behältnis ziehen und verschenken (Muttertag, Ostern); – Küchenkräuter aus Samen selber ziehen (AB 13, vgl. AB 10 zum Kapitel „Was wächst denn da?" LHB 139); – evtl. Treibhaus für die Fensterbank herstellen; – Rezepte lesen, malen, umsetzen; – im Schulgarten eine Kräuterspirale anlegen.

Fächerübergreifendes Lernangebot:
- Sprache: Vorgangsbeschreibung bei der Zubereitung einfacher Mahlzeiten; Wortfeld „Kartoffel" zusammenstellen.

Essen und trinken
Auf dem Markt

Arbeitsblatt 8

1. Welche Nahrungsmittel werden hier verkauft? Trage die richtigen Namen ein. Die Wortliste hilft dir dabei:

   Geflügel – Obst – Gemüse – Milcherzeugnisse – Fisch

2. Ergänze die Marktstände mit passenden Nahrungsmitteln!

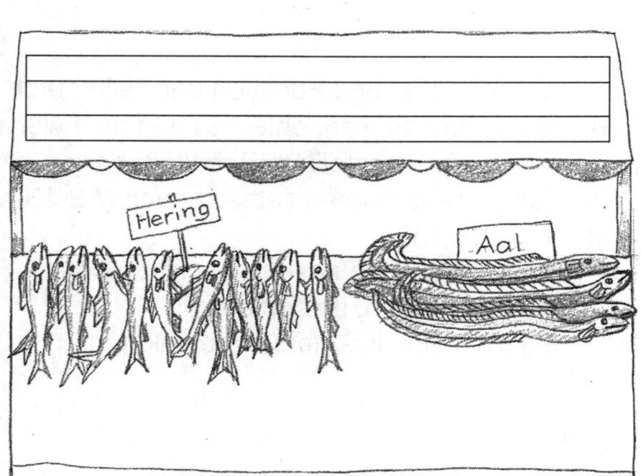

Schlag nach 1/2 — Arbeitsblatt
Bayerischer Schulbuch-Verlag, München

Essen und trinken

Arbeitsblatt 9

Alle Früchte enthalten Samen

Alle Früchte enthalten Samen. Die Samen sehen unterschiedlich aus. Deshalb unterscheiden wir verschiedene Fruchtformen.
Trage die Namen der Fruchtformen bei den Samen ein:

Beerenobst/Sammelfrüchte – Nüsse – Steinobst – Kernobst

Trage dann die Namen der Früchte ein:

Quitte – Pflaume – Erdnuß – Aprikose – Birne – Walnuß – Erdbeere – Apfel – Kirsche – Himbeere – Haselnuß – Johannisbeere

Ordne die Früchte den einzelnen Fruchtformen mit Pfeilen zu.

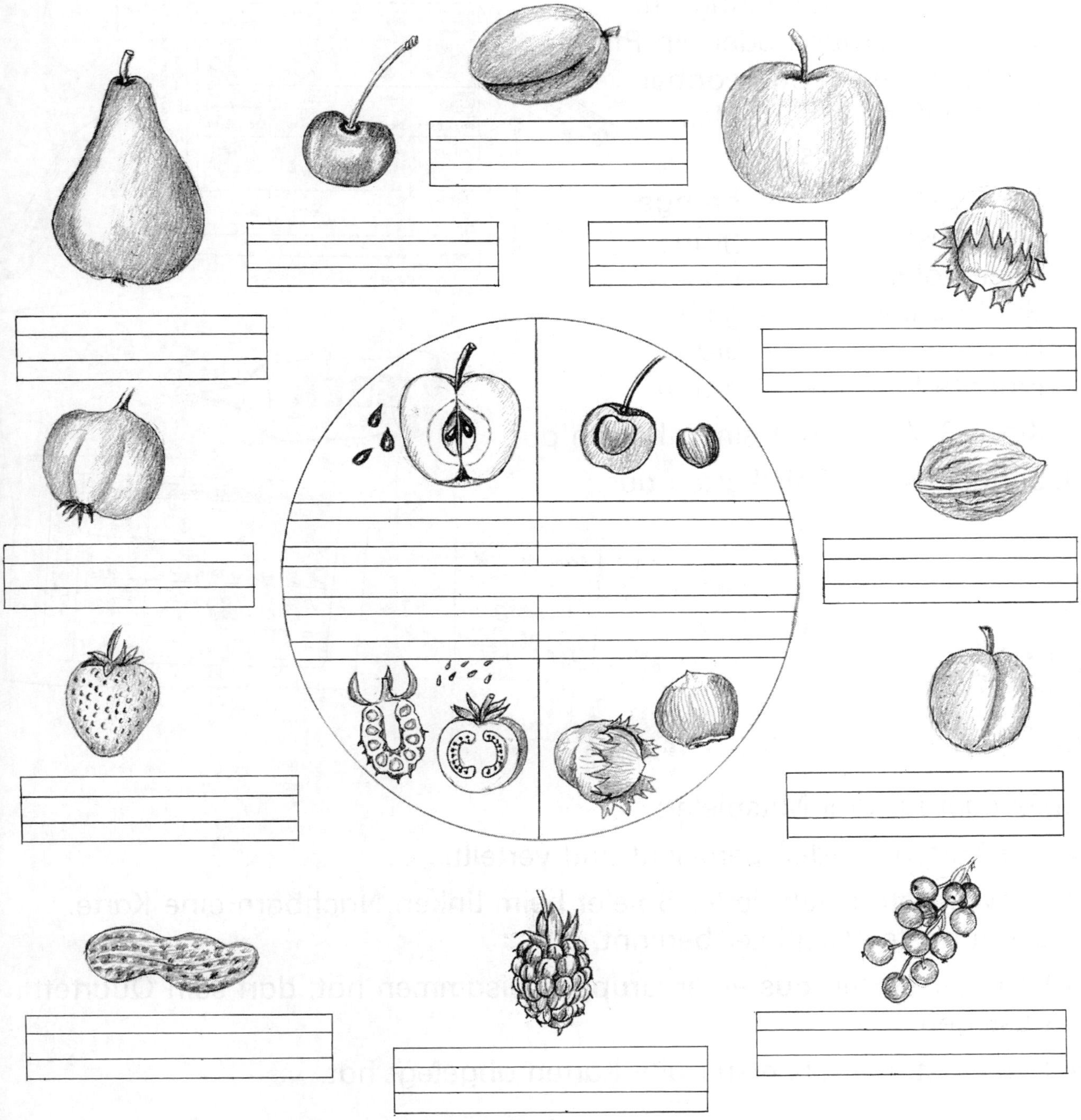

Essen und trinken

Arbeitsblatt 10

Obst-Gemüse-Quartett

Wir basteln ein Obst-Gemüse-Quartett

1. Malt die Früchte richtig an.
   Das Schülerbuch oder ein Pflanzenbuch helfen euch dabei.
2. Malt auf jeder Karte das oberste Feld aus:

   Kernobst – orange
   Steinobst – grün
   Beerenobst – rot
   Südfrüchte – gelb
   Gemüse – blau
   Früchte für Tiere – braun
3. Klebt S. 73–75 auf einen Karton auf.
4. Schneidet die Spielkarten aus.

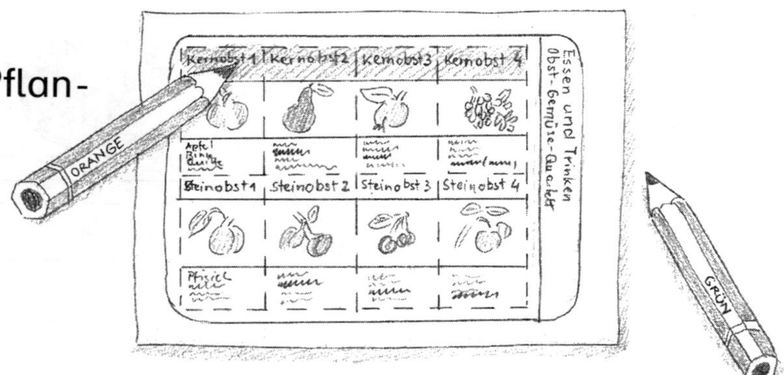

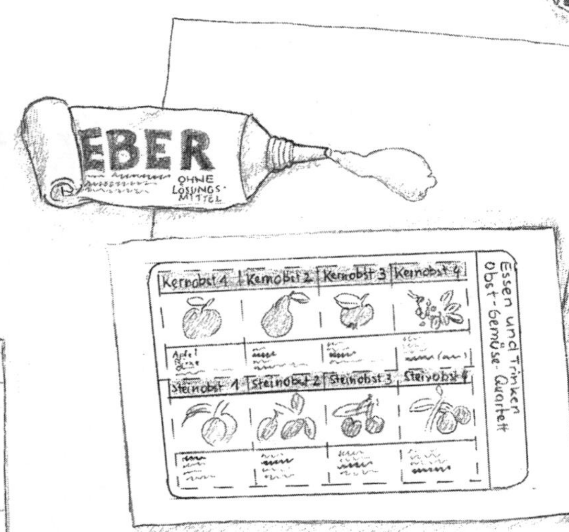

Spielregel für drei Mitspieler:

1. Die Karten werden gemischt und verteilt.
2. Abwechselnd zieht jeder Spieler beim linken Nachbarn eine Karte. Der jüngste Mitspieler beginnt.
3. Wer vier Karten aus einer Gruppe beisammen hat, darf sein Quartett auslegen.
4. Sieger ist, wer als erster alle Karten abgelegt hat.

Essen und Trinken

Obst-Gemüse-Quartett

Ausschneidebogen
zu Arbeitsblatt 10

Kernobst 1

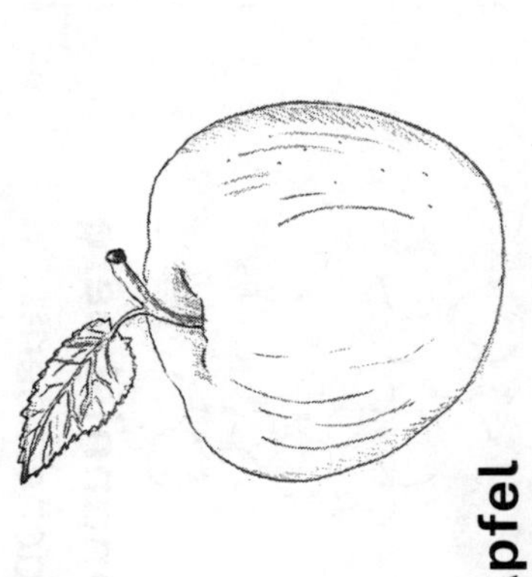

Apfel
Birne
Quitte
Eberesche (Vogelbeere)
nicht eßbar

Kernobst 2

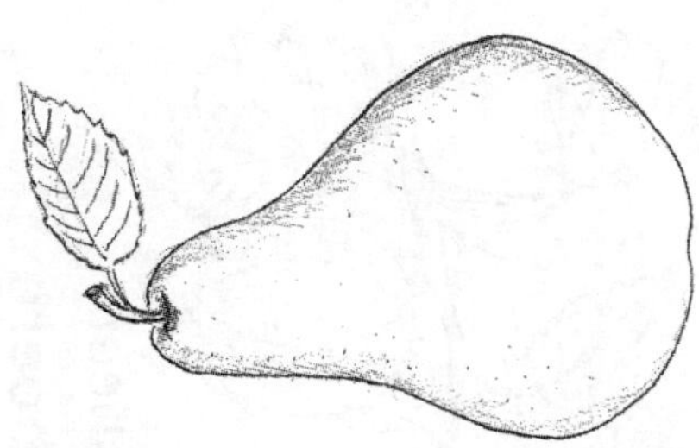

Apfel
Birne
Quitte
Eberesche (Vogelbeere)
nicht eßbar

Kernobst 3

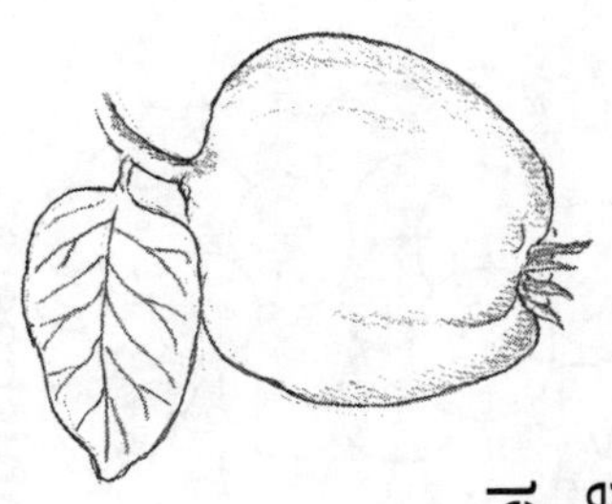

Apfel
Birne
Quitte
Eberesche (Vogelbeere)

Kernobst 4

Apfel
Birne
Quitte
Eberesche (Vogelbeere)
nicht eßbar

Steinobst 1

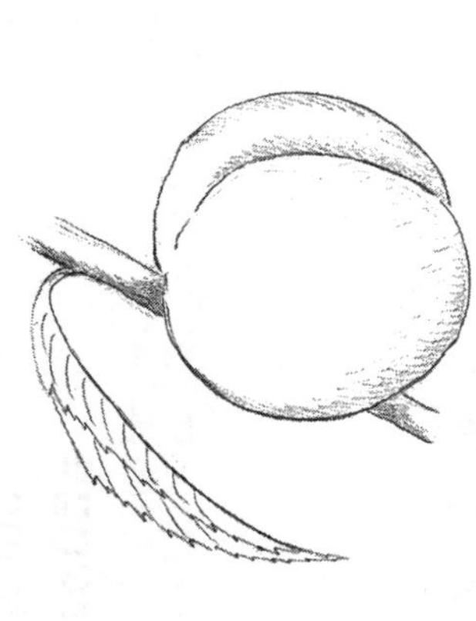

Pfirsich
Pflaume
Kirsche
Mirabelle

Steinobst 2

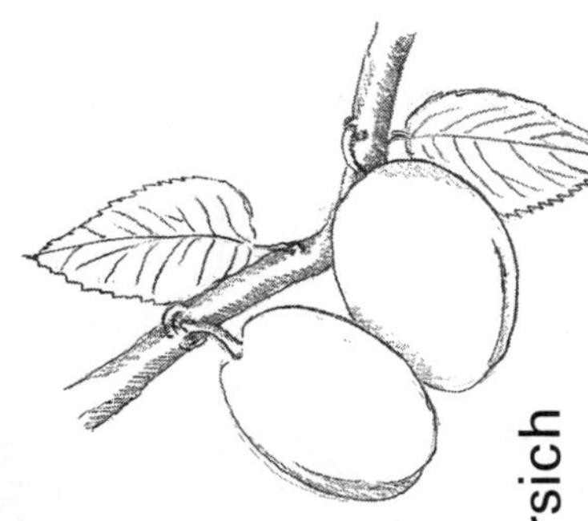

Pfirsich
Pflaume
Kirsche
Mirabelle

Steinobst 3

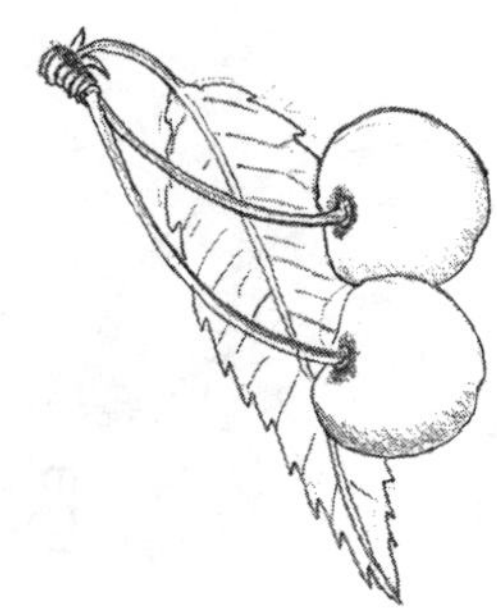

Pfirsich
Pflaume
Kirsche
Mirabelle

Steinobst 4

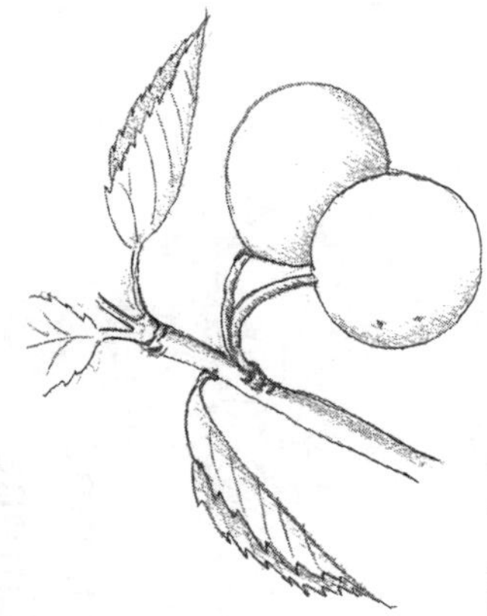

Pfirsich
Pflaume
Kirsche
Mirabelle

nicht eßbar

Essen und Trinken

Obst-Gemüse-Quartett

Ausschneidebogen zu Arbeitsblatt 10

Südfrüchte 1

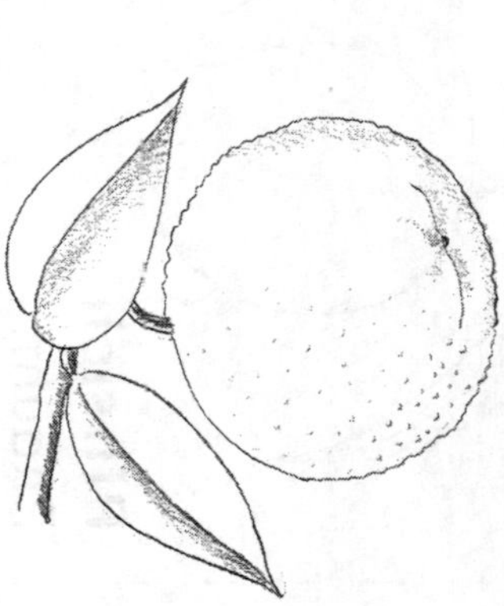

Orange
Zitrone
Banane
Ananas

Südfrüchte 2

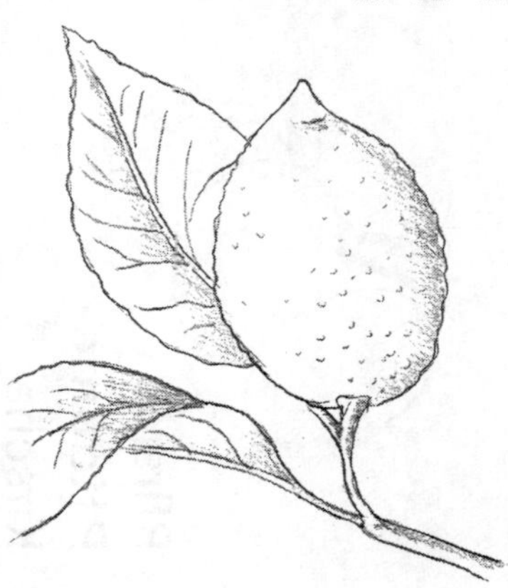

Orange
Zitrone
Banane
Ananas

Südfrüchte 3

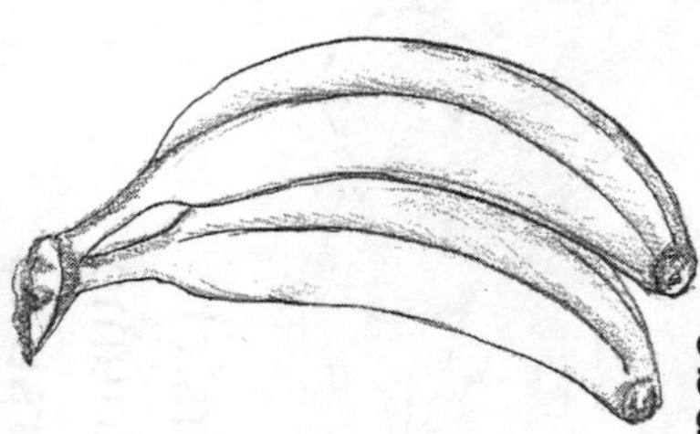

Orange
Zitrone
Banane
Ananas

Südfrüchte 4

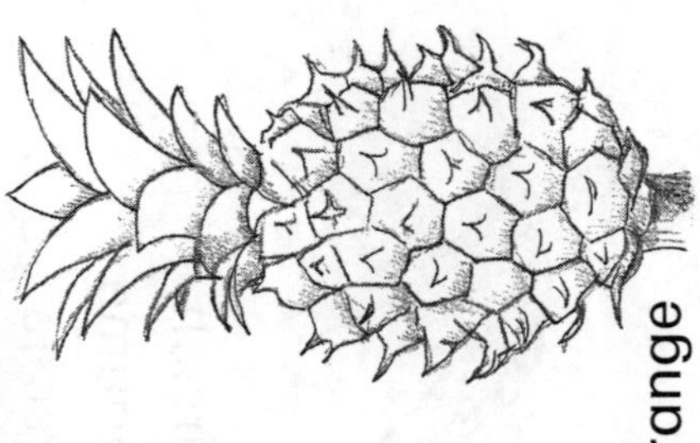

Orange
Zitrone
Banane
Ananas

Beerenobst 1

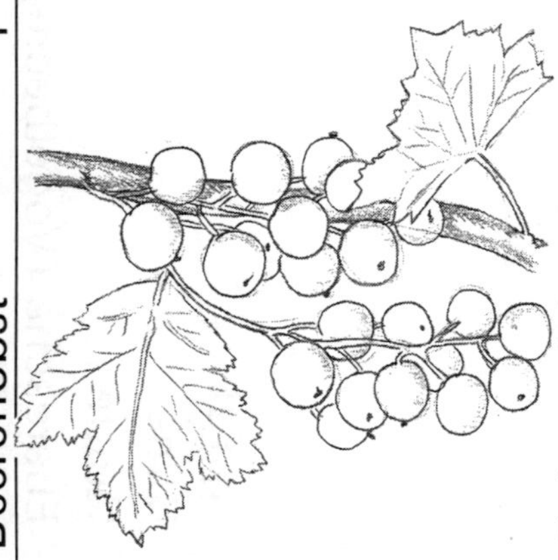

Johannisbeere
Stachelbeere
Weintraube
Heidelbeere

Beerenobst 2

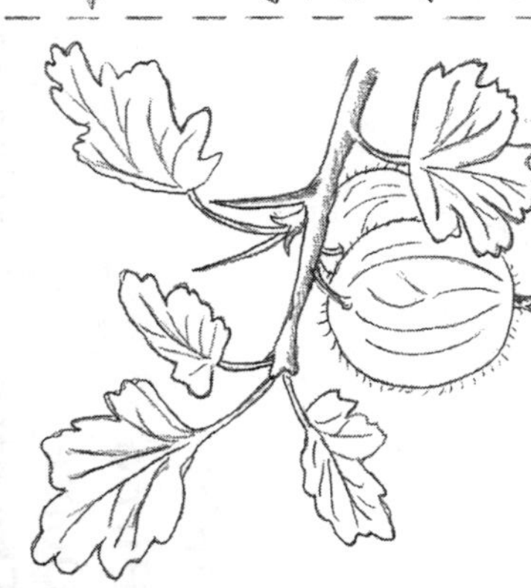

Johannisbeere
Stachelbeere
Weintraube
Heidelbeere

Beerenobst 3

Johannisbeere
Stachelbeere
Weintraube
Heidelbeere

Beerenobst 4

Johannisbeere
Stachelbeere
Weintraube
Heidelbeere

Schlag nach 1/2 — Arbeitsblatt
Bayerischer Schulbuch-Verlag, München

Gemüse 1

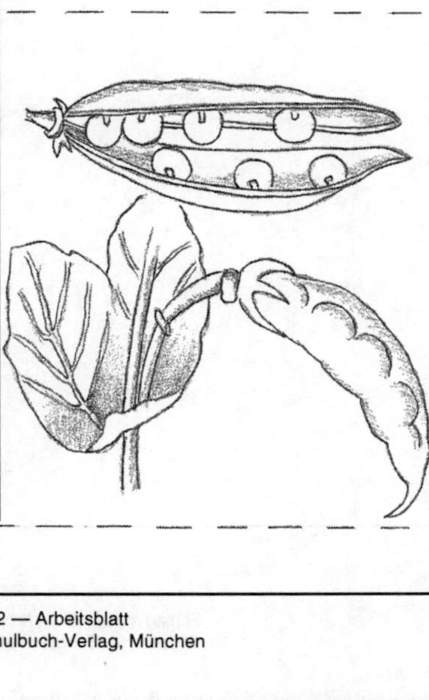

Erbse
Bohne
Kohl
Möhre

Gemüse 2

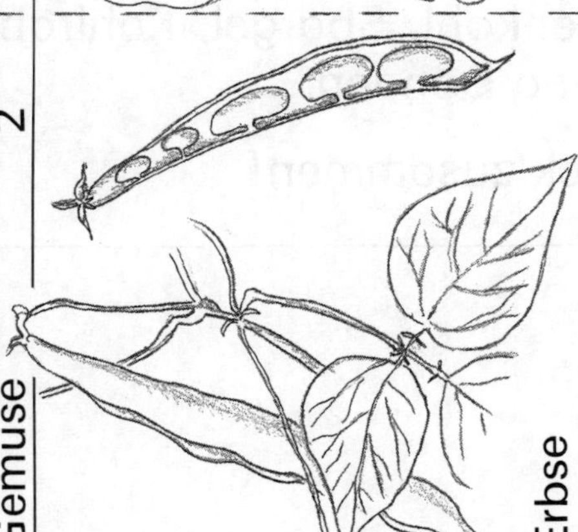

Erbse
Bohne
Kohl
Möhre

Gemüse 3

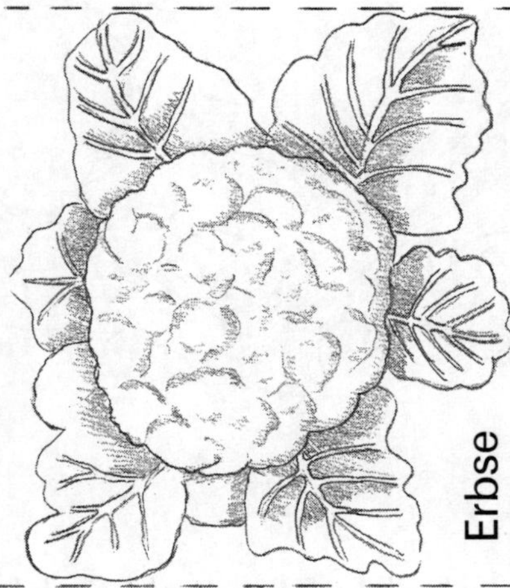

Erbse
Bohne
Kohl
Möhre

Gemüse 4

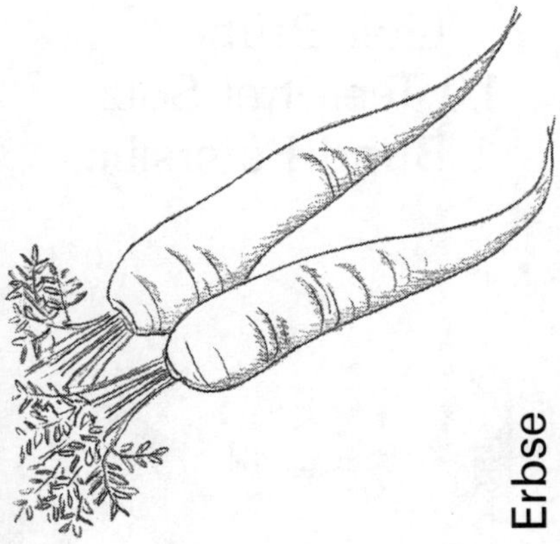

Erbse
Bohne
Kohl
Möhre

Früchte für Tiere 1

Kastanie
Eichel
Buchecker
Haselnuß

Früchte für Tiere 2

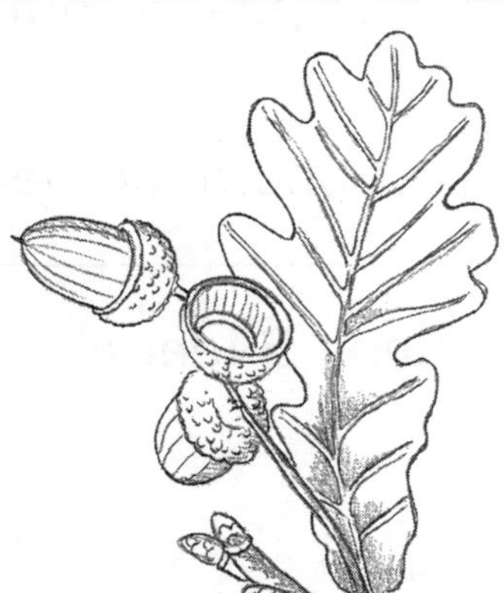

Kastanie
Eichel
Buchecker
Haselnuß

Früchte für Tiere 3

Kastanie
Eichel
Buchecker
Haselnuß

Früchte für Tiere 4

Kastanie
Eichel
Buchecker
Haselnuß

Essen und trinken

Arbeitsblatt 11

Wir kochen eine Gemüsesuppe

Zutaten:

10 Kartoffeln	3 Zwiebeln	1 Liter Brühe
2 Stangen Lauch	1 kleiner Blumenkohl	$^1/_2$ Teelöffel Salz
3 Möhren	1 Eßlöffel Butter	1 Bund Petersilie

Und so wird's gemacht:

1. Kartoffeln schälen.
2. Lauch putzen und kleinschneiden.
3. Möhren schälen und kleinschneiden.
4. Zwiebeln schälen und in Ringe schneiden.
5. Blumenkohl waschen und zerteilen.
6. Butter erhitzen und das Gemüse kurz darin dünsten.
7. Mit Brühe auffüllen, salzen.
8. In 15-20 Minuten bei mittlerer Temperatur gar kochen.
9. Petersilie hacken und einstreuen.

Guten Appetit!

Zur Gemüsesuppe passen auch: Erbsen, Rosenkohl, Spargel, Kohlrabi, Wirsing, grüne Bohnen.

Stelle dir eine Suppe nach deinem Geschmack zusammen!

Male oder klebe Bilder ein:

Schlag nach 1/2 — Arbeitsblatt
Bayerischer Schulbuch-Verlag, München

Essen und trinken

Arbeitsblatt 12

Die Kartoffel – ein Grundnahrungsmittel

Schreibe in die leeren Kästchen die richtigen Bezeichnungen:
Kartoffelfleisch, Augen, Schale, Keim

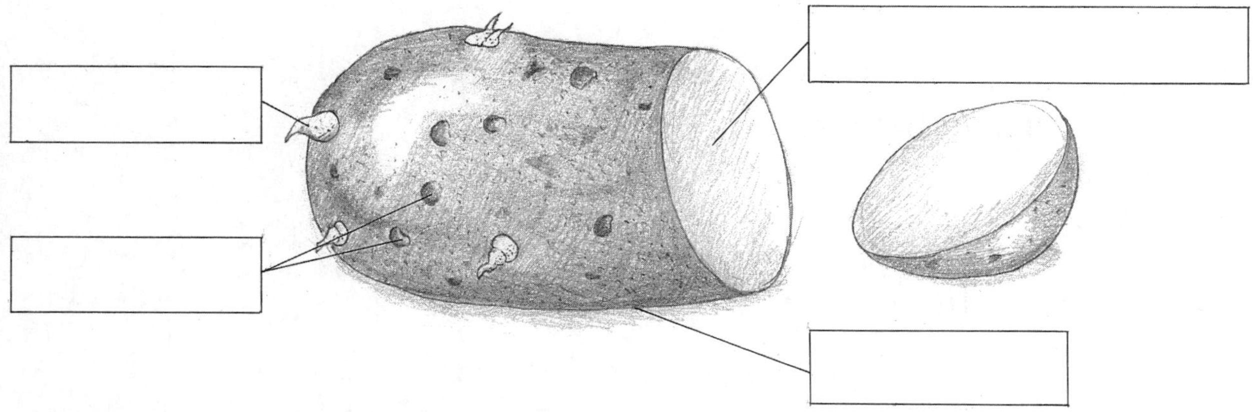

Wozu dient die Schale der Kartoffel? Kreuze richtig an:

☐ Die Schale schützt die Kartoffel in der Erde vor Wasser.
☐ Die Schale schützt das Kartoffelfleisch vor dem Austrocknen.
☐ Die Schale hält den Kartoffelkäfer ab.
☐ Die Schale hält das Kartoffelfleisch sauber.

Kartoffeln enthalten Stärke. Versuche, Kartoffelstärke selbst zu gewinnen!
Du brauchst dazu:
Kartoffel – Kartoffelschäler – Reibeisen – Geschirrtuch – Küchenbrett – Schüssel

So wird's gemacht:

Wozu braucht man Kartoffelstärke?

Essen und trinken

Arbeitsblatt 13

Kräuter selber ziehen

Küchenkräuter kann man im Blumentopf ziehen. Es ist ganz leicht und macht viel Spaß!

Du brauchst dazu:

- Blumentöpfe
- Blumentopfscherben
- feinen Kies
- Blumenerde
- Samen:
  - Kresse
  - Petersilie
  - Basilikum

So wird's gemacht:

Lege eine Tonscherbe über das Loch im Boden des Blumentopfes.

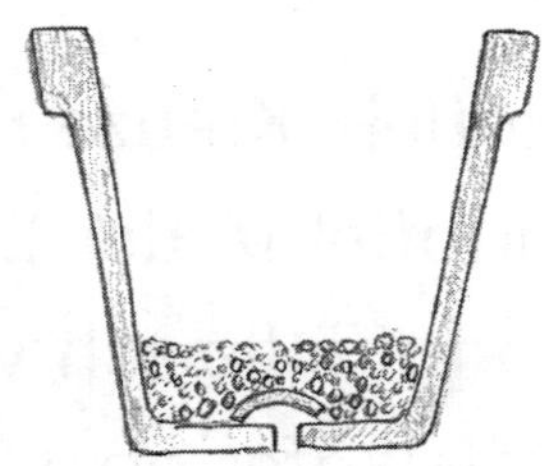

Darüber füllst du zwei Finger breit feinen Kies.

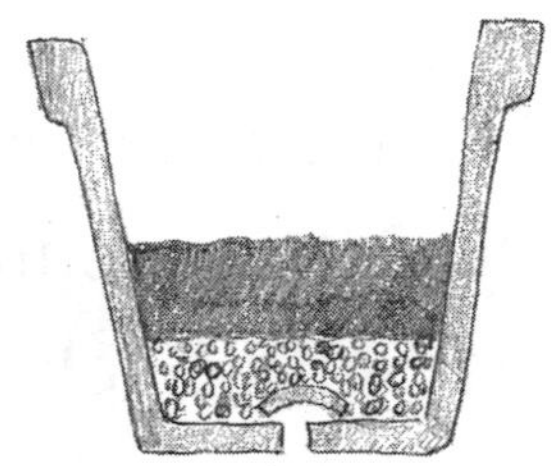

Auf den Kies füllst du Blumenerde, bis der Topf halb voll ist.

In den halbgefüllten Topf streust du ein Tütchen Samen.

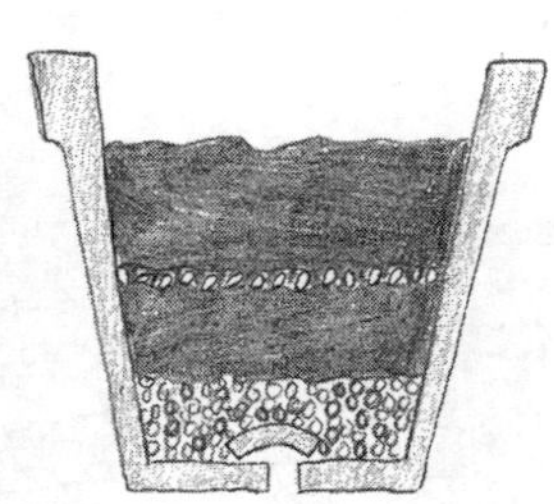

Dann wird der Topf bis fast unter den Topfrand aufgefüllt.

Achte darauf, daß die Erde nie ganz trocken ist. So hast du lange Freude an deinen Kräutern!

Guten Appetit!

AU BACKE, DIE SCHULZAHNÄRZTIN KOMMT!

Schülerbuch Seite **52-55**

Meine Zähne sollen gesund bleiben

Schülerbuch Seite **52-53**

Lernziele

- die Bedeutung der Zahnpflege und Mundhygiene einsehen;
- die Technik des richtigen Zähneputzens beschreiben und praktizieren können;
- wissen, daß Fehlernährung und Mißbrauch der Zähne zu Zahnschäden führen können;
- die Behandlung eines kariösen Zahnes kennen und die Angst vor dem Zahnarzt abbauen.

Umsetzung/Handlungsmöglichkeiten

Meine Zähne sollen gesund bleiben SB 52-53 Klasse 1 und 2	– Informationen über Gefahren durch Speisereste, besonders von Süßigkeiten, und den Mißbrauch der Zähne (vgl. SB 53) sammeln und diskutieren; – Zahnputztechnik am Modell demonstrieren und ggf. korrigieren; – Zähneputzen mit Zahnpflegesets üben; – Besuch in einer Zahnarztpraxis: Einrichtung und Funktionsweise von Geräten und technischen Einrichtungen (Behandlungseinheit, Untersuchungsbesteck, Turbine, Sauger, Desinfektionsmittel, Füllmasse) verstehen, um Angst und Hemmungen abzubauen; – Behandlungsschritte bei der Füllung des Zahnes beschreiben, evtl. anhand von Zahnmodell (Querschnitt).

Ziel des Themenbereiches ist, Einsicht in die Bedeutung von Zahnpflege und Mundhygiene für die Gesunderhaltung des Milchgebisses zu vermitteln. 95-98% der Bevölkerung in Industriestaaten leidet unter Karies, 80% an Parodontose. Da schon die Milchzähne vieler Kinder kariösen Befall zeigen, kommen den Prophylaxemaßnahmen (richtige und regelmäßige Zahnpflege, regelmäßiger Zahnarztbesuch, gesunde Ernährung) entscheidende Bedeutung zu.

Der Einstieg in das Thema kann durch den Besuch der Schulzahnärztin/des Schulzahnarztes erfolgen. Die im Umgangston formulierte Überschrift „Au Backe, die Schulzahnärztin kommt" soll keine Angst, sondern Vertrauen zu der Schulzahnärztin/zum Schulzahnarzt hervorrufen. Angst entsteht häufig durch Unwissenheit.

Im vertrauten Schulraum (Foto SB 53) können die Zahnärztin und die Zahnarzthelferin positiv Einfluß nehmen, indem sie z. B. Untersuchungsbestecke und -methoden genau erklären. Günstig wäre auch ein Besuch in Gruppen in einer Zahnarztpraxis, um den Kindern die Angst vor dem Zahnarztbesuch, besonders vor der unbekannten Technik der Behandlungseinheit („Behandlungsstuhl") zu nehmen.

Der Wunsch der Kinder „Meine Zähne sollen gesund bleiben" motiviert sie, die Technik richtigen Zähneputzens zu erlernen. Beim Modellversuch mit Kamm, Watte und Zahnbürste (AB 1) erkennen sie: Die Wattefasern lassen sich nicht quer, sondern nur von oben nach unten aus den Zwischenräumen bürsten. Für das Gebiß heißt das: Die Außen- und Innenflächen der Zähne im Oberkiefer muß man von oben nach unten, die der Zähne im Unterkiefer von unten nach oben bürsten, um die Zwischenräume säubern zu können.

Richtiges Zähneputzen ist auf SB 52 (AB 1) in vier Phasen dargestellt:

1. Die Kauflächen werden durch kräftige Hin- und Herbewegung der Zahnbürste gereinigt.
2. Die Außenflächen werden durch kreisende Auf- und Abbewegung der Bürste, immer vom Zahnfleisch zur Zahnkrone (Merksatz: von rot nach weiß!) gebürstet, damit Essensreste und Zahnbelag besonders aus den Zwischenräumen entfernt werden können.
3. Die Innenflächen der Zähne im Oberkiefer werden von oben nach unten gereinigt.
4. Die Innenflächen der Zähne im Unterkiefer werden von unten nach oben gereinigt.

Wichtig ist eine einwandfreie Beschaffenheit der Zahnbürste (regelmäßig erneuern!), genügende Menge an Zahncreme (aus der Tube gedrückter Strang so lang wie die Bürstenreihe), die Dauer des Zähneputzens (mindestens 3 Minuten) und gründliches Nachspülen mit lauwarmen Wasser.

Schlechte Angewohnheiten wie das „Betthupferl" nach dem abendlichen Zähneputzen (Merksatz SB 52), Fehlernährung (vgl. Themenbereich „Essen und Trinken", SB 42-51, LHB 54-78) und Mißbrauch der Zähne (SB 53) sollten im gemeinsamen Gespräch problematisiert werden.

Die Darstellung einer Zahnbehandlung (SB 53), evtl. unterstützt durch ein aufklappbares Zahnmodell, kann zur differenzierten Betrachtung des Zahnaufbaus führen: In Bild 1 ist erst das Zahnbein der Zahnkrone durch Karies angegriffen. In Bild 2 reicht das Loch bis zum weicheren Zahnzement. In diesem Zustand kann der Zahn schon temperaturempfindlich reagieren. Wenn keine Behandlung erfolgt, vergrößert sich das Loch bis in die Zahnhöhle. Die Zahnwurzel entzündet sich und verursacht starke Schmerzen. Damit es nicht soweit kommt, sollte man zweimal im Jahr zum Zahnarzt gehen. Die mit Karies befallene Stelle (Bild 3) wird ausgebohrt, desinfiziert und gefüllt.

Arbeitshilfen:
Zahnpflegesets (Gesundheitsamt, Krankenkasse); Kamm, Watte, Spiegel; Gebißmodell; (s. o.) Zahnmodell; Plakate zur gesunden Ernährung und Kariesprophylaxe.

Filme/Lichtbildreihen:
10 2306 Gesunde Zähne
42 0399 Leitfaden für die richtige Mundhygiene
32 5828 Zahngesundheit und Ernährung
Der Film „Karius und Baktus" (32 2015) wird bewußt nicht empfohlen. Die Handlungsträger, die für die Zähne schädlichen Figuren Karius und Baktus, sind hier nicht negativ besetzt, sondern wecken bei den Kindern Sympathie und erregen Mitleid.

Fächerübergreifendes Lernangebot:
- Sprache: Gedicht auf SB 52, Lösung: Frosch.

Milchzähne – bleibende Zähne

Schülerbuch Seite **54-55**

Lernziele

- die Zahntypen kennen und ihre Funktion beschreiben können;
- wissen, wie viele Zähne ein vollständiges Milchgebiß gegenüber einem bleibenden Gebiß aufweist;
- den Zahnwechsel als einen natürlichen Vorgang erleben.

Umsetzung/Handlungsmöglichkeiten

Milchzähne – bleibende Zähne SB 54-55 Klasse 1 und 2	– die eigenen Zähne mit Handspiegel betrachten und die Formen befühlen; – die unterschiedlichen Zahntypen beschreiben; – die Anzahl der Zähne (AB 2) bestimmen; – die Funktion der einzelnen Zahntypen durch Beiß- und Kauversuche (Apfel, Möhre, Knäckebrot, Zwieback) erproben.

Als Einstieg in das Thema bieten sich Zahnlücken oder „Wackelzähne" bei den Schülern an. Der erste Zahndurchbruch erfolgt beim Kleinkind etwa vom 6. - 40. Lebensmonat (in der Regel mit den Schneidezähnen beginnend, Foto SB 54). Der zweite Zahndurchbruch (Wechsel vom Milch- zum Dauergebiß) beginnt im sechsten Lebensjahr (Fotos SB 54 und 55). Er ist durchschnittlich erst mit dem 30. Lebensjahr abgeschlossen, wobei in 75% der Fälle der dritte Backenzahn („Weisheitszahn") mühsam oder gar nicht durchbricht.
Da sich der Zahnwechsel auf die ersten beiden Schuljahre konzentriert, sind die Kinder für dieses Thema besonders sensibilisiert.
Milch- und Dauergebiß weisen eine jeweils konstante Zahl von Zähnen auf, die symmetrisch im Ober- und Unterkiefer angeordnet sind. Die Zähne sind als meißelförmige Schneidezähne zum Abbeißen, als spitze Backenzähne oder Mahlzähne zum Zermahlen der Nahrung spezialisiert (SB 55).

Das vollständige Milchgebiß besteht aus 20 Zähnen: In jeder Kieferhälfte befinden sich zwei Schneidezähne, ein Eckzahn und zwei Backenzähne.
Das komplette Dauergebiß besteht aus 32 Zähnen: In jeder Kieferhälfte befinden sich zwei Schneidezähne, ein Eckzahn, fünf Backen- oder Mahlzähne (AB 2).
Das Untersuchen der Zähne (Betrachten, Befühlen der Form, Zählen) sollte aus hygienischen Gründen mittels Wand- oder Taschenspiegel nur bei den eigenen, nicht bei den Zähnen des Partners erfolgen; bei Beiß- und Kauversuchen ist auf gesunde Ernährung (Apfel, Möhre, Knäckebrot, Zwieback o. ä.) zu achten.

Arbeitshilfen:
Filme:
32 8080 Guten Tag, Herr Zahn
32 4097 Zähne: Beißen und Kauen

Au Backe, die Schulzahnärztin kommt! Arbeitsblatt 1

Zahnpflege

Wir machen einen Versuch mit einem Kamm:
Ein Kamm hat auch Zähne und Zwischenräume – wie unser Gebiß.

1. Kämme mit dem Kamm durch Watte.

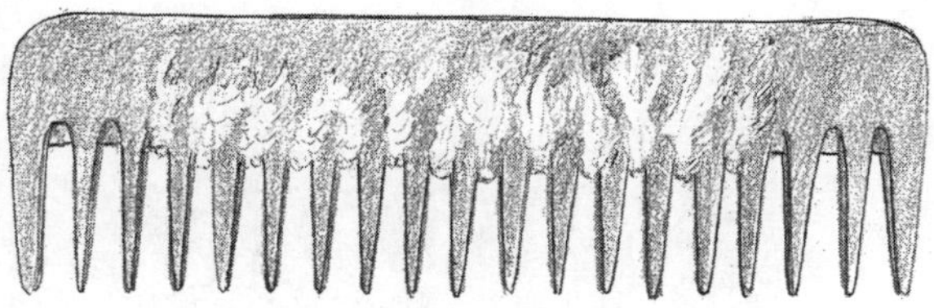

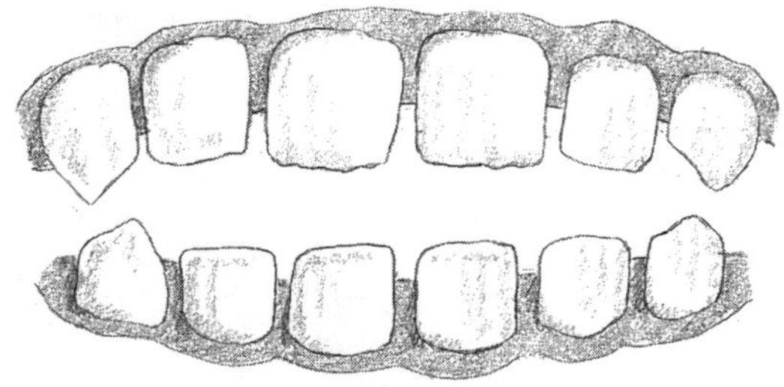

2. Versuche, die Wattefasern mit einer Zahnbürste aus dem Kamm zu entfernen. Mußt du quer oder von oben nach unten bürsten?
3. So mußt du auch deine Zähne putzen:

im Oberkiefer von ________ nach ________ ,

im Unterkiefer von ________ nach ________ .

Wie putzt du deine Zähne richtig? Zeichne Pfeile ein!

Außen

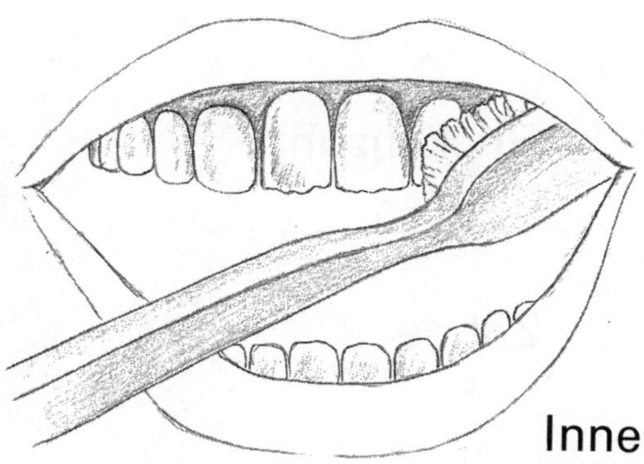

Auf den Kauflächen

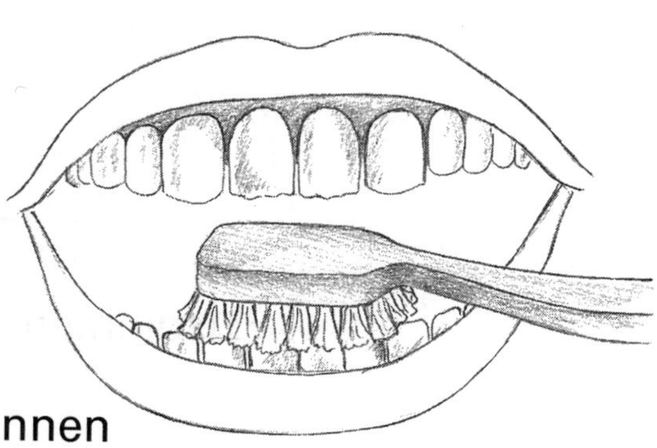

Innen unten

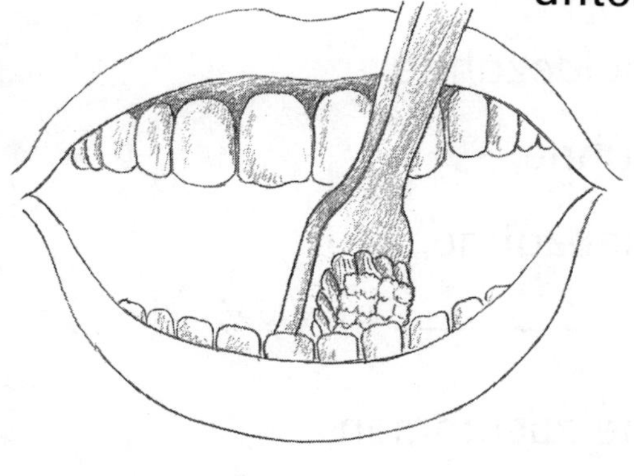

Innen oben

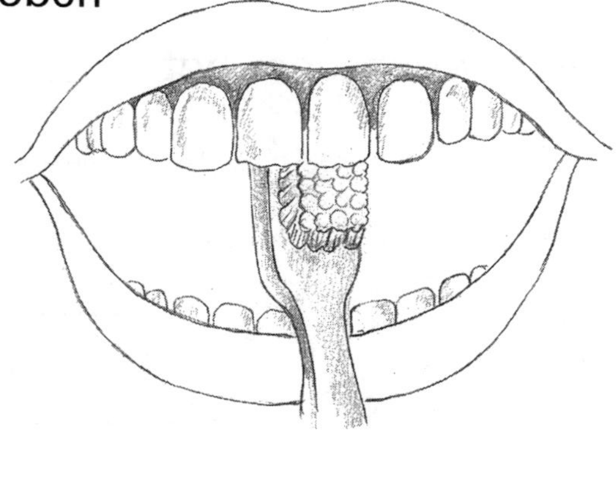

Au Backe, die Schulzahnärztin kommt! Arbeitsblatt 2

Das Gebiß

Das sind die Zähne von ....

Untersuche mit einem Spiegel deine Zähne.

Markiere, was du gefunden hast.

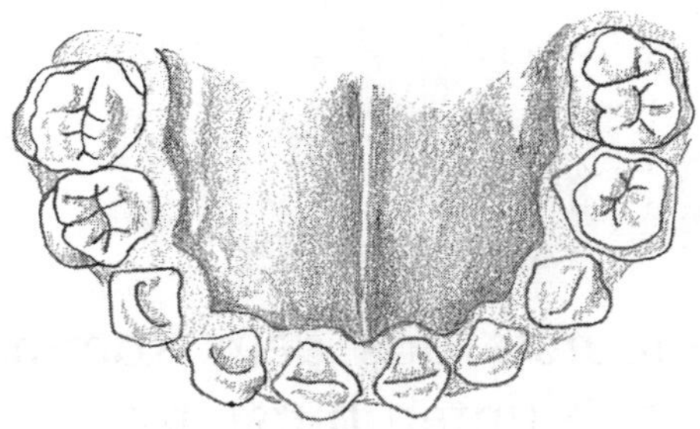

Oben

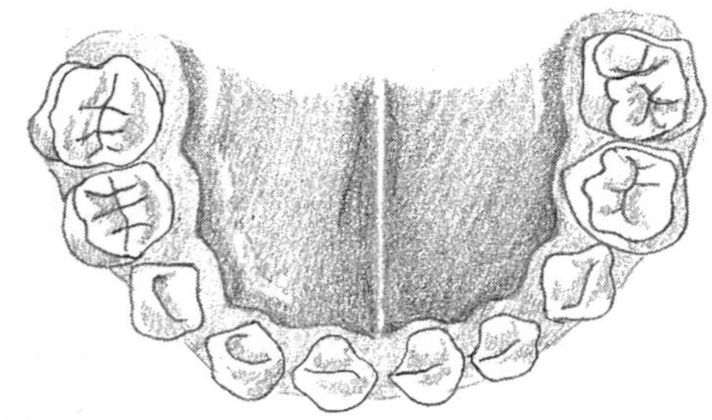

Unten

Wie viele Zähne hast du?

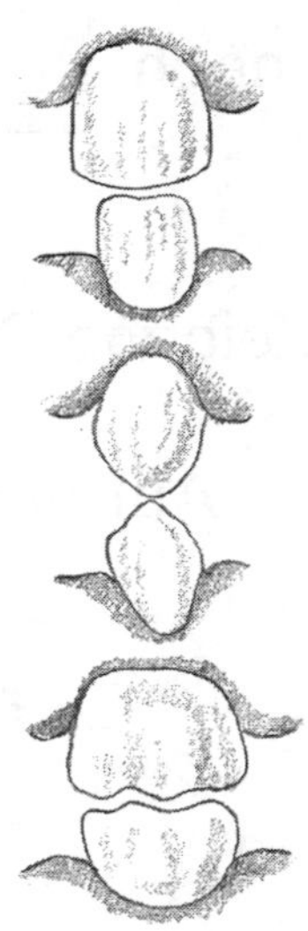

_____ Schneidezähne

_____ Eckzähne

_____ Backenzähne

____

Zusammen: _____ Zähne

Ein Erwachsener hat _____ Schneidezähne,

_____ Eckzähne,

_____ Backenzähne,

____

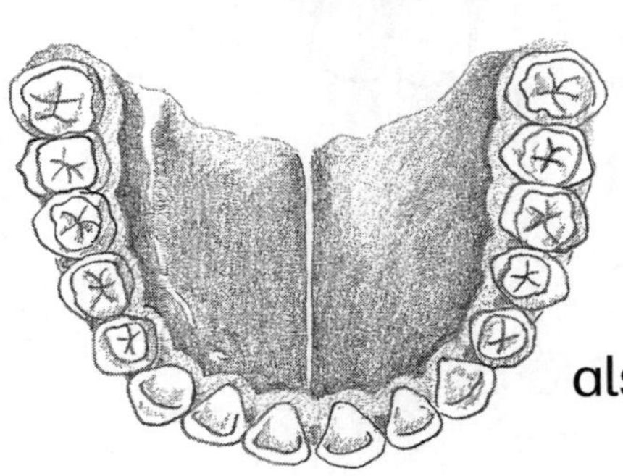

also _____ Zähne zusammen.

Schlag nach 1/2 — Arbeitsblatt
Bayerischer Schulbuch-Verlag, München

Lernziele

- den Wert gesunder Sinne erkennen und so durch vernünftige Verhaltensweisen und richtige Körperpflege zur Gesunderhaltung und zum Schutz der Sinnesorgane beitragen;
- Verständnis für die Situation Behinderter entwickeln und Hilfe statt Mitleid anbieten.

Die Behandlung der SB-Seiten 56-67 kann methodisch unter der ganzheitlich-analytischen Methode als Einheit erarbeitet werden:
Ganzheit vorstellen: SB 56; Ganzheit in Elemente zerlegen: SB 57; Arbeit an den Elementen: SB 58-67 (auch möglich in arbeitsteiliger Gruppenarbeit); Synthese einer geordneten Ganzheit: Einrichtung einer Ecke, in der Objekte zur Sinneserfahrung erkundet werden.

Stefan hat seine Sinne beisammen/ Julia und ihr Taschengeld

Schülerbuch Seite **56-57**

SB 56: Die Geschichte dient als Anlaß, die Selbstverständlichkeit, mit der Kinder Leistungen ihrer Sinne hinnehmen, zu hinterfragen. Die Wahrnehmung unterschiedlicher Reize wird thematisiert; ebenso die Tatsache, daß mehrere Sinneseindrücke gleichzeitig wahrgenommen werden und daß sich daraus erst ein Gesamteindruck der Situation ergibt.
Den Sinnesleistungen sollen entsprechende Sinnesorgane zugeordnet werden. Diese Zuordnung läßt sich an einem Modell (Körper) am besten veranschaulichen, an dem entsprechende Wortkarten befestigt werden. Damit kann die Bildung der Begriffe zugleich durch Lesen und Schreiben unterstützt werden. Hier kann auch AB 1 eingesetzt werden.

SB 57 soll den Kindern deutlich machen, daß auch Kaufentscheidungen stark durch konkrete oder vorgestellte Sinneseindrücke beeinflußt werden. Die Kinder sollten genügend Zeit erhalten, eigene, ähnliche Erlebnisse zu erzählen. Die Bilder können zu einer Geschichte ausgeschmückt werden. Nicht zuletzt kann schon hier die Werbung, welche sich den Einfluß der Sinne auf die Kaufentscheidung zunutze macht, thematisiert werden. Konkrete Übungen zur Leistung der Sinnesorgane können schon jetzt in der Klasse und auf dem Schulhof durchgeführt werden: sich mit geschlossenen Augen auf Geräusche konzentrieren und in die Richtung zeigen, aus der man sie hört; Dinge durch Riechen genauer erkunden usw.
Die Bedeutung der Sinnesempfindungen zum Schutz der Gesundheit kann an mehreren Beispielen erörtert werden (z. B.: Verdorbene Nahrung wird durch den schlechten Geschmack erkannt; Hautbrennen beim Sonnenbad kündigt die Gefahr des Sonnenbrandes an), bevor AB 2 eingesetzt wird. Wichtig ist es auch, auf die Leistungen der Sinnesorgane bei der Verkehrserziehung (vgl. „Mein Schulweg" SB 16-23) einzugehen (hören, ob ein Fahrzeug kommt; sehen, wie weit ein Fahrzeug entfernt ist; Entfernungen schätzen).

Arbeitshilfen:

Landesinstitut für Schule und Weiterbildung: Naturwissenschaften in den Anfangsklassen, Themenbereich: Sinne erschließen die Umwelt. Handreichungen für die Gesamtschule, Heft 13, Soest 1984.
Ilse Meyer: Entdecken, was die Sinne leisten. In: Helmut Schreier (Hrsg): Sachunterricht. Ideen, Beispiele, Anregungen. Bd. 1: Identität aufbauen. Seelze 1985, S. 39-43.
H. Bücken: Kimspiele. Spiele zum Sehen, Schmecken, Riechen, Tasten, Hören und Denken. München: dtv 1984.

Was mein Körper alles kann

Arbeitsblatt 1

Unsere Sinne

1. Verbinde deinem Partner die Augen.
2. Gib ihm einen Gegenstand.
3. Laß ihn zuerst *fühlen*, dann *hören*, *riechen* und *schmecken*. Wenn er nicht herausfindet, was es ist, darf er *sehen*.

Kreuze an, mit welchen Sinnen er prüfen mußte:

	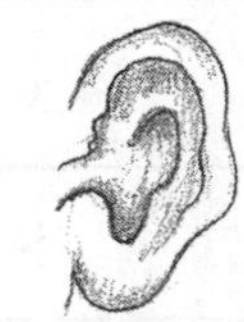		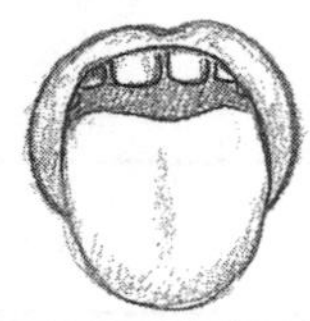		Es ist ein/ eine:

Ordne die Begriffe mit Pfeilen zu! Wähle verschiedene Farben.

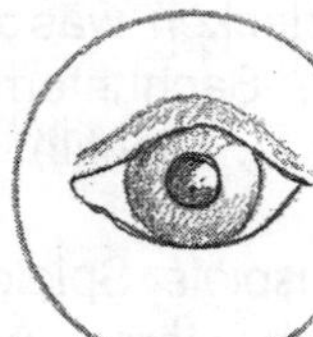

kalt

rot

spitz

rauchig

stechend

leise

flüssig

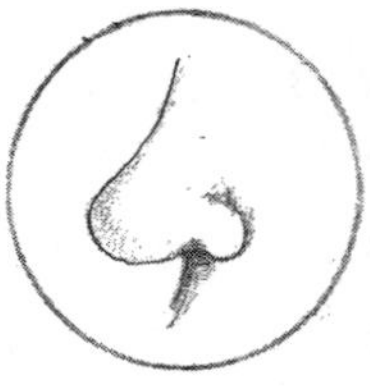

frisch

sauer

heiß

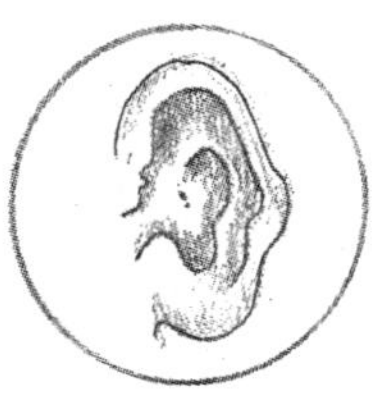

bitter

bunt

hell

rauh

laut

salzig

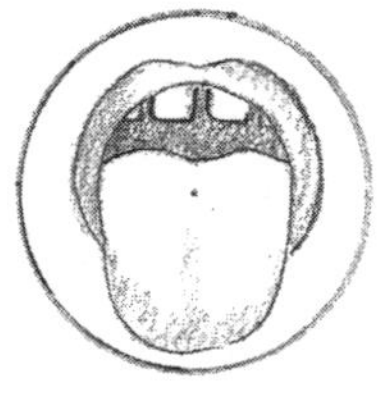

naß

süß

würzig

glatt

hart

Schlag nach 1/2 — Arbeitsblatt
Bayerischer Schulbuch-Verlag, München

Was mein Körper alles kann

Arbeitsblatt 2

Unsere Sinne

Welche Sinne brauchst du? Trage in die Kästchen ein:

(1) Riechen (2) Hören (3) Sehen (4) Fühlen (5) Schmecken

Lernziele

- die Teile des Auges kennen und benennen;
- sich der Leistung der Augen bewußt werden;
- das Führungsauge kennenlernen;
- Täuschungen wahrnehmen, denen der Gesichtssinn unterliegt.

Umsetzung/Handlungsmöglichkeiten

Schau genau! Prüfe deine Augen! SB 58-59	– Tests zum einäugigen/beidäugigen Sehen durchführen; – die Sehkraft sowie die Rotgrünsichtigkeit testen; – Pupillenveränderung bei Helligkeit/Dunkelheit wahrnehmen; – Versuche zum Tränenfluß und Lidschluß durchführen.

SB 58-59 dient der einführenden Übersicht über mögliche Beschäftigungen mit den Augen. Die Begriffe (Teile des Auges) führen zur Versprachlichung von entdeckten Phänomenen. Die Funktion des Auges sollte erst nach Beendigung der Versuche benannt werden.

SB 58: Anhand des Fotos erfahren die Kinder, daß sie Dinge sicherer beurteilen können, je genauer sie schauen. In diesem Zusammenhang können Suchbilder studiert werden, bei denen sich Einzelheiten verändert haben. Auch Beobachtungsspiele wie das folgende sind hier möglich: Ein Kind muß genau betrachtet werden; dann wird unbeobachtet eine Veränderung vorgenommen, die die anderen Kinder erraten müssen.
Der Augensprung verdeutlicht, daß jedes Auge seine eigene Sicht der Dinge hat und daß erst das Gehirn aus zwei Bildern eines macht. Das auf der Abbildung „Der Daumensprung" gezeigte Phänomen entsteht, indem die Kinder einen Gegenstand in der Klasse fixieren, ihren Daumen mit ausgestrecktem Arm darauf richten und dann abwechselnd das rechte und das linke Auge schließen.
Kommen Daumen und Gegenstand beim Schließen eines Auges zur Deckung, so hat das geöffnete Auge die Führung.

SB 59: Die *Bilder oben* dienen als Anregung, die eigene Sehfähigkeit zu überprüfen. Der Sehtest oben links ist lediglich als Muster abgedruckt; einzusetzen ist der Test in AB 3. Evtl. vorhandene, unterschiedliche Sehschärfe der Augen kann durch wechselseitiges Zuhalten eines Auges (Augenklappe aus Erste-Hilfe-Koffer!) getestet werden. Die Überprüfung, ob Rot und Grün unterschieden werden, ist besonders wichtig für die Verkehrserziehung (Ampel!).
Grafiken Mitte: Welche Strecke, welcher Kreis ist größer/kleiner? Den Kindern soll bewußt werden, daß ihre Beurteilung von sogenannten optischen Täuschungen beeinflußt wird, ihre Wahrnehmung also nicht immer objektiv ist. Die Strecken bzw. Kreise sind gleich groß.
Vexierbild: Wenn die Kinder längere Zeit darauf schauen, „springt das Bild um", d. h. anstelle der zwei Köpfe wird eine Vase identifiziert.
Fotos unten: Wichtig ist hier, daß beim Erzählen über Situationen, in denen geweint wurde, die noch häufig anzutreffende, geschlechtsspezifische Bewertung (Jungen weinen nicht) hinterfragt wird. Weiter kann die Funktion der Tränen besprochen werden: Die Tränendrüse im Oberlid hält die Augen feucht und sauber. Das Lid wischt ca. 200 mal in der Minute über die Augen (dies können die Kinder nachprüfen). Dadurch verteilt sich die Tränenflüssigkeit ständig über das Auge, und Staub und Schweiß werden abgehalten.
Weitere Handlungsmöglichkeiten, um die Bedeutung des Sehens einzuschätzen, sind Blindenspiele (mit verbundenen Augen Gegenstände suchen, Bilder malen etc.) oder Beobachtungsspiele: Kinder stellen sich in Gruppen gegenüber und mustern sich genau. Dann wird an einem Kind aus jeder Gruppe etwas verändert, was die gegnerische Gruppe erraten muß.

AB 4: Dieses AB eignet sich vorrangig für den Einsatz in Klasse 2. Die Behandlung ist in einer offenen Unterrichtskonzeption zu verwirklichen: Die Fragen, auf die die Kinder bei der Bearbeitung von SB 58-59 möglicherweise gestoßen sind, sollen weitgehend selbständig beantwortet werden. Vorab sollten die Untersuchungsmöglichkeiten zu den Funktionen und Reaktionen des Auges gesammelt werden. Sie können dann mit Hilfe des AB in arbeitsteiliger Gruppenarbeit durchgeführt werden. Die Kinder sollen sich zu dem von ihnen favorisierten Versuch die Materialien zusammenstellen und den Versuch selbst organisieren. In einem anschließenden Unterrichtsgespräch sollten die Ergebnisse vorgestellt und diskutiert werden.

Arbeitshilfen:
Augenbinden, 8-10 Kegel, Tafel, Kreide, Kleidungsstükke, Lupen, Taschenlampen, Zwiebeln, Buntstifte, Lineal, Bleistift, Spiegel.

Lernziele

- die Kinder ermutigen, eine evtl. vorhandene, mangelnde Sehfähigkeit zu erkennen und mitzuteilen;
- die Kinder sollen Verständnis für die Probleme von Brillenträgern aufbringen und wissen, daß jeder fehlsichtig werden kann.

Trotz erfolgtem Sehtest zur Einschulung machen sich Sehfehler manchmal erst bemerkbar, wenn die Kinder Schwierigkeiten haben, von der Tafel abzuschreiben. Sehfehler lassen sich im Verhalten der Kinder erkennen (z. B. Blinzeln, Zusammenkneifen der Lider, schnelles Ermüden, Kopfschmerzen).

SB 60 dient zum Einstieg in das Thema. Die Kinder sollen viel Raum erhalten, um über ihre Erfahrungen zu berichten: welche Gründe zum Tragen der Brille geführt haben, wie die Reaktion der Umwelt war, wie schwer die Gewöhnung an die Brille fiel usw. Damit alle Kinder sich in die Lage von Sabine versetzen können, läßt sich folgender Versuch durchführen: Die Kinder schauen durch den Sucher einer fest auf Stativ montierten Spiegelreflexkamera, die aus etwa zwei Metern Entfernung mit einer unscharfen Einstellung auf einen Tafeltext gerichtet ist. Der Versuch läßt sich auch mit einem Fernglas durchführen.
Die Beziehung zwischen Sehkraft und schulischer Leistung wird verdeutlicht. Die Sitzordnung sollte entsprechend dem Ergebnis des Sehtests (vgl. AB 3) verändert werden: Kurzsichtige nach vorn, Weitsichtige nach hinten (in traditionell eingerichteten Klassen).
Die *Grafiken unten* dienen als Gesprächsanlaß, sich Gefahren für die Gesundheit der Augen bewußt zu machen. Die Kinder nennen weitere Beispiele.

Arbeitshilfen:
Spiegelreflexkamera oder Fernglas.

AB 5: Blinde „sehen" mit den Händen
Die Kinder sollen versuchen, sich in die Lage eines behinderten Menschen hineinzuversetzen und dabei erkennen, wie schwierig es ist, ohne die gewohnte Leistung eines speziellen Sinnesorgans auszukommen. Als Einstieg in die Thematik ist der Film „Claudia ist gehörlos" oder ein anderer Film aus der Serie „Behinderte" zu empfehlen. Auch ein Besuch in einer benachbarten Behindertenschule wäre sinnvoll, weil die Kinder dabei lernen können, die Scheu vor Behinderten abzubauen. Sie können erfahren, wie Behinderte lernen, ohne die Hilfe anderer Menschen zu leben. Die Schwierigkeiten (besonders im Straßenverkehr) sollten dabei thematisiert werden. In integrativen Schulen erwächst das Verständnis nichtbehinderter Kinder auch durch die alltägliche Gewohnheit des Helfer- oder Patensystems.
Das AB dient der Auseinandersetzung mit den Problemen blinder Menschen. Das Prinzip „Blinde sehen mit den Händen" läßt sich durch den Einsatz einer Augenbinde verdeutlichen, mit der Gegenstände ertastet und erraten werden können. Dazu kann auch eine „Fuschelkiste" eingesetzt werden (= Schuhkarton mit Stoffvorhang). Das Prinzip der Blindenschrift erfahren die Kinder, indem sie entsprechend der Vorlage Löcher mit der Nadel in Zeichenkarton drücken. Nach dem vorgestellten Alphabet können die Kinder jeweils ihren Namen in Blindenschrift schreiben.
Weitere Möglichkeiten der Auseinandersetzung bieten sich über die Erfahrung der Verkehrsampeln für Blinde (Summton), ein Gespräch über Blindenhunde, den Kauf von Waren aus der Blindenwerkstätte (Hinweis auf Ausweispflicht der Haustürverkäufer), Lesetexte über die Erfahrungen blinder Menschen usw. Möglicherweise können auch Hilfsaktionen für Blinde in der Nachbarschaft gestartet werden.

Für die 1. Klasse empfiehlt sich die Anfertigung eines Blinden-Memorys, das im Kunstunterricht angefertigt werden kann. Dabei werden jeweils gleiche Pappkärtchen mit gleichen Motiven gestaltet. Dazu dienen Holzperlen, Steinchen oder Textilien, die auf die Kärtchen geklebt werden. Die Kinder können das Spiel auch hier mit verbundenen Augen ausprobieren, indem sie durch Erfühlen die jeweils zusammengehörenden Kärtchen finden.

Arbeitshilfen:
24 gleich große Kärtchen, Holzperlen, Stoffe (z. B. Rupfen, Samt, Filz);
Fuschelkiste: Schuhkarton mit Stoffvorhang; diverse Materialien zum Ertasten;
Augenmaske.

Filme:
32 03489 Claudia ist gehörlos
32 02613 Behindert

Was mein Körper alles kann

Arbeitsblatt 3

Sehtest

Bitte stelle das 1
Heft in Augenhöhe auf. 2
Lies aus genau 4 Meter 3
Abstand diesen Text. Wenn 4
du schon an den 4 ersten Zeilen 5
scheiterst, so mußt du sofort zu einem 6
Augenarzt. Schwierigkeiten beim Lesen der 7
Zeilen 5 und 6 bedeuten: Du solltest unbedingt 8
bei nächster Gelegenheit an einem Sehtest teilnehmen. 9
Bei 7 und 8 sind deine Augen ganz gut, und wenn du diese Zeilen 10
hier noch lesen kannst, dann hast du Adleraugen. 11

Schlag nach 1/2 — Arbeitsblatt
Bayerischer Schulbuch-Verlag, München

Was mein Körper alles kann

Arbeitsblatt 4

Wir untersuchen unsere Augen

Suche dir einen Partner für diese Aufgaben.

1. Betrachte durch eine Lupe ein Auge deines Partners. Vervollständige die Zeichnung!

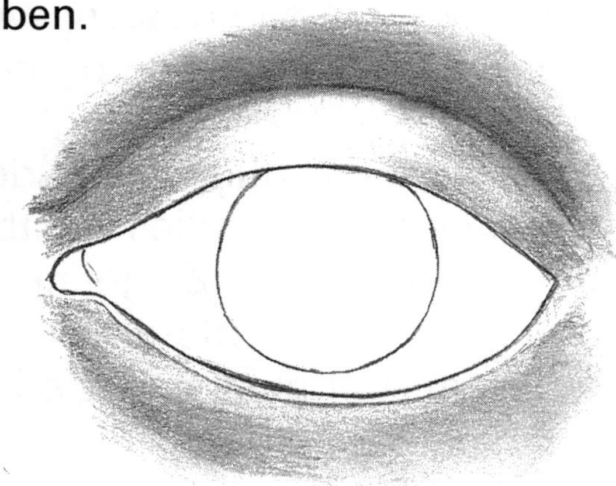

Das ist das Auge von:

bei wenig Licht

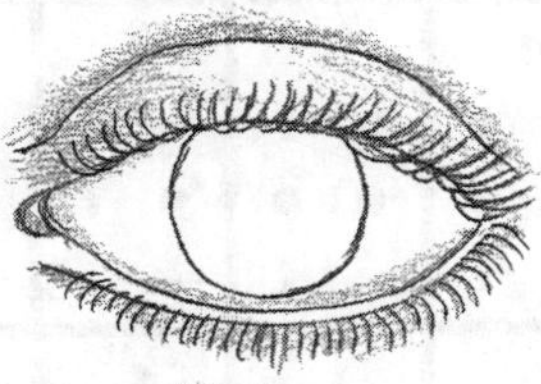

bei großer Helligkeit

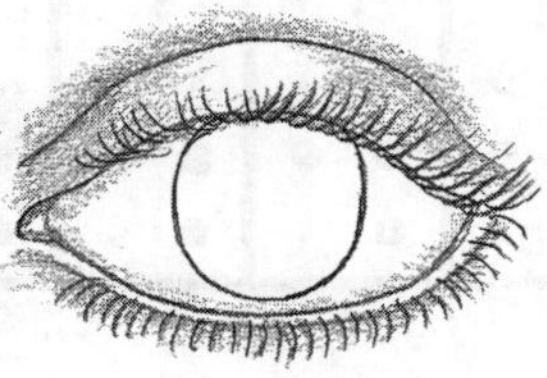

2. Betrachte das Auge deines Partners bei wenig Licht. Was geschieht, wenn plötzlich Licht in das Auge fällt? Du kannst das ausprobieren, indem du deinen Partner mit einer Taschenlampe anleuchtest. Male!

bei Windstille

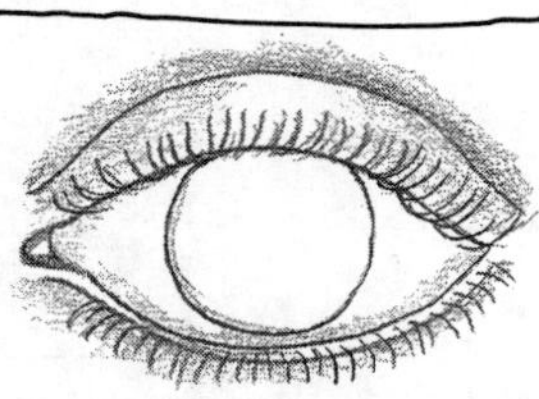

bei Wind

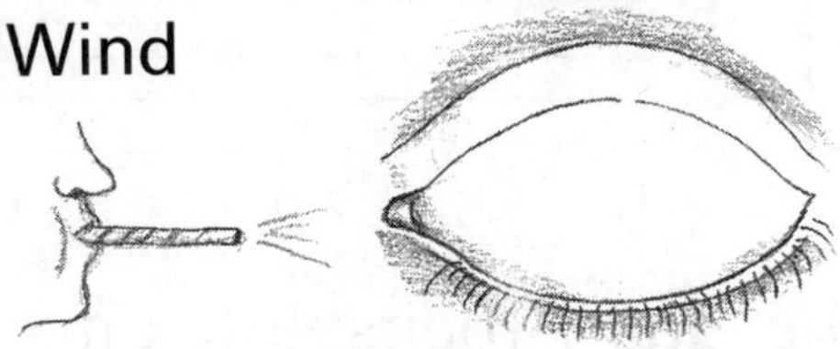

3. Was geschieht, wenn plötzlich Wind in das Auge deines Partners kommt? Blase deinem Partner vorsichtig in das Auge. Male!

beim Zwiebelschneiden

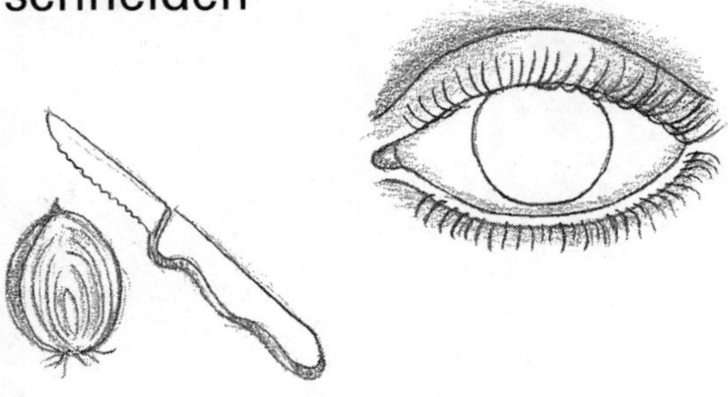

4. Was geschieht, wenn du eine Zwiebel schneidest? Male!

Was mein Körper alles kann

Arbeitsblatt 5

Blinde „sehen" mit den Händen

1. Blinde Menschen ertasten, was du sehen kannst. Versuche, mit verbundenen Augen Dinge durch Tasten zu erkennen.

2. Lesen können Blinde mit der Blindenschrift. Besondere Schreibmaschinen drücken die Punktbuchstaben in das Papier. Mit dem rechten und dem linken Zeigefinger tastet der Blinde die erhöhten Punkte von links nach rechts ab.
   In diesem Alphabet sind die Punkte nicht erhöht, sondern größer gezeichnet.

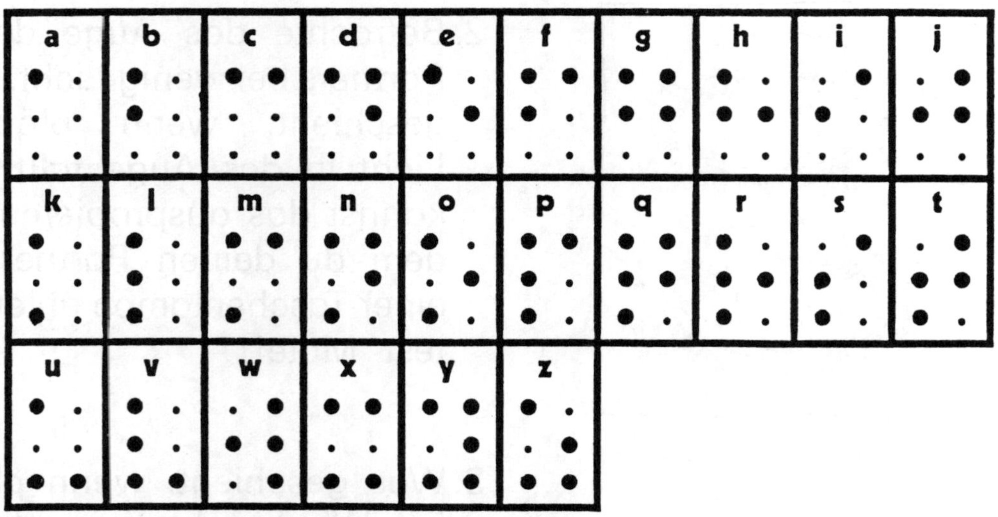

Was heißt das?

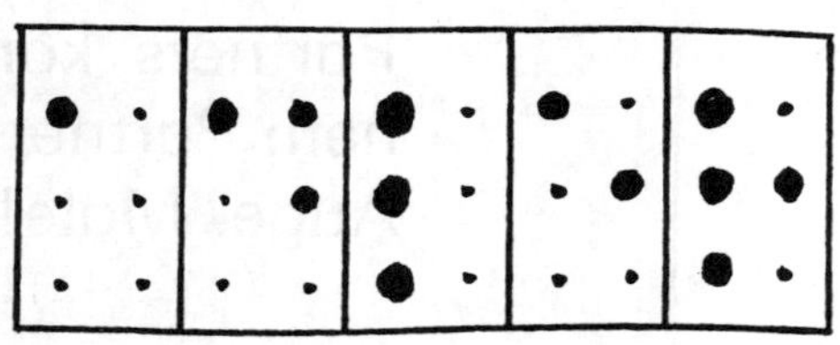

Schreibe ein Wort in Blindenschrift. Drehe das Arbeitsblatt um, und drücke mit einem spitzen Bleistift in die Punkte. Laß einen Mitschüler das Wort ertasten!

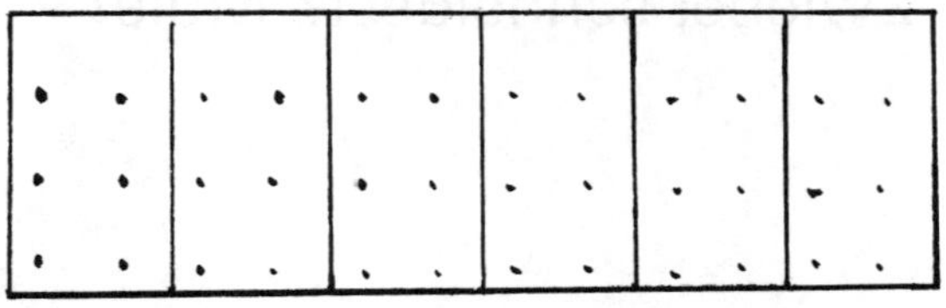

Schlag nach 1/2 — Arbeitsblatt
Bayerischer Schulbuch-Verlag, München

Lernziele

- sich der Leistung der Ohren bewußt werden;
- Maßnahmen zur Gesunderhaltung der Ohren kennen;
- Gehörbehinderung einschätzen können.

Umsetzung/Handlungsmöglichkeiten

Hören SB 61 Klasse 1 und 2	– die eigene Hörfähigkeit in Spielen und Versuchen testen; – die Empfindlichkeit des Gehörsinns erfahren; – Maßnahmen zum Schutz und zur Pflege der Ohren kennenlernen.

SB 59 *Bild oben rechts:* Das Spiel „Stille Post" führt die Kinder motivierend in das Thema ein. Ein Kind flüstert dem Nachbarn einen Satz ins Ohr, dieser gibt ihn an das nächste Kind weiter, und das letzte Kind sagt laut, was es verstanden hat. Die Ursachen für die Verfremdung des Satzes bei der Weitergabe müssen thematisiert werden.
Die *Grafik oben links* soll die Kinder zunächst nur anregen, das eigene oder das Ohr des Nachbarn genau zu betrachten und zu beschreiben.
Die *Grafiken in der Mitte* geben Anregungen zum selbständigen, spielerischen Erproben der Hörfähigkeit.

Weitere Handlungsmöglichkeiten in Klasse 1:

- **Herstellen von Klangspielzeugen aus Verpackungsmaterialien**
  Gleich große Joghurtbecher o. ä. (möglichst mit Klemmdeckel) werden mit diversen Materialien (Kies, Sand, Reis, Erbsen, Holzperlen usw.) gefüllt und mit Plastikfolie und Klebeband verschlossen. Durch Schütteln können die Kinder Klangfarben und Geräuschqualitäten unterscheiden lernen.
- **Flüsterproben:** Zwei Kinder stellen sich in eine Ecke des Klassenraums und flüstern sich etwas zu. Die restlichen Kinder versuchen, das Gesagte zu verstehen.
- **Buschtrommeln:** Ein Kind schlägt ganze, halbe und Viertelnoten auf der Trommel vor. Das nächste Kind spielt nach, was es gehört hat. Mit dem Tonband wird verglichen, was das erste und das letzte Kind gespielt haben.
- **Handkonzert:** „Pascheln" (Handflächen aneinander reiben); „Eier in der Pfanne" (Handflächen gegeneinander kreisen); „Regentropfen" (mit den Fingerspitzen auf die Handflächen klopfen); „Applaus" (verschiedene Klatschformen ausprobieren) etc.
- **Spiele für den Schulhof:** Ein Kind steht mit verbundenen Augen im Kreis, Mitschüler nähern sich leise. Wenn der „Blinde" etwas hört, versucht er den Kameraden zu packen. – Ein Kind im Kreis erzeugt Geräusche. Der „Blinde" geht dem Geräusch nach; wenn er den richtigen ergreift, muß dieser in den Kreis.

Handlungsmöglichkeiten in Klasse 2:
AB 6: Die Geschichte wird zum Klingen gebracht und auf Tonband aufgenommen. Die Kinder können auch Musik einarbeiten. Die dargestellten Gegenstände regen dazu an, ein Geräuscheband herzustellen, dessen Geräusche von anderen Kindern erraten werden müssen.

SB 59 *Grafiken unten:* Die Kinder berichten von ihren eigenen Erfahrungen. Hier können auch Probleme mit Lärm in der Klasse, in der Turnhalle, in der Familie oder Hausgemeinschaft (vgl. SB 32-33) usw. besprochen werden. Der Lehrer informiert über das Trommelfell und erklärt, daß es sich dabei um ein dünnes Häutchen handelt, das verletzlich ist.

Zur Pflege der Ohren können geeignete und ungeeignete Pflegemittel mitgebracht oder benannt werden. Es sollte herausgearbeitet werden, daß nur die Ohrmuschel mit weichen Materialien gereinigt werden darf, weil das Ohr sich selbst reinigt. Verboten sind alle spitzen, harten Gegenstände wie Zahnstocher, Bleistift usw.

Zum Nachempfinden der Gehörbehinderung können die Kinder sich die Ohren dicht mit Watte zustopfen (Kopfhörer tragen) und sich dann zu verständigen versuchen. Der Lehrer kann auch einen Filmausschnitt ohne Ton vorspielen, und die Kinder müssen raten, worum es in der Szene geht. Hilfen für Gehörlose können im Rollenspiel erarbeitet werden.

Arbeitshilfen:
DIFF, Medien im Unterricht, Universität Tübingen 1982, Kapitel 4.

Geräuschgeschichte

Geräuschgeschichte

Klaus liegt im Bett. Er schläft noch.
Der Wecker rasselt.
Mutter ruft Klaus.
Klaus gibt Antwort.
Er springt aus dem Bett und läuft ins Bad.
Nun dreht er den Wasserhahn auf.
Er putzt seine Zähne und wäscht sich.
Mutter stellt inzwischen Teller und Tassen auf den Frühstückstisch.
Sie legt Löffel dazu.
In der Küche pfeift der Wasserkessel, und der Eierkocher summt.
Klaus hat Mühe beim Anziehen, der Reißverschluß klemmt.
Jetzt hat er es geschafft. Er frühstückt.
Mutter packt das Pausenbrot ein.
Ranzen auf, Ranzen zu, Ranzen auf den Rücken.
Verabschiedung von Philipp, dem Wellensittich, und von Mutter.
Es ist spät. Nachbar Schmitt fährt schon mit dem Auto los.
Klaus rennt die Treppe hinunter.
Die Haustür schlägt zu.
Schnell zum Schulbus.
Mutter öffnet das Fenster und sieht Klaus nach.
Klaus winkt und ruft: Tschüß!

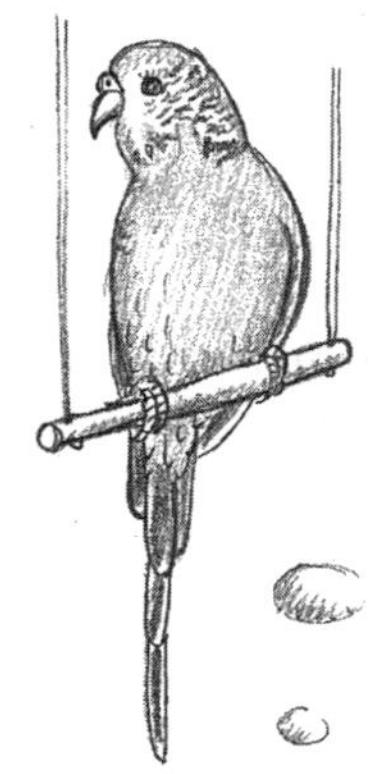

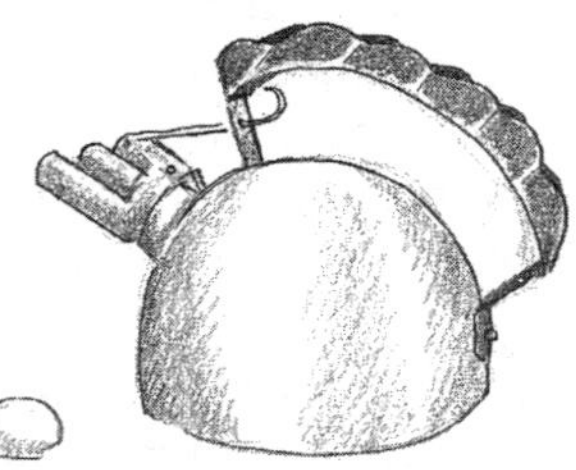

1. Bringt diese Geschichte zum Klingen. Nehmt sie als Hörspiel auf.
2. Erfindet noch andere Hörgeschichten.
3. Stellt ein Geräuschband her. Nehmt dazu verschiedene Geräusche auf. Erratet sie!

Schlag nach 1/2 — Arbeitsblatt
Bayerischer Schulbuch-Verlag, München

Was mein Körper alles kann

Arbeitsblatt 7

Hören und Sprechen

Wir basteln ein Telefon

Du brauchst dazu:

- zwei Dosen
- eine dünne, reißfeste Schnur
- eine Kerze
- zwei Streichhölzer
- einen Dorn (Spitzbohrer)

So wird's gemacht:

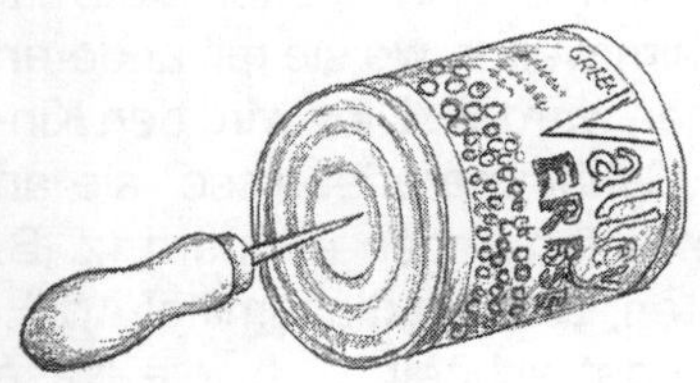

Bohre durch den Boden der Dosen je ein kleines Loch.

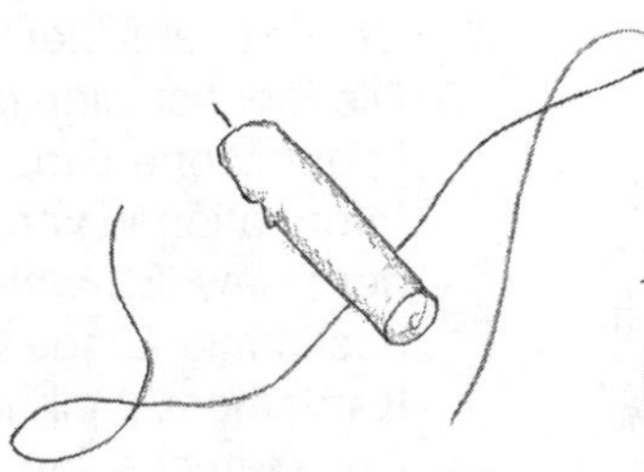

Reibe die Schnur mit Kerzenwachs ein.

Ziehe die Schnur durch die Löcher beider Dosen.

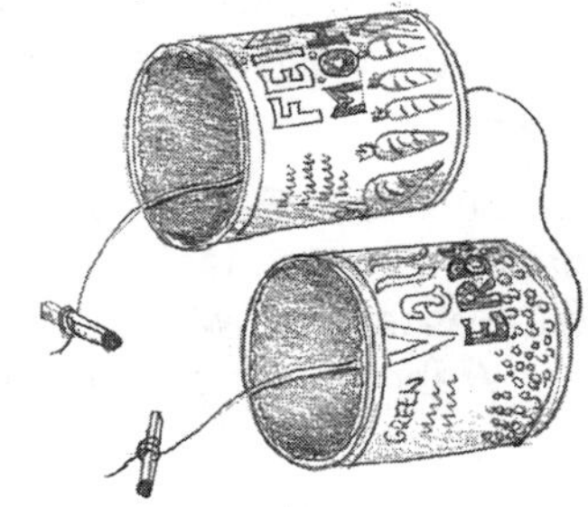

Befestige an beiden Enden der Schnur ein Streichholz.

Spanne die Schnur straff, dann kannst du telefonieren!

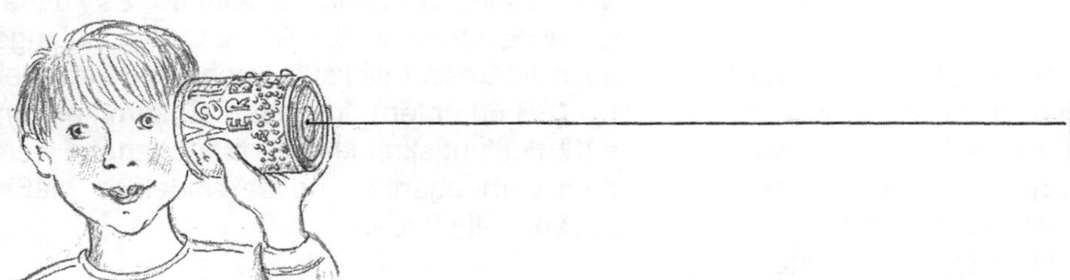

Wir basteln ein Megaphon

Du brauchst dazu:

- einen DIN A4 Bogen Pappe
- eine Schere
- einen Bleistift
- Klebstreifen

So wird's gemacht:

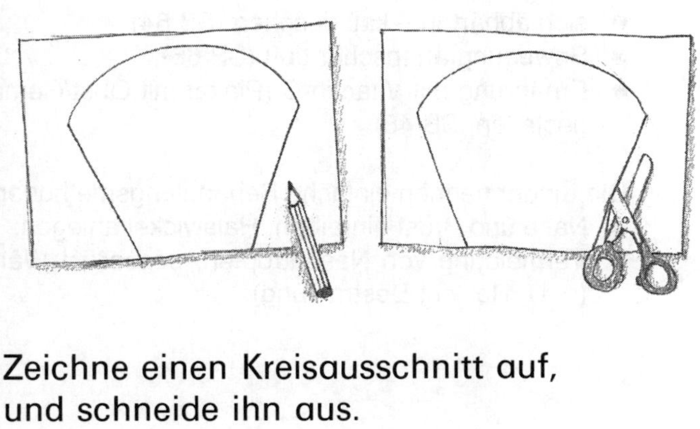

Zeichne einen Kreisausschnitt auf, und schneide ihn aus.

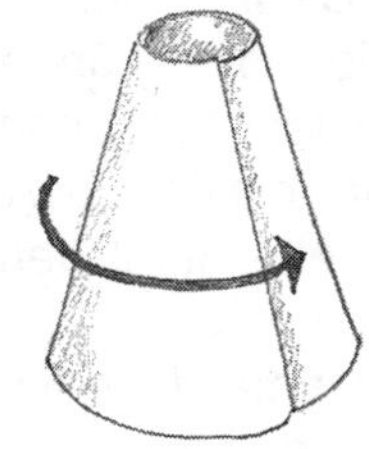

Rolle den Kreisausschnitt trichterförmig zusammen.

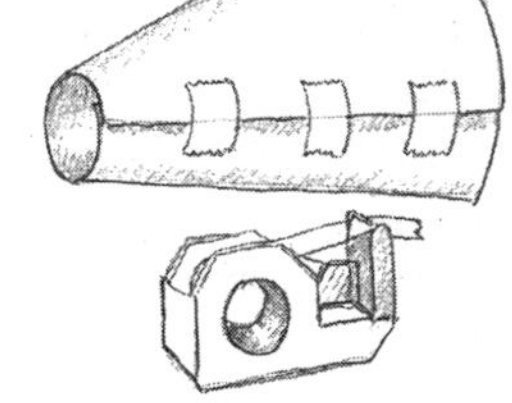

Klebe das Ende fest.

Lernziele

- durch Riechen Dinge erkennen und so die Wichtigkeit des Geruchssinnes erleben;
- eine Vielfalt von Gerüchen erfahren und der Tatsache bewußt werden, daß Gerüche auf Gefahren aufmerksam machen können;
- die Geschmackszonen der Zunge unterscheiden;
- wissen, wie Nase, Mund und Rachen geschützt werden.

Geruchs- und Geschmackssinn werden gemeinsam behandelt. Die Kinder können die Erfahrung machen, daß die Geschmackswahrnehmung von der Gleichzeitigkeit der Wahrnehmung mit der Nase abhängig ist (AB 8).

Umsetzung/Handlungsmöglichkeiten

Riechen und schmecken SB 62	– verschiedene Nahrungsmittel (z. B. beim Frühstück) testen; – Gerüche mittels „Schnupperdose" erraten; – überlegen, wie Erkältungskrankheiten entstehen und wie man vorbeugen kann.

Der Geschmackssinn ist weniger ausgebildet als der Geruchssinn, deshalb lassen sich im wesentlichen nur die Geschmacksrichtungen unterscheiden. Die Grafik (SB 62) zeigt den Kindern ihre Lage auf der Zunge; sie kann als Impuls gelten, Geschmackswahrnehmung zu testen. Dies kann mit ausgewählten Nahrungsmitteln oder im Rahmen des Frühstücks geschehen, indem die Kinder mit geschlossenen Augen (Augenbinde) Kostproben anderer Frühstücke probieren und die Zutaten erraten (AB 8).
Die Funktion des Sinnesorgans „Nase" kann den Kindern folgendermaßen deutlich gemacht werden:

1. Als Teil der Atemorgane erwärmt, befeuchtet und reinigt sie die Atemluft. Mundatmung ist ungesund, weil die Atemluft dann unangewärmt an die Schleimhäute der Atemwege gelangt. Diese kühlen ab, und man erkältet sich schneller. Die Kinder können dies an der frischen Luft testen. Bei leichten, sportlichen Übungen (z. B. Lauftraining) kann die richtige Atmung trainiert werden: durch die Nase ein-, durch den Mund ausatmen.
   Die Tränenflüssigkeit befeuchtet die Nasenschleimhäute, das hat jedes Kind erfahren, wenn es weint.
   Daß die Nase 80% des Staubs aus der Atemluft filtert, kann den Kindern an der Funktion des Niesens bewußt gemacht werden: Beim Einatmen von Pfeffer durch die Nase wird dieser durch Niesen wieder hinausbefördert.
2. Die Nase nimmt als Riechorgan Gerüche auf (vgl. SB 56). Auf ca. fünf cm^2 Nasenschleimhaut liegen Millionen kleiner Härchen, die als Sinneszellen Duftstoffe aufnehmen. Normalerweise können Menschen ca. 350 Duftstoffe erkennen, bei Übung die doppelte Menge. Durch die Erweiterung von Geruchserfahrungen mittels „Schnupperdosen" (Inhalt z. B. Kaffee, Senf, Zwiebel) können die Kinder also für ihre Umwelt sensibler gemacht werden.
3. Die Sinneszellen (Härchen) der Nase leiten die Duftinformationen ans Gehirn weiter, wo sie mit anderen Informationen verglichen werden. Dies wird den Kindern bewußt, wenn „Schnuppererlebnisse" sie an bestimmte Dinge oder Erfahrungen erinnern (z. B. Kardamom/Weihnachten, Desinfektionsmittel/Arzt).
4. Der Geruchssinn ermüdet schnell, d. h. die Nase gewöhnt sich schnell an einen vorherrschenden Geruch. Das erleichtert die Arbeit in bestimmten Berufen wie Kanalarbeit, Umgang mit Leder. Diese Erfahrung machen Kinder, wenn in der Klasse – auch bei Kälte – gelüftet werden muß, obgleich die schlechte Luft im Klassenraum nur von einem neu in die Klasse Eintretenden wahrgenommen wird.
5. Schnupfen entsteht durch Entzündung (Bakterien oder Viren) der Nasenschleimhaut. Diese schwillt an und sondert vermehrt Schleim ab. Es können keine Gerüche mehr an die Sinneszellen gelangen, und auch die Geschmackswahrnehmung wird beeinträchtigt (SB 60 unten). In diesem Zusammenhang kann auf Erkältungskrankheiten eingegangen werden, indem vorbeugende und behandelnde Maßnahmen gesammelt werden.

Die Kinder benennen Situationen, in denen man sich erkälten kann und die man deshalb meiden sollte:
- falsche Kleidung – Unterkühlung;
- Sitzen auf kalten Steinen – Blasenentzündung;
- sich in der Nähe erkälteter Personen aufhalten (Bus) – Infektion;
- mit nassen Haaren oder verschwitzt an die kalte Luft gehen – Abkühlung.

Vorbeugemaßnahmen:
- sich abhärten – kalt duschen (SB 64);
- Bewegung an frischer Luft (SB 66);
- Ernährung mit Vitamin C (Plakat mit Obst/Gemüse gestalten, SB 48).

Die Kinder nennen einfache Behandlungsmethoden:
- Nase und Brust einreiben, Halswickel anlegen;
- Vermeidung von Nasentropfen; besser ist Wärme (u. U. Rotlicht-Bestrahlung).

Was mein Körper alles kann

Arbeitsblatt 8

Süß – sauer – salzig

Suche dir einen Partner für diese Aufgaben.

1. Probiert mit verbundenen Augen und zugehaltener Nase Apfelstücke und Kartoffelstücke. Könnt ihr sie unterscheiden?

2. Probiert verschiedene Lebensmittel mit verbundenen Augen. Kreuzt an, was ihr schmeckt:

	Süß	Sauer	Salzig
Rosinen			
Zitrone			

3. Schneidet die Bilder von Seite 96 aus. Ordnet richtig zu!

Süß	Sauer	Salzig

Was mein Körper alles kann

Süß – sauer – salzig

Ausschneidebogen

zu Arbeitsblatt 8

Schlag nach 1/2 — Arbeitsblatt
Bayerischer Schulbuch-Verlag, München

Tasten und fühlen

Schülerbuch Seite **63**

Lernziele

- die Funktion der Haut kennen;
- die sachgemäße Pflege der Haut als notwendig für die Gesunderhaltung einschätzen;
- kleine Verletzungen der Haut richtig behandeln.

Umsetzung/Handlungsmöglichkeiten

Tasten und fühlen SB 63 Klasse 1 und 2	– Mitschüler durch Abtasten des Kopfes erraten; – Stoffsäckchen mit Alltagsgegenständen an einer Leine durch die Klasse spannen und die Gegenstände durch Tasten erraten; – Sinnesreize mit der Haut wahrnehmen (Beispiel: Kind malt Partner mit dem Finger Buchstaben o. ä. auf den Rücken); – Maßnahmen bei Verletzungen diskutieren.

Der Tastsinn wurde bereits in Zusammenhang mit SB 60, AB 5 behandelt. Unter dem Begriff „Fühlen" werden weitere Funktionen der Haut verstanden:

- **Wahrnehmen der Sinnesreize:** Schmerz (vier Millionen Rezeptoren in der Haut), Druck (50.000 Rezeptoren), Kälte (260.000 Rezeptoren) und Wärme (40.000 Rezeptoren);
- **Schutzfunktion** der Haut vor Schlägen, Druck und schädlichen Sonnenstrahlen; der Säuremantel der Haut (aus Talg und Schweiß) schützt vor Bakterien; die Haut reguliert die Körpertemperatur (Schwitzen und Gänsehaut) und speichert Flüssigkeit und Fett.

SB 63 *Bild oben rechts* soll die Kinder motivieren, sich ihre Haut mit der Lupe genauer anzusehen. Der Aufbau der Haut sollte dabei nur soweit behandelt werden, als die Kinder entsprechende Vorerfahrungen einbringen (z. B. Poren - Schweiß). Die Funktionen der Haut können vor allem in Zusammenhang mit der Körperpflege behandelt werden (Schwitzen - unangenehmer Geruch). Den Kindern soll deutlich werden, daß sie die Sinnesreize nicht nur mit den Händen (tasten) aufnehmen, sondern mit der Hautoberfläche am ganzen Körper erfahren. Schmerzpunkte sind ungleich über die Haut verteilt, dies erleben die Kinder, indem sie mit dem stumpfen Ende eines Bleistifts an verschiedenen Stellen in ihren Arm drücken usw. Zur Identifikation verschiedener Hautreize an unterschiedlichen Körperteilen kann auch SB 64-65 angesehen werden: Prüfen der Wassertemperatur mit dem Fuß, Gefahr der Verletzung durch den Rasierer.
Die Illustrationen auf SB 63 unten weisen insbesondere auf die Behandlung der Haut in den verschiedenen Jahreszeiten bzw. bei Verletzung hin.

Sommer: Schutz der Haut vor Sonneneinstrahlung (Besprechung der Baderegeln, AB 15).

Winter: Schutz vor Kälteeinwirkung, Verhalten bei Schnee/Eis.

Verletzung: Die Kinder nennen Ursachen für Verletzungen, unterscheiden zwischen Schürf-, Schnitt-, Stich- und Brandwunden und überlegen, wann sie sich selber helfen können bzw. Hilfe von Erwachsenen in Anspruch nehmen.

Ausweitung des Themas:
- den Erste-Hilfe-Kasten in der Schule untersuchen;
- eine Erste-Hilfe-Tasche für eine Wanderung packen (kann auch als AB gestaltet werden, indem die Kinder notwendige Materialien in eine vorgezeichnete Tasche malen);
- richtige/falsche Ratschläge zur Wundversorgung besprechen (z. B. Wunden auswaschen?).

Wie ich meinen Körper pflege

Schülerbuch Seite **64-65**

Lernziele

- Einsicht in den Zusammenhang von Hautfunktion und -pflege gewinnen und die Reinigung als notwendig erkennen;
- Körperpflege früher und heute vergleichen;
- Kenntnisse über die Gliederung des menschlichen Körpers erwerben und die Körperteile benennen;
- über den körperlichen Unterschied der Geschlechter Bescheid wissen.

Umsetzung/Handlungsmöglichkeiten

Wie ich meinen Körper pflege SB 64-65 Klasse 1 und 2	– Informationen über Körperpflege früher sammeln; – gemeinsam im Waschraum der Turnhalle Hände waschen, danach mit Alkohol unsichtbare Verschmutzungen zum Vorschein bringen; – besondere Hygienevorschriften besprechen (z. B. im Schwimmbad); – an Körpermodellen Gemeinsamkeiten und Unterschiede feststellen.

SB 64-65 bietet Gesprächsanlaß zur Körperpflege früher und heute. Durch Befragen der Großeltern und Nachschlagen in Büchern kann die Thematik vertieft und ansatzweise eine Vorstellung von dem technischen Fortschritt während der letzten 100 Jahre gewonnen werden. Die Darstellung bietet ein Gespräch über die veränderte Einstellung der Gesellschaft zum nackten Körper an. Das Thema Körperpflege kann folgendermaßen differenziert werden:

1. tägliche Hautreinigung: Zeitpunkt, Materialien, Vorgehen (AB 9); Bezug zur Schweißabsonderung durch die Haut, Folge: unangenehmer Geruch, verstopfte Poren, Hautunreinheiten; sparsamer Einsatz alkalifreier Seife; Vorbeugung vor Austrocknen der Haut durch Cremes; richtiges Haarewaschen. Hygiene beim Schulschwimmen besprechen; Ursachen für sichtbare und unsichtbare Verschmutzungen herausfinden.
2. Umrißzeichnung eines Kindes auf Tapetenrolle/Packpapier anfertigen: Gliederung des Körpers in Körperteile unter Verwendung der Begriffe von SB 64-65 (AB 10); Zuordnen von Wortkarten zur Umrißzeichnung; Ähnlichkeiten sowie Unterschiede (Geschlecht, Größe, Alter, Hautfarbe, besondere Merkmale) bei allen Menschen feststellen. Benennung der Unterschiede von Mädchen und Jungen; Gebrauch der richtigen Bezeichnungen für die Geschlechtsorgane; Hygiene der Geschlechtsorgane.

Eine Vertiefung der Sexualerziehung erfolgt über die folgenden AB:

AB 11 „Jemanden liebhaben"

Die Kinder sollen:

- sich bewußt werden, daß durch Gesten und Worte das emotionale Bedürfnis eines jeden Menschen nach Vertrautheit, Nähe und Zuwendung erfüllt wird;
- eigene Bedürfnisse äußern und sich Möglichkeiten erschließen, geliebten Menschen Zuneigung zu zeigen;
- unterscheiden lernen zwischen gern haben (z. B. Tiere), Freundschaft und Liebe.

Das AB bietet Anlaß, über Freundschaftsbeziehungen zwischen den Kindern sowie Beziehungen zwischen Familienmitgliedern zu sprechen. Dabei muß behutsam vorgegangen werden, weil vielleicht nicht für jedes Kind Geborgenheit in der Familie vorausgesetzt werden kann. Hemmungen lassen sich am besten in Rollenspielen abbauen, in denen Konfliktsituationen zwischen Freunden dargestellt werden. Dabei können auch Wünsche an einen Freund oder an Mitglieder der Familie ausgesprochen werden.

AB 12 „Mädchenspiele – Jungenspiele"

Die Kinder sollen:

- sich mit ihrer Rolle als Mädchen/Junge auseinandersetzen;
- evtl. vorhandene geschlechtsspezifische Rollenfixierungen abbauen.

Im Unterricht ist häufig zu beobachten, daß Mädchen und Jungen nicht nebeneinander sitzen wollen, daß bei der Meldekette Mädchen und Jungen nur gleichgeschlechtliche Mitschüler drannehmen oder daß auf dem Schulhof überwiegend gleichgeschlechtliche Partner miteinander spielen. Als Einstieg sollte auf diese Erfahrungen zurückgegriffen werden. Entsprechende Äußerungen der Kinder müssen zum Anlaß genommen werden, im Gespräch oder Rollenspiel evtl. vorhandene Vorurteile aufzubrechen.

Aufgabe 1 regt an, über die Zuordnung bestimmter Spielzeuge zu Mädchen oder Jungen zu sprechen. Dabei soll deutlich werden, daß Wünsche nach einem Spielzeug manchmal nicht geäußert werden, weil man Reaktionen der Umwelt fürchtet. Hier sollen die Kinder darin bestärkt werden, mehr Selbstbewußtsein bei der Verfolgung ihrer Interessen zu zeigen.

Bei Aufgabe 2 wird entsprechend der Anleitung verfahren. Die Kinder berichten über ihre Lieblingsspiele und über die Schwierigkeit, konfliktfrei mit anderen zusammenzuspielen. Sie sprechen über unterschiedliche Anforderungen, die seitens der Gesellschaft (Familie) an sie gestellt werden und hinterfragen diese Praxis.

Zum Thema „Berufe" können die Kinder sich in ihrem Traumberuf malen und sich dabei verdeutlichen, welche Tätigkeiten bzw. Fähigkeiten sie dazu gut beherrschen müssen.

AB 13 „Mutter erwartet ein Kind"

Die Kinder sollen:

- erfahren, wie sich eine schwangere Frau auf die Geburt vorbereitet;
- ermessen, welche Ansprüche ein Säugling an die gesamte Familie stellt.

Die Zuordnungsaufgabe auf dem AB verweist auf die vielfältigen Aspekte, die bei der Vorbereitung auf eine Geburt zu beachten sind. Diese Aspekte können folgendermaßen (in Gruppenarbeit) ausgeweitet werden:

- Collage mit Bildern gestalten, wie die werdende Mutter sich verhalten muß, damit ihr Baby gesund zur Welt kommt;
- überlegen, welche Hilfen die werdende Mutter braucht und aufschreiben, welche Arbeiten man ihr abnehmen kann;
- Plakat gestalten mit Anschaffungen fürs Baby;
- Namensliste (aus Familienstammbuch) lesen, Lieblingsnamen aufschreiben;
- Interview eines Kindes über die Veränderungen, die sich in der Familie nach der Geburt eines Geschwisterchens eingestellt haben;
- Babypaß herstellen: Fotos aus dem ersten Lebensjahr mitbringen, aufkleben, Namen, Alter (Monate) und Fähigkeiten der jeweiligen Altersstufe aufschreiben. Pässe vergleichen, feststellen, wie Babys sich entwickeln.

Arbeitshilfen:

Zu Jungen und Mädchen: Zeitschrift Grundschule, 12/1979.

Was mein Körper alles kann

Arbeitsblatt 9

Körperpflege

1. Schneide die Bilder von Seite 100 aus. Ordne richtig zu, und klebe sie ein!

 Haut				
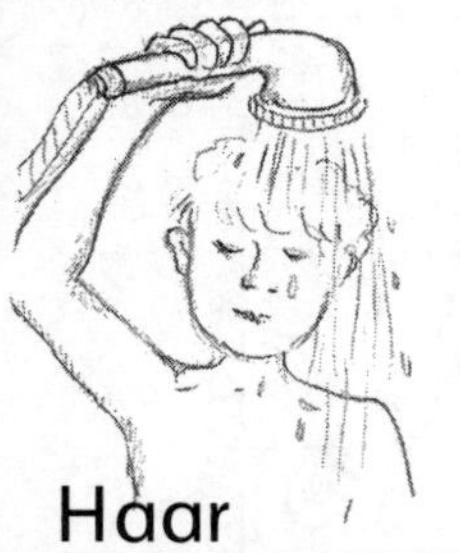 Haar				
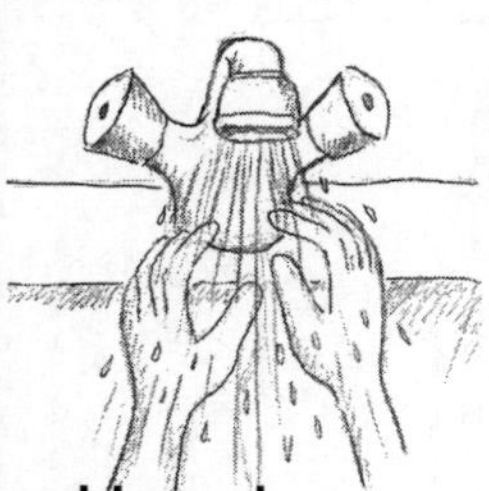 Hand				

2. Hier ist besondere Pflege nötig. Ordne mit Pfeilen zu!

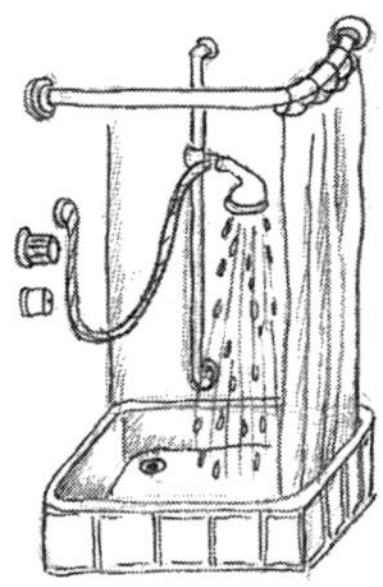

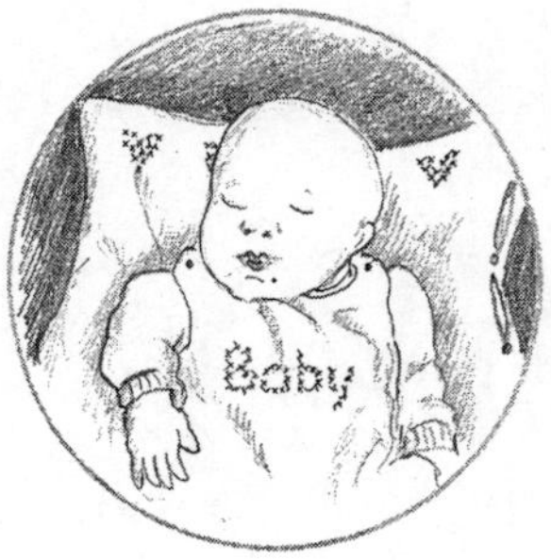

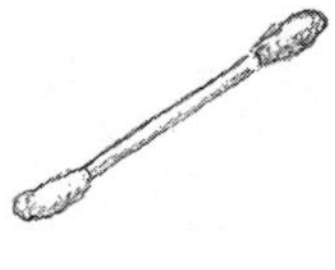

Was mein Körper alles kann Ausschneidebogen
Körperpflege zu Arbeitsblatt 9

Schlag nach 1/2 — Arbeitsblatt
Bayerischer Schulbuch-Verlag, München

Was mein Körper alles kann

Arbeitsblatt 10

Die Körperteile

1. Ordne die Körperteile richtig zu! Verwende dazu Pfeile.

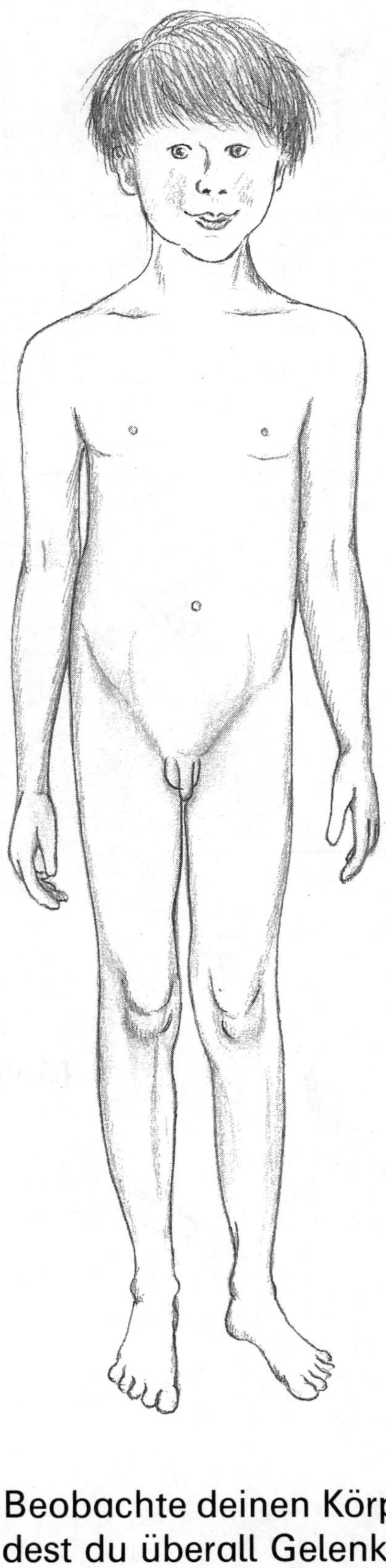

Kopf

Schulter

Hals

Arm

Brust

Bauch

Glied

Hodensack

Schenkel

Schamlippen

Fuß

Knie

Bein

Zeh

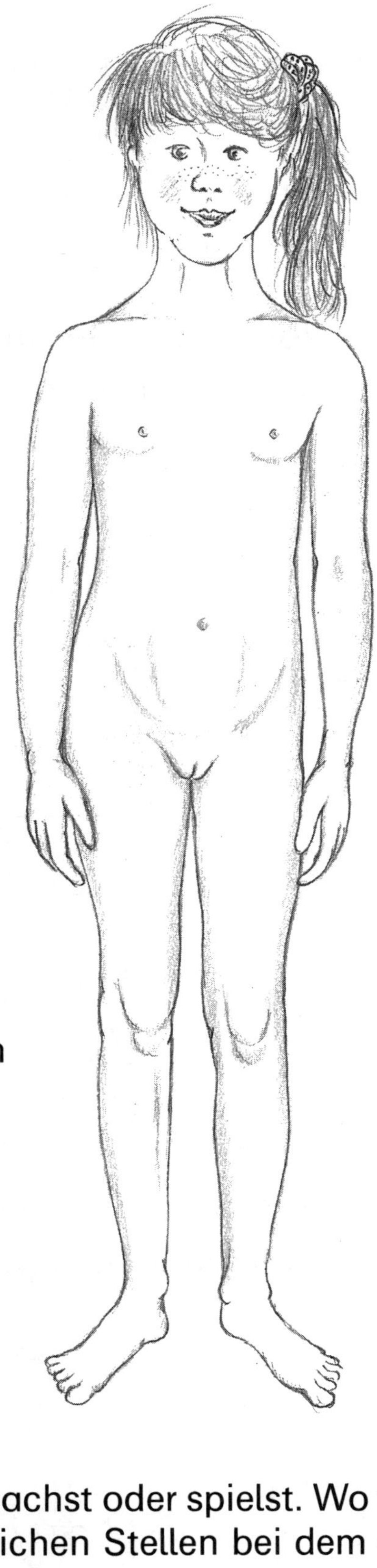

2. Beobachte deinen Körper, wenn du Sport machst oder spielst. Wo findest du überall Gelenke? Kreise die beweglichen Stellen bei dem abgebildeten Jungen oder Mädchen farbig ein!

Was mein Körper alles kann

Arbeitsblatt 11

Jemanden liebhaben

Jemanden liebhaben heißt:

- anlächeln,
- streicheln,
- sich ankuscheln,
- küssen.

Jemanden liebhaben heißt:

jemandem etwas Liebes sagen.

Male:

Jemanden liebhaben heißt:

etwas Liebes für den anderen tun.

Schlag nach 1/2 — Arbeitsblatt
Bayerischer Schulbuch-Verlag, München

Was mein Körper alles kann

Arbeitsblatt 12

Mädchenspiele – Jungenspiele

1. Mädchen und Jungen spielen gerne, aber nicht immer gerne zusammen. Erzähle, was in der Bildgeschichte passiert:

2. Überlege, wer welche Spiele bevorzugt. Kreuze an!

	Lisa	Stefan
Gummitwist		
Fangen		
Indianer		
Seilspringen		
Autos fahren lassen		

	Lisa	Stefan
Puppen anziehen		
Fußball		
Bauen		
Malen		
Verstecken		

3. Frage Mädchen und Jungen aus deiner Klasse, wo sie gerne mitspielen würden. Vergleiche die Ergebnisse mit deinen Vermutungen. Hattest du recht?

Was mein Körper alles kann

Arbeitsblatt 13

Mutter erwartet ein Kind

Mutter erwartet ein Kind. Bis zur Geburt muß vieles vorbereitet und überlegt werden. Lies die Texte, und ordne mit Pfeilen zu!

Für das Baby müssen viele Dinge besorgt werden: zum Schlafen, Anziehen, Wickeln, zur Pflege und zum Spazierengehen.

Die werdende Mutter läßt sich in regelmäßigen Abständen vom Arzt untersuchen.

Eine schwangere Frau muß sich und ihr Baby schützen. Sie darf nicht schwer heben.

Damit das Baby im Bauch der Mutter gesund bleibt, sollte die Mutter nicht rauchen, keinen Alkohol trinken und keine Tabletten nehmen.

In den letzten sechs Wochen vor der Geburt braucht eine schwangere Frau nicht mehr in ihrem Beruf zu arbeiten. Nun kann sie den Koffer für das Krankenhaus packen.

Die Familie überlegt, welchen Namen das Baby erhalten soll!

Frage deine Mutter, was sich alles für sie verändert hat, als du geboren wurdest. Berichte darüber in der Klasse!

Lernziele

- erfahren, daß sportliche Aktivität der Erholung und Gesunderhaltung dient, und daß die Freizeit durch Sport sinnvoll gestaltet werden kann;
- wichtige Funktionen des Skeletts erkunden;
- Gelenke als Voraussetzung für die Beweglichkeit des Körpers erkennen;
- die richtige Körperhaltung kennen und trainieren.

Der Lehrer sollte SB 66-67 kommentarlos präsentieren und den Kindern Gelegenheit geben, in Gruppen über die Abbildungen zu sprechen. Die thematischen Eingrenzungen können dann entsprechend der Schülerinteressen vorgenommen werden.

Umsetzung/Handlungsmöglichkeiten

Bewegung ist gesund . . . SB 66 Klasse 1 und 2	– Auflockerungsübungen veranstalten; – anhand von Modell Knochenbau und Gelenke untersuchen; – Experiment durchführen: Körperteile ohne Hilfe der Gelenke zu bewegen; – den menschlichen Körper mit Gliederpuppe vergleichen;
. . . und macht Spaß SB 67 Klasse 1 und 2	– Haltungsfehler untersuchen; Schultasche wiegen; – Lieblings-Sportgerät ausstellen; – Sportmöglichkeiten am Wohnort erkunden.

SB 66: Die Kinder erfahren durch Auflockerungsübungen (bei geöffnetem Fenster) während langer Phasen des Stillsitzens, daß sich der Körper durch Bewegung an der frischen Luft erholt. Sie erkennen beim Spiel mit Stoffhandpuppen, daß Knochen den Körper stützen und ertasten die eigenen Knochen. Sie merken, daß Knochen (Brustkorb, Schädel) weiche Organe schützen (z. B. Abtreffen beim Völkerball).
Sie berichten von Knochenbrüchen und sammeln Situationen (nennen Sportarten), bei denen man sich die Knochen verletzt. Sie stecken den Arm in eine steife Papprolle (versteifen das Bein mit einer Schiene) und versuchen dann, diese Körperteile zu bewegen. Ein Kind ohne Behinderung führt die gleichen Übungen durch. Die Kinder erkennen, daß Gelenke den Körper beweglich machen und markieren sie an der Umrißzeichnung des Körpers (SB 64-65, LHB 98. Hier kann auch AB 14 eingesetzt werden). Beim Vergleich der Bewegungen der Gliederpuppe mit dem eigenen Körper stellen die Kinder fest, daß die Puppe nur zweidimensionale Bewegungen (Abbiegen der Gelenke), der Mensch aber auch Drehbewegungen der Gelenke ausführen kann.
Die Kinder berichten über Schmerzen, die von Knochen ausgehen und decken am Beispiel der Rückenschmerzen Haltungsfehler auf:

- Sie erkunden das richtige Sitzen an Tisch und Stuhl: Beide Füße müssen den Boden berühren, zwischen Oberschenkel und Tischplatte muß Spielraum sein, beim Sitzen ist darauf zu achten, daß der gerade Rücken von der Lehne gestützt wird (AB 15). Wichtig ist die richtige Tischhöhe: Bei senkrechtem Oberarm müssen die Ellenbogengelenke rechtwinklig gebeugt werden, daß der Unterarm auf der Tischplatte aufliegt.
- Beim Fahrradfahren ist der Katzenbuckel zu vermeiden.
- Beim Vergleich unterschiedlich schwerer Schultaschen erfahren die Kinder, wie schwer Schultaschen sein dürfen, damit der Rücken (die Wirbelsäule) nicht geschädigt wird (1/10 des Körpergewichts). In der Regel sollten die Kinder nicht täglich ihre gesamten Schulsachen in ihren Schultaschen transportieren. Falls in der Schule Regalfächer zur Verfügung stehen, brauchen nur die zur Hausarbeit benötigten Bücher mitgenommen werden.

SB 67: Die Kinder stellen ihre Lieblingssportarten vor, indem sie ihre Ausrüstung mitbringen und Aktivitäten vorführen. Sie erkunden Sportmöglichkeiten (Sportvereine, -plätze) am Standort, listen sie mit Bild, Adresse, Kosten usw. auf und stellen einen Kinder-Sportführer zusammen.
Durch Filme, Bilder, Erfahrungsaustausch werden Sportmöglichkeiten für Behinderte erkundet. Die Kinder erkennen, daß gerade für Körperbehinderte Bewegung notwendig ist.

Fächerübergreifende Aspekte:

- Sport: Verschiedene Bewegungsformen ausprobieren; ein Kind führt eine Bewegung vor, die Mitschüler machen sie nach; ein Kind führt eine Sportart vor, die die anderen Kinder erraten müssen; Haltungsübungen durchführen; die an der Schule üblichen Formen des sportlichen Wettkampfs beispielhaft für das nächste Sportfest durchspielen; das Aufwärmen (der Muskeln) vor der Sportstunde damit begründen, daß kein Verletzungsrisiko entstehen soll.
- Kunst: Bewegungsformen von der Gliederpuppe zeichnerisch übertragen.

Was mein Körper alles kann Arbeitsblatt 14

Die Gliederpuppe

1. Schneide die Körperteile aus.
2. Stich mit einer Nadel Löcher durch die Punkte.
3. Füge die Körperteile mit Druckknöpfen zusammen.

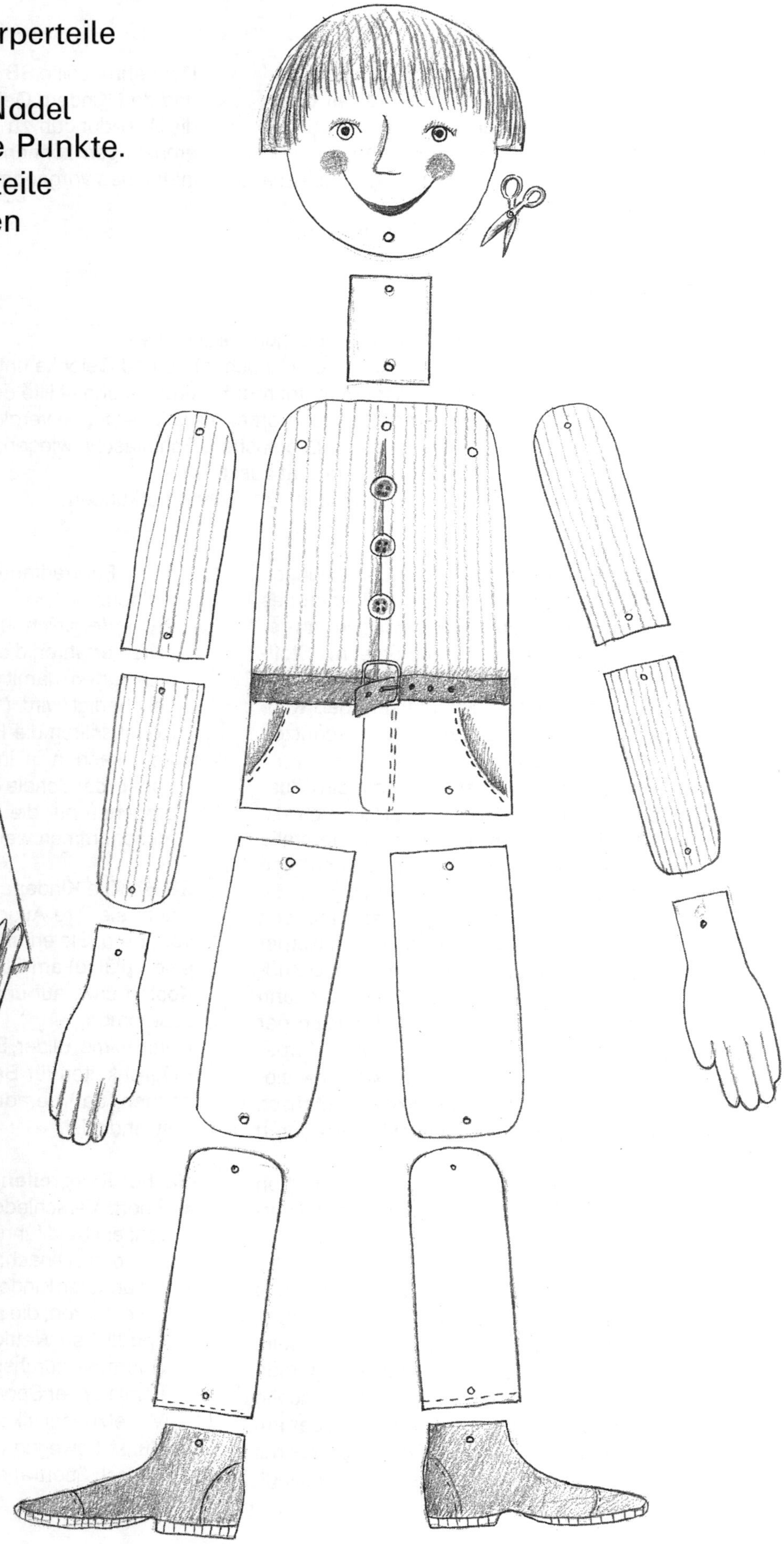

Nadel

Druckknöpfe

Schlag nach 1/2 — Arbeitsblatt
Bayerischer Schulbuch-Verlag, München

Was mein Körper alles kann

Arbeitsblatt 15

Sich selbst und andere schützen

1. Wer verhält sich richtig und wer falsch? Trage ein: r für richtig oder f für falsch!

2. Baden macht Spaß und ist gesund. Du mußt aber einige Regeln beachten, um dich und andere nicht zu gefährden. Wie verhältst du dich richtig? Kreuze an!

- Ich lege mich mit den nassen Badesachen in die Sonne, um zu trocknen. ○
- Ich habe stundenlang nichts gegessen, also kann ich baden gehen. ○
- Ein Gewitter zieht auf. Ich verlasse sofort das Wasser. ○
- Mit vollem Magen gehe ich nicht in das Wasser. ○
- Nach dem Baden ziehe ich mir trockene Sachen an. ○
- Gummitiere und Luftmatratzen helfen mir beim Schwimmen, wenn ich noch nicht sicher bin. Damit kann ich auch in das Nichtschwimmerbecken. ○
- Ich kühle mich zuerst ab, bevor ich ins Wasser gehe. ○
- Wenn ich friere, gehe ich sofort aus dem Wasser. ○
- Nach dem Baden reibe ich mich mit Sonnencreme ein. ○

WAS ZIEHE ICH AN?

Schülerbuch Seite **68-73**

Den Kindern sollen die Funktion ihrer Kleidung, die Wahl der passenden Kleidung, Jahreszeit, Aktivität sowie der Wandel der Bekleidung durch Modeeinflüsse bewußt werden. Sie lernen, daß die Kleidung des Menschen drei grundsätzliche Funktionen hat:

1. Sie schützt vor Witterung und Verletzungen.
2. Sie vermittelt das Gefühl von Geborgenheit; insbesondere durch das Verdecken von Blößen (Schamgefühl), die durch die Kultur und Moral unserer Gesellschaft festgelegt wurden.
3. Sie symbolisiert einerseits die Anpassung an die modischen Strömungen der Gesellschaft, andererseits den Wunsch nach Individualität in der Gruppe.

Kleidung – immer wieder anders

Schülerbuch Seite **68-69**

Lernziele

– Funktion von Kleidung zu verschiedenen Jahreszeiten begründen;
– Kleidungsgewohnheiten bezogen auf bestimmte Aktivitäten beschreiben.

Umsetzung/Handlungsmöglichkeiten

Kleidung - immer wieder anders SB 68-69 Klasse 1	– verschiedene Kleidungsstücke nach Aussehen und Funktion untersuchen (AB 1); – Kleidungsstücke nach verschiedenen Kriterien (z. B. Farbe, Material, Wetter) ordnen; – Kleidung aus Katalogen und Werbeprospekten ausschneiden und Collage gestalten; – Kostüme (für Karneval) anfertigen und sich gemeinsam verkleiden.

Als Einstieg in das Thema eignet sich die Bekleidungssituation der Kinder in der Klasse an einem besonderen Tag (Regenwetter, große Hitze oder große Kälte) oder eine Sammelaktion von Altkleidern in Schule oder Wohnviertel.

SB 68/69 zeigt Ausschnitte von Alltags- und Urlaubssituationen vor einer Pension, die auf SB 71 unter dem Aspekt „Berufskleidung" noch einmal vollständig aus der Schrägsicht gezeigt wird. Die Ausschnitte zeigen Situationen zu verschiedenen Jahreszeiten (Verknüpfungsmöglichkeit zum Themenkreis „Jahrein - jahraus" SB 102-110, insbesondere SB 104/105).
Die Kinder finden vielfältige Beispiele für die Schutzfunktion der Kleidung gegen Witterung (z. B. Regenkleidung, Sommerkleidung) und gegen Verletzungen (z. B. Hose und Schutzhelm des Radrennfahrers). Dazu kann AB 2, 3 eingesetzt werden.
Die Bademoden weisen auf die individualpsychologische Funktion der Kleidung (Bedeckung der Blößen, Wahrung des Schamgefühls), während sich die sozialpsychologische Funktion in der modisch zu allen Jahreszeiten passend angezogenen Urlaubsfamilie zeigt. Dabei wurde versucht, dem derzeit modischen Trend in Form und Farbe der Bekleidung Rechnung zu tragen.

In den Karnevalskostümen entdecken die Kinder einen besonders beliebten Aspekt der Kleidung, nämlich das Sich-Verkleiden, in eine andere Rolle schlüpfen. In manchen Schulen stehen „Klamottenkisten" bereit, die den Kindern das Sich-Verkleiden auch während des Schuljahres ermöglichen.

Arbeitshilfen (für den gesamten Themenbereich):
Kleiderkiste, Flohmarkt, Kaufhäuser, Schaufenster, Kataloge, Werbeprospekte, Schuhe, Schuhpflegeutensilien.

Filme:

32 8114	Wie der Maulwurf zu seiner Hose kam
32 8106	Maulwurf im Karneval
42 0400	Felle und Leder
42 0401	Leinen
42 0402	Wolle
42 0403	Seide
42 0404	Baumwolle
42 0405	Chemiefasern
32 3147	Schuhe: Herstellung früher und jetzt

Lösung von **AB 3**:
Festkleidung (Hochzeitskleid und Anzug), Arbeitskleidung (Latzhose), Regenkleidung (Regenmantel), Nachtkleidung (Nachthemd), Sportkleidung (Tennisdress)

Was ziehe ich an?

Arbeitsblatt 1

Verschiedene Kleidungsstücke

Setze die Zahlen bei den Kleidungsstücken hinter das richtige Wort.

Kleid ◯ Mütze ◯ Bluse ◯ Unterhemd ◯ Hose ◯ Schal ◯

Unterhose ◯ Gürtel ◯ Hemd ◯ Handschuhe ◯

Ordne die Zahlen richtig zu:

Oberbekleidung	Unterwäsche	Zubehör
◯◯◯◯	◯◯	◯◯◯◯

Male die Kleidungsstücke bunt, und schreibe die richtigen Namen dazu.

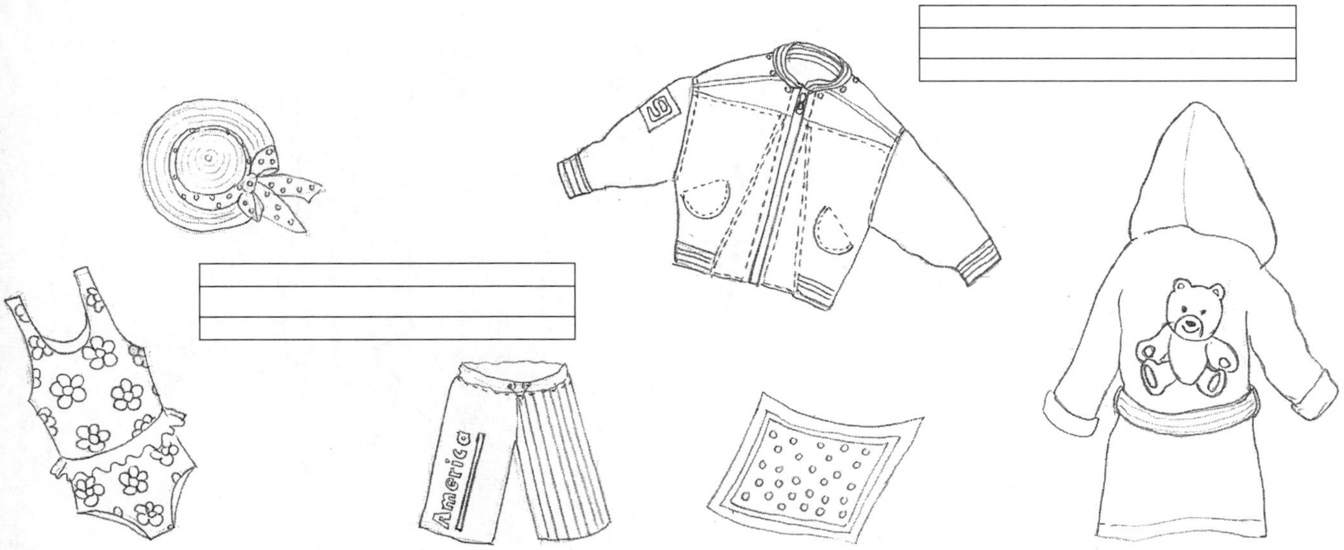

Was ziehe ich an?

Arbeitsblatt 2

Kleidung für jede Jahreszeit

Es ist kalt und windig. Was ziehst du an?
Ein heißer Tag – wie bist du richtig angezogen?

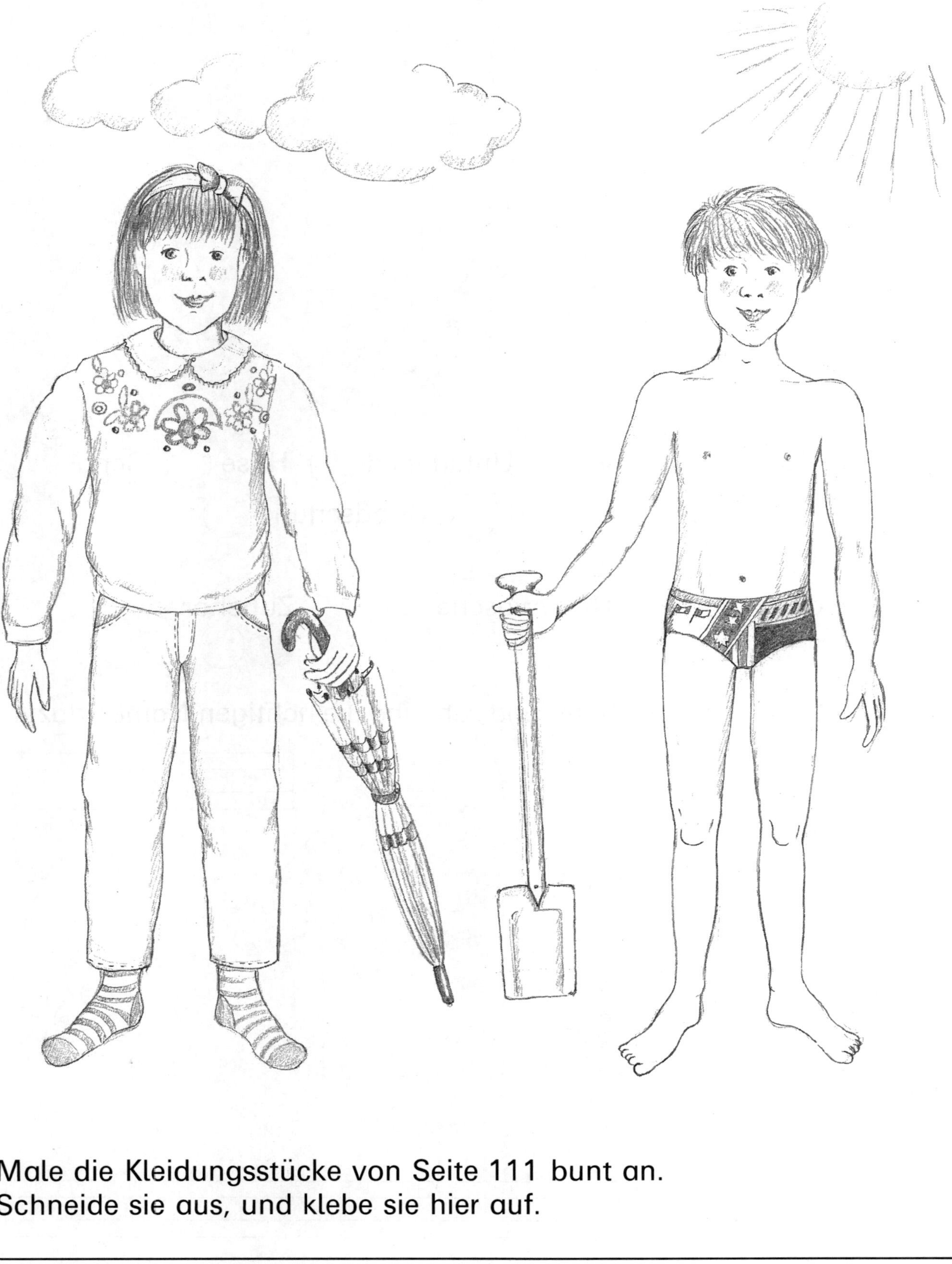

Male die Kleidungsstücke von Seite 111 bunt an.
Schneide sie aus, und klebe sie hier auf.

Schlag nach 1/2 — Arbeitsblatt
Bayerischer Schulbuch-Verlag, München

Was ziehe ich an?

Kleidung für jede Jahreszeit

Ausschneidebogen
zu Arbeitsblatt 2

Was ziehe ich an? Arbeitsblatt 3

Kleidung – immer wieder anders

Male die passenden Kleidungsstücke, und trage die richtige Bezeichnung ein. Die Schülerbuchseiten 68-69 helfen dir dabei.

Schlag nach 1/2 — Arbeitsblatt
Bayerischer Schulbuch-Verlag, München

Lernziele

- die tradierten geschlechtsspezifischen Kleidungsstücke kennen und Kinderkleidung generell nach Funktions- und Modeaspekten beurteilen können;
- das Aussehen und die Funktion bestimmter Berufskleidung beschreiben können;
- die Funktionen von Uniformen kennen.

Umsetzung/Handlungsmöglichkeiten

Mädchenkleidung Jungenkleidung? SB 70, Klasse 1 Berufskleidung SB 71, Klasse 1	– Unterschiede und Gemeinsamkeiten von Jungen- und Mädchenkleidung untersuchen (Kleidungsstücke benennen und nach Form und Farbe beschreiben); – Collage aus Prospektmaterial anfertigen; – Aussehen und Funktion bestimmter Berufskleidung beschreiben (SB 68/69, SB 71); – weitere Beispiele von typischer Berufskleidung (z. B. Ärztin, Krankenschwester, Feuerwehrmann) sammeln und beschreiben; – Spiel: Beruferaten.

SB 70 zeigt, daß es neben den geschlechtsspezifischen Kleidungsstücken (wie z. B. Rock, Bluse und Kleid für Mädchen) viele Kleidungsstücke gibt, die von Jungen und Mädchen getragen werden (AB 4). Die Kinder können berichten, was sie bei bestimmten Gelegenheiten am liebsten tragen, und ihre Lieblings-Kleidungsstücke mitbringen. Sie erkennen, daß

- Kinderkleidung vor allem pflegeleicht und praktisch für Spiel und Sport sein sollte;
- sich Kinder verschiedener Rassen und Nationalitäten, die in unserer multikulturellen Gesellschaft leben, häufig ohne Unterschiede kleiden können,
- auch die Kinderkleidung der Mode unterworfen ist;
- sich auch Religionszugehörigkeit auf die Kleidung auswirken kann (Kopftuch – Islam).

Während das Kleinkind meist funktionsgerecht gekleidet ist, entwickeln sich durch Modebewußtsein, Prestigedenken der Eltern und Zugehörigkeit zu bestimmten sozialen Gruppen bei den Schulkindern bereits unterschiedliche Bekleidungsgewohnheiten.

Der Ausschnitt auf SB 70 unten links weist darauf hin, daß Kleidung auch der Pflege bedarf (SB 72-73).

Die Beispiele der Berufskleidung zeigen die praktische Funktion der Kleidung (Latzhose des Handwerkers, SB 71, schwarzer Anzug des Schornsteinfegers, SB 68) und die Signalfunktion bestimmter Berufskleidungen (Uniform der Postbotin und Latzhose der Müllmänner, SB 71). Dazu können die Kinder AB 5 ausfüllen.
Beim Spiel „Beruferaten" können die Kinder berufsspezifische Kleidungsstücke und Tätigkeiten herausstellen: Ein Kind denkt sich einen Beruf aus und nennt typische Eigenschaften, die die Mitschüler zur richtigen Lösung führen (z. B. Pastor/in: trägt schwarzes Gewand, tauft etc.).

Lösung von AB 5:
Kellner, Feuerwehrmann, Ärztin

Lernziele

- Grundsätze des sorgfältigen Umgangs mit Kleidung und Schuhen kennen und praktisch umsetzen können;
- verschiedene Möglichkeiten der Pflege kennen.

Umsetzung/Handlungsmöglichkeiten

Kleidung pflegen! SB 72-73 Klasse 2	– die auf SB 72-73 dargestellten Pflegemöglichkeiten besprechen, eigene Erfahrungen einbringen; – Kleidungspflege wie Ausbürsten, Sortieren und Zusammenlegen sowie das Benützen von Kleiderbügeln an Beispielen üben und im Rollenspiel darstellen; – verschiedene Materialien (Woll-, Baumwollgewebe, Plastikfolie, Gummilappen, Leder u. ä.) auf Wasserdurchlässigkeit untersuchen und die Ergebnisse auf Kleidungsstücke übertragen; – Schuhe putzen.

Wie auf SB 36 (LHB 47) wurde auch hier auf Rollenklischees verzichtet. Die Kinder sehen, welche Aufgaben insbesondere auch Kinder bei den häuslichen Tätigkeiten übernehmen können. Gesprächsanlaß bieten vor allem auch die Erfahrungen und Gewohnheiten der Kinder.

Auf den Hinweis und die Darstellung von Pflegezeichen in der Kleidung wurde verzichtet, da der Grad der Abstraktion für diese Altersstufe zu hoch erscheint; in der Regel ist es Aufgabe der Eltern, z. B. auf Bügel- und Reinigungssymbole zu achten und die Kleidung entsprechend zu behandeln. Auch wurde auf die Angabe von Kleidergrößen verzichtet, da diese bei Kindern in der Wachstumsphase sehr stark variieren.

Beim Materialtest bezüglich Wasserdurchlässigkeit kommen die Kinder zu folgender Erkenntnis: Woll- und Baumwollgewebe sind wasserdurchlässig, Plastikfolie und Gummilappen sind wasserdicht. Leder ist zunächst wasserundurchlässig, weicht aber nach einiger Zeit durch und ist dann nicht mehr wasserdicht. Die Kinder fetten Lederteile ein und stellen fest, daß wasserdurchlässige Materialien durch bestimmte Maßnahmen wasserdicht gemacht werden können, z. B. beim Imprägnieren (sehr umweltschädlich!) oder beim Kaschieren von Textilien mit Plastik und Gummi.

Die Kinder können gemeinsam Schuhe putzen, die entsprechenden Handlungsschritte sind im Gespräch vorab zu erklären:

- Dreck und Staub mit einer groben Bürste entfernen,
- Schuhe mit farblich passender Schuhcreme einreiben (nicht bei Stoffschuhen oder Spezialledern wie Wildleder),
- mit feiner Bürste oder Tuch polieren.

Fächerübergreifendes Lernangebot:

- Sprache: Vorgangsbeschreibung: Kleider- und Wäscheschrank einräumen, Keidung waschen und bügeln, Schuhe putzen etc.

Was ziehe ich an?

Arbeitsblatt 4

Mädchenkleidung – Jungenkleidung

Welche Kleidungsstücke zieht der Junge an?
Welche zieht das Mädchen an?
Welche tragen beide?
Kreise mit verschiedenen Farben ein.

Was ziehe ich an?

Arbeitsblatt 5

Berufe raten

Auf dem Ausschneidebogen von Seite 117 findest du Teile von Kleidungsstücken. Schneide sie aus, und klebe sie auf die Figuren.

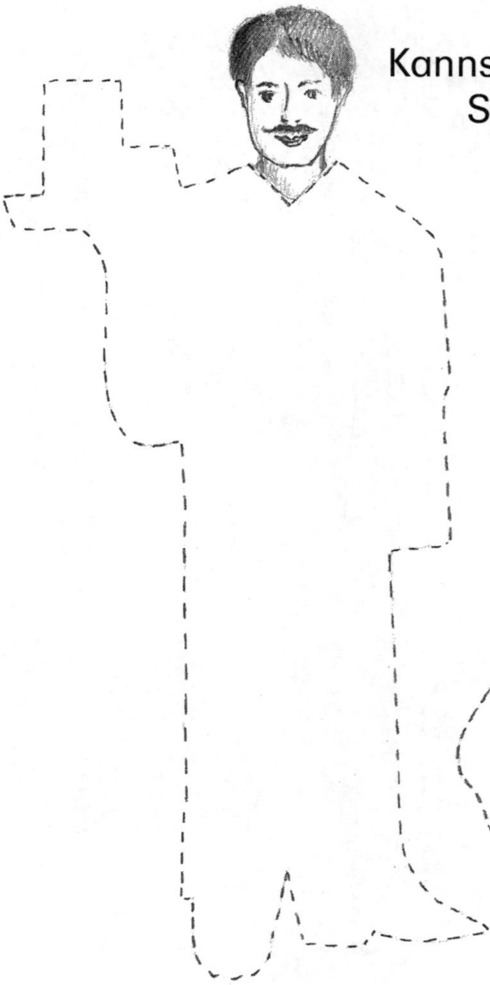

Kannst du die Berufe erraten?
Schreibe ihre Namen
unter die Bilder.

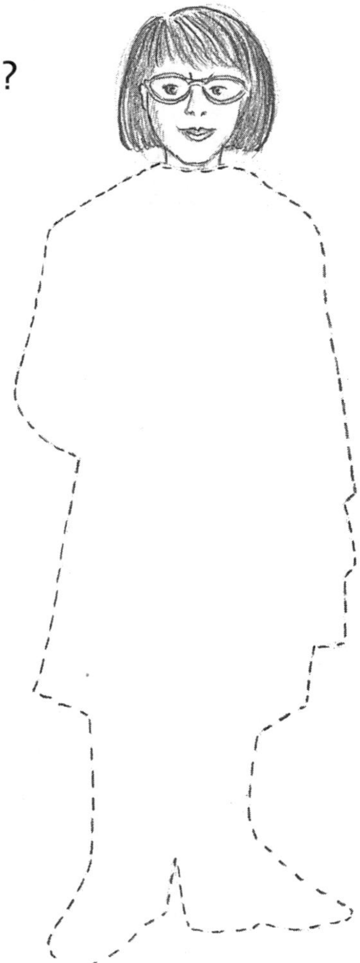

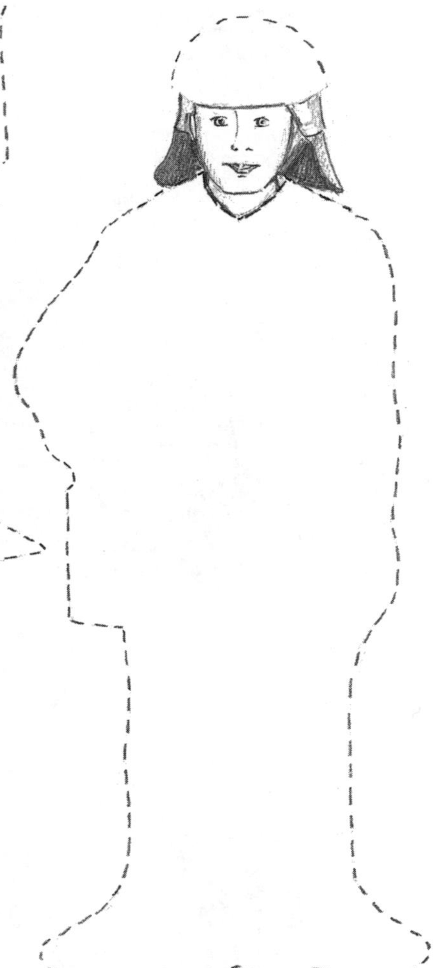

Manchmal erkennt man den Beruf eines Menschen an seiner Kleidung. Die Kleidung schützt ihn bei der Arbeit.

Schlag nach 1/2 — Arbeitsblatt
Bayerischer Schulbuch-Verlag, München

Was ziehe ich an?

Berufe raten

Ausschneidebogen
zu Arbeitsblatt 5

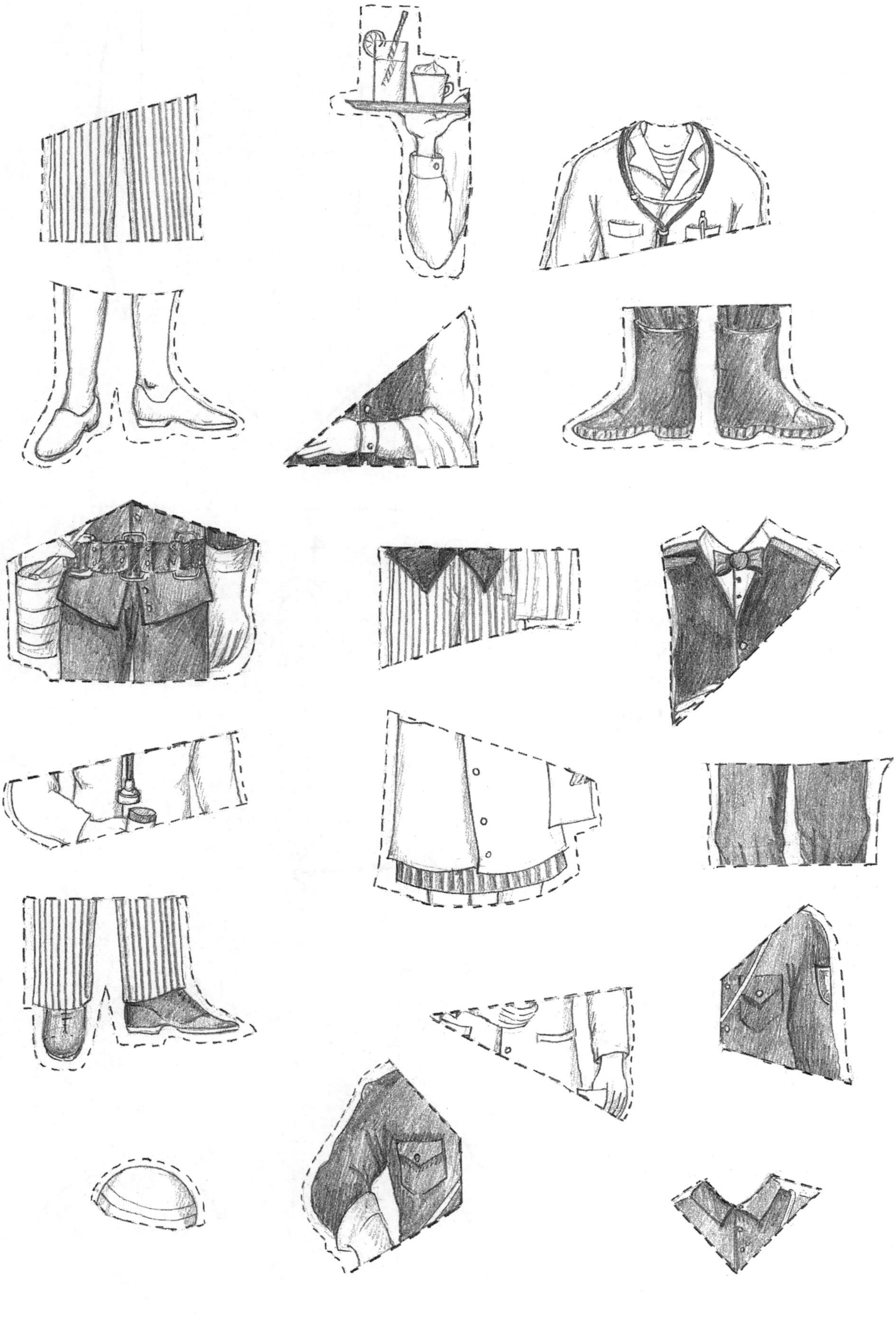

Was ziehe ich an?

Arbeitsblatt 6

Papiermütze – Papierschiffchen

Eine Papiermütze

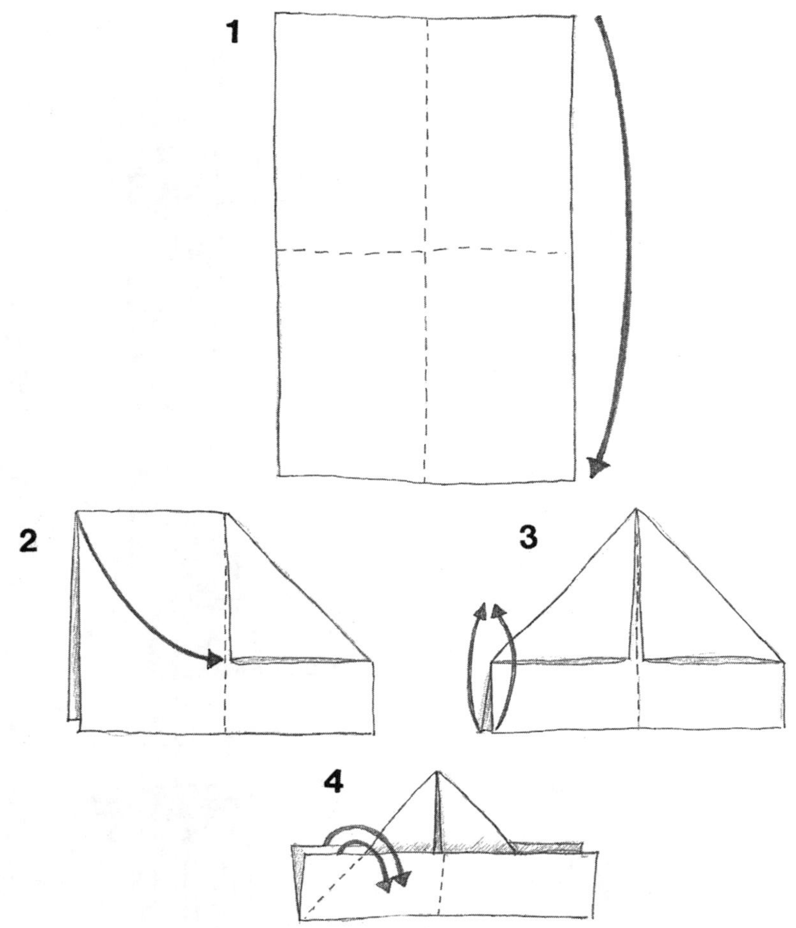

Ein Papierschiffchen

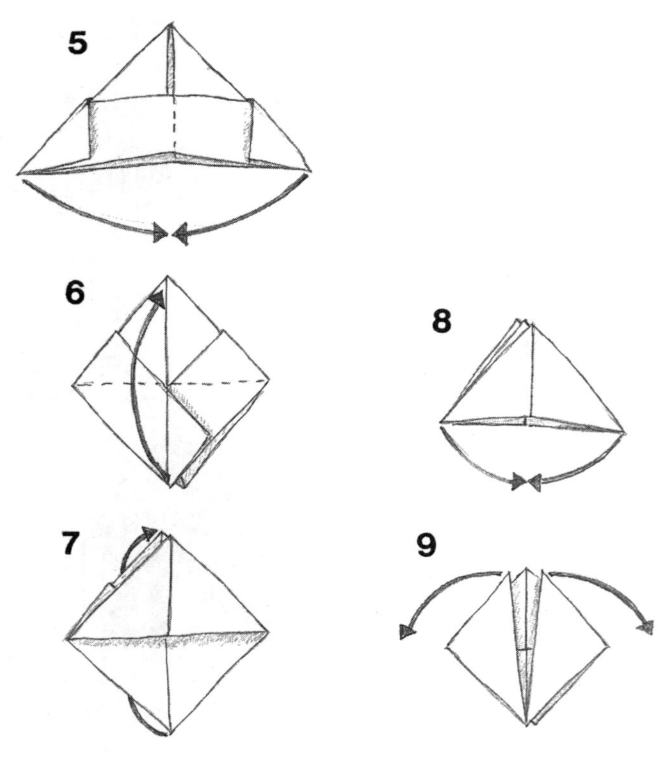

Schlag nach 1/2 — Arbeitsblatt
Bayerischer Schulbuch-Verlag, München

WAS WÄCHST DENN DA?

Schülerbuch Seite **74-83**

Ziel der Themeneinheit „Was wächst denn da?" ist, die Kinder mit den verschiedenen Erscheinungsformen von Pflanzen in ihrem Heimatraum vertraut zu machen und ihnen erste Einsichten in die Bedeutung der Pflanzen für den Menschen zu vermitteln.
Dabei sollte grundsätzlich die unmittelbare Naturbegegnung im Mittelpunkt stehen. Die Kinder sollen sich am Wachstum der Pflanzen erfreuen und erste Eindrücke von Lebensgemeinschaften in der Natur sammeln. So gewinnen sie Achtung vor der Pflanze als Lebewesen und entwickeln Verantwortung für die sie umgebende Natur.

Bäume sind die größten Pflanzen auf der Erde/ Verschiedene Bäume – verschiedene Blätter

Schülerbuch Seite **74-77**

Lernziele

- den Wald als Lebensraum erfahren;
- Waldarten und Aufbau (Schichten) des Waldes kennen;
- die Funktionen des Waldes ansatzweise verstehen;
- den Aufbau eines Baumes kennen und beschreiben können sowie einige heimische Vertreter (z. B. Eiche, Kastanie, Buche, Ahorn) anhand typischer Merkmale wie Erscheinungsform, Rinde, Blattform, Frucht identifizieren.

Umsetzung/Handlungsmöglichkeiten

Bäume sind die größten Pflanzen auf der Erde SB 74-75 Klasse 1 Verschiedene Bäume – verschiedene Blätter SB 76-77 Klasse 1 und 2	– Unterrichtsgang in den Wald bzw. in die Schulumgebung zu verschiedenen Jahreszeiten (Vorsicht vor Zecken!); – Besuch in einer Waldschule oder einem schulbiologischen Zentrum; – Waldart und Aufbau (Stockwerke) des Waldes bestimmen; – Anzahl von Bäumen, Sträuchern und Bodenpflanzen in einem abgegrenzten Waldstück feststellen; – „Baumsteckbriefe" anfertigen (AB 2; Umfang durch Handspannen oder Bindfaden, Höhe durch Schätzen und Vergleichen, Rubbelbild am besten mit Wachsmalstiften oder Ölkreide) – Bäume mit Hilfe von einfachen Bestimmungsbüchern bzw. SB 76-77 bestimmen (AB 1); – „Fundsachen" (Blätter, Zweige, Früchte, Samen, Borken- und Rindenstücke) aus dem Wald mitbringen und einen Waldtisch im Klassenzimmer aufbauen (ordnen, bestimmen, Namenskärtchen schreiben); – Collage aus den gesammelten Dingen anfertigen (spezielle Baumformen oder Phantasiebaum) oder Tiere und Figuren herstellen (dazu als weitere Materialien z. B. Korken, Federn, Stoffreste, Zahnstocher etc. und als Werkzeuge Messer, Schere und Nagelbohrer benutzen); – Eigenschaften bestimmter Bäume (SB 76) und Blätter (SB 77) beschreiben.

Zu Beginn unserer Zeitrechnung (um Christi Geburt) war das Gebiet des heutigen Deutschland fast vollständig mit Wald bedeckt. In unserem Landesteil war die Buche die häufigste Baumart; sie ist in der Bronzezeit „eingewandert". Auf den sandigen Böden der heutigen ostdeutschen Länder wuchsen Eiche und Kiefer, im süddeutschen Mittelgebirge und in den Alpen Fichte und Tanne. Mit zunehmender Ansiedlung der Menschen wurde immer mehr Wald zugunsten von Weideflächen sowie für den Brennholzbedarf und für die Verwendung von Bau- und Werkholz gerodet.
Im Zeitalter der Industrialisierung vor etwa 150 Jahren entwickelte sich zunehmender Holzbedarf: für Bergbau, Holzkohlegewinnung und Erzverhüttung. Wiederaufforstungen erfolgten zumeist mit schnellwachsenden Nadel- und Laubbäumen wie Fichte, Kiefer, Linde und Ahorn. Dies führte zu einer Umstrukturierung des Waldes: 60% des ursprünglichen Buchenmischbestandes wurden durch Nadelhölzer abgelöst. Heute setzt sich der Waldbestand, z. B. in NRW, aus 13% Eiche, 27% Buche und anderen Laubbäumen, 45% Fichte, Tanne und Douglasie und 15% Lärche zusammen. Die Waldfläche nimmt von Nord nach Süd zu. Waldreiche Gebiete liegen in den Kreisen Olpe, Siegen, Hagen, Hoch-

sauerlandkreis, Märkischer Kreis, Rheinisch-Bergischer-Kreis mit 30-40% Waldanteil.
Gegenüber reinen Monokulturen wie Fichtenaufforstungen (Nachteile: Sturmschäden durch fehlenden Windschutz der Flachwurzler, fehlendes Unterholz durch zu dichtes Kronendach, Verkümmerung des Bakterienlebens, Versauern der Böden, Schädlingsbefall) werden heute Mischkulturen mit Laub- und Nadelbäumen verschiedenen Alters bevorzugt. Dabei stützen Tiefwurzler Flachwurzler, die unterschiedliche Wachstumshöhe wirkt als Windbremse, und ein abgestuftes Kronendach läßt genügend Licht bis zum Unterholz durchdringen. Der Wald bietet artenreichen Lebensraum für Tiere und Pflanzen, und ein reiches Bakterienleben sorgt für nährstoffreichen Humus. Durch ein derart gestütztes, ökologisches Gleichgewicht ist der Wald besser gegen Schädigungen geschützt.
Beim Aufbau des Mischwaldes spricht man von Stockwerken: In der Wurzelschicht sind die Pflanzen verankert. Verschiedene Kleinstlebewesen sorgen für die Verrottung von Pflanzenteilen etc. und für die Anreicherung, Durchmischung und Durchlüftung des Bodens. Die Moosschicht (z. B. Moose und Pilze) ist für den Wasserhaushalt wichtig. Hier erfolgt auch durch viele Insekten und Bakterien die Umwandlung von totem organischen Material in Humus.
Die Krautschicht ist Standort für niedrige Beerengewächse wie Heidelbeere und Farne, die gerne an schattigen Plätzen gedeihen.
In der Strauchschicht darüber finden sich junge Bäume und Sträucher wie z. B. Hasel oder Brombeere.
Die obere Schicht, Baumschicht, reguliert Wind, Regenwasser und Lichteinfall. Sie ist für viele Tiere Lebensraum und Nahrungsstätte.

Hauptfunktionen des Waldes:

1. Schutzfunktion:
   - Regulierung des Wasserhaushaltes, das bedeutet Schutz vor Überschwemmungen und vor Erosion durch Wasser;
   - Verhinderung von Erdrutschen, Steinschlag und Schuttlawinen;
   - Verminderung der Windgeschwindigkeit, dadurch Schutz für offene Fluren und angrenzende Kulturpflanzen;
   - Verbesserung der Luft durch Ausfiltern von Staub;
   - Umsatz von Kohlenstoffdioxid bei der Photosynthese, Anreicherung der Luft mit Sauerstoff;
   - Regulierung des Geländeklimas durch Ausgleich von Hitze und Kälte;
   - Lärmdämmung.
2. Nutzfunktion:
   - Lieferung von Holz für verschiedene Zwecke, dabei werden Arbeitsplätze in der Waldwirtschaft und in der holzverarbeitenden Industrie geschaffen.
3. Sozialfunktion:
   - Erholungswert besonders für die Stadtbevölkerung, Spielangebot für Kinder, Ausflugs- und Urlaubsziele, Wandermöglichkeiten u. a.

Im Mittelpunkt der Thematik „Wald" steht die unmittelbare Naturbegegnung der Kinder.

SB 74 stellt ein Waldstück mit Mischkultur dar: vorne am Wegesrand Pappeln, dahinter verschiedene Laubbäume (z. B. Roßkastanie) und im Hintergrund Nadelwald. Die Seite SB 74 zeigt beispielhaft, wie Kinder dieser Altersstufe Wald und Bäume erleben können.
Bei allen Aktionen sollte darauf geachtet werden, daß die Kinder den Wald nicht nur auf kognitive Weise erkunden, sondern ganzheitlich erleben (nicht nur Sehen, sondern auch Tasten und Fühlen, Hören und Riechen). Das Foto eines Laubbaumes auf einer Wiese im Frühherbst (SB 75) vermittelt die beeindruckende Größe von Bäumen. Diese zählen zu den Lebewesen, die am ältesten werden können.
Die Teile des Laubbaumes sind begrifflich zugeordnet. Die Kinder lernen dabei die Funktionen des Baumes kennen: Die Wurzeln schaffen eine stabile Verankerung des Baumes im Boden und nehmen Wasser und darin gelöste Nährstoffe für die Versorgung der Pflanze aus dem Erdboden auf. Der Stamm sorgt für die Stabilität des Baumes gegen Witterungseinflüsse (Wind).
Je älter und größer der Baum wird, umso mächtiger wächst der Stamm. Auch Äste und Zweige müssen kräftiger werden, um die größere Last zu tragen und die Laubblätter möglichst hoch und frei dem Licht und der Luft auszusetzen. Der Stamm enthält das Grundgewebe (Mark, Rinde und Markstrahlen) und die Gefäßbündel (Holz- und Bastteil) mit den Leitungsbahnen für Wasser, Nährsalze und Baustoffe.
Die Vermehrung der Zellen durch Zellteilung bewirkt das Breitenwachstum des Stammes. Der Zuwachs läßt sich an den Jahresringen erkennen (im Frühjahr mehr Zuwachs, d. h. hellere Farbe; im Herbst dichteres, dunkleres Holz). Die Rinde dient im wesentlichen zum Schutz des darunterliegenden Holzes.
Die Blätter der Laubbäume sind von entscheidender Bedeutung für das Leben der Pflanzen: Hier erfolgt die Assimilation der Nährstoffe durch die Photosynthese in den Chlorophyllkörpern: Mit Hilfe des Sonnenlichtes werden aus dem Kohlenstoffdioxid der Luft und dem Wasser Nährstoffe wie Stärke aufgebaut; dabei wird Sauerstoff an die Luft abgegeben. Um den Wasserstrom von den Wurzeln durch den Stamm und die Äste und Zweige in Gang zu halten, muß durch die Spaltöffnungen der Blätter Wasser verdunsten.
Im Herbst verlieren die Laubbäume ihre Blätter. Denn wenn auch im Winter die Blätter Wasser verdunsten würden, müßten die Pflanzen vertrocknen, da die Wurzeln aus dem kalten Boden keinen Nachschub liefern

könnten. Außerdem würden Zweige und Äste unter der Last der Schneemassen auf den Blättern brechen.
Aus der Vielzahl der heimischen Laubbäume wurden auf **SB 76** vier Beispiele ausgesucht, die den Kinder besonders augenfällig und auch häufig begegnen: Die Eiche (Quercus), hier die Stiel- oder Sommereiche (Quercus pedunculata), ist an den langgestielten Früchten (Eicheln) und den kurzgestielten, tief eingebuchteten Blättern leicht zu erkennen. Der starke Stamm ist von rissiger Borke bedeckt. Bei alten Bäumen finden sich dicke, knorrige Äste, nur die äußersten Zweige sind belaubt. Das Holz der Eiche ist sehr hart, fest und dauerhaft. Die Eicheln dienen verschiedenen Tieren (z. B. Wildschweinen) als Futter.
Die Roßkastanie (Aesculus hippocastanum) ist an ihrer dichten Krone und den kerzenartig hochstehenden, weißen Blütensträußen erkennbar. Rote Blütensträuße hat dagegen die rote Kastanie (Pavia rubra). Die Roßkastanie bildet große, gefingerte Blätter, die meist aus sieben fein gezähnten Einzelblättern zusammengesetzt sind. Die großen, dunkelbraunen Früchte, Kastanien, sitzen in fleischigen, grünen Fruchthüllen, die mit Stacheln bedeckt sind; die rote Kastanie hat dagegen unbestachelte Früchte. Die Kastanien dienen als Winterfutter für Hirsche, Rehe und Wildschweine. Die Buche, hier die Rotbuche (Fagus silvatica), hat einen hohen, glattrindigen, silbergrauen Stamm. Die Kronen sind auch im Innern reich belaubt mit glatten, eiförmigen, leicht gewellten, grünen Blättern (nicht zu verwechseln mit den rotgefärbten Blättern der Blutbuche oder den doppelt gesägten Blättern der Weiß- oder Hainbuche). Gut erkennbar ist der Baum an den dreikantigen Früchten (Bucheckern), aus denen Speiseöl gewonnen werden kann; wirtschaftlich wichtiger aber ist das harte, feste, rötliche Holz.

Der Ahorn, hier der Bergahorn (Acer pseudoplatanus), hat grob gesägte, fünflappige Blätter mit stumpfen Spitzen. Sein Holz ist fest und hell. Die reife Frucht spaltet sich in zwei einsamige Teile mit großen Flügeln; diese setzen sich beim Herabfallen durch den Wind in kreisende Bewegung und können sich dadurch über größere Flächen ausstreuen.
Laubbäume lassen sich am besten an ihrer Blattform erkennen. **SB 77** zeigt an einigen Beispielen die wichtigsten Formen. Dabei wurden den Blättern kindgemäße Piktogramme für die Form und den Rand zugeordnet, die die Kinder anhand von vereinfachten Begriffen entschlüsseln können:
Buchenblatt – eiförmig mit leicht welligem Rand;
Kastanienblatt – fingerförmig mit fein gesägten Einzelblättern;
Lindenblatt – herzförmig mit fein gesägtem Rand;
Eichenblatt – gelappt (gebuchtet) und ganzrandig (glatt);
Zitterpappelblatt – rundlich mit gezähntem Rand;
Platanenblatt – finger- oder handförmig (ähnlich wie Ahorn) und grob gesägte Ränder mit fein ausgezogenen Spitzen;
Robinienblatt (fälschlich auch Akazie genannt) – gefiedert mit ganzrandigen Einzelblättern.

Arbeitshilfen:
Poster, Bestimmungsbücher.

Filme:

10 0657	Wuchsformen der Laubbäume
10 9267	Laubwald
10 9262	Nadelwald
10 2693	Baumarten - Waldaufbau
32 3722	Baum - mehr als ein Stück Natur

Fächerübergreifendes Lernangebot:
- Sprache: Gedicht „Kastanienbaum" lesen (LHB S. 125)

Was wächst denn da?

Arbeitsblatt 1

Bäume und ihre Blätter und Früchte

Schneide die Bilder von Seite 123 aus. Klebe sie richtig ein!

Baum	Blatt	Frucht
Kastanie 		
Eiche 		
Buche 		
Ahorn 		

Schlag nach 1/2 — Arbeitsblatt
Bayerischer Schulbuch-Verlag, München

Was wächst denn da?

Bäume und ihre Blätter und Früchte

Ausschneidebogen zu Arbeitsblatt 1

Was wächst denn da?

Arbeitsblatt 2

„Baumdetektiv"

Spiele Baumdetektiv, und mache einen Steckbrief von drei Bäumen!

	Baum 1	Baum 2	Baum 3
Welchen Namen hat der Baum?			
Wo steht der Baum?			
Wie viele Handspannen brauchst du, um ihn zu umfassen?			
Vergleiche den Baum mit einem Haus! Wie viele „Stockwerke" hat er?			
Zeichne ein Blatt ab!			
Mache ein Rubbelbild von der Rinde, und klebe einen Ausschnitt ein!			

Schlag nach 1/2 — Arbeitsblatt
Bayerischer Schulbuch-Verlag, München

Was wächst denn da?

Gedicht

Der Kastanienbaum

Kastanienbaum

Malst du ihn, so stellst du fest,
daß er leicht sich malen läßt:
Seine Blätter sind markant
und gefingert wie die Hand.

Kommt der Blütenmonat Mai,
geht kein Mensch an ihm vorbei,
der nicht einen Blick ihm schenkt
und „wie schön, wie herrlich!" denkt.

Nahrung, Äsung für das Wild
ist die Frucht, stachlig umhüllt.
Heilkraft steckt in seinem Kern.
Manche Krankheit hält er fern.

Rosemarie Neie

Lernziele

- mit den Erscheinungsbildern von frühblühenden Pflanzen des Heimatraumes (Schneeglöckchen, Krokus, Tulpe, Narzisse, Blaustern) vertraut werden;
- die Entwicklung einer frühblühenden Pflanze im Jahreslauf beschreiben können.

Umsetzung/Handlungsmöglichkeiten

Was im Frühling blüht, wurde im Herbst gepflanzt SB 78-79 Klasse 1	– Pflanzenarten mit Hilfe von Bestimmungsbüchern oder SB 78-79 bestimmen (AB 3); – Zwiebeln und Knollen im Herbst gemäß Pflanzanleitung im Schulgarten, auf dem Schulhof oder in Blumenkästen setzen (Tulpen- und Blausternzwiebeln sowie Krokusknollen 10 cm tief, Hyanzinthen- und Narzissenzwiebeln 15-20 cm tief; dazu AB 4); – die unterschiedlichen Wachstumsformen und Farben der Frühblüher (im Garten, in Blumenkästen, in Töpfen oder anhand von geschnittenen Pflanzen) beschreiben; – Pflanzenteile am Beispiel der Tulpe (am Original, am Modell, z. B. Puzzleteilen aus buntem Karton an Flanelltafel, an Folienstücken auf Overheadprojektor oder an buntem Kreidebild) bestimmen; – Begriffe (Wortkarten, Folienstreifen) zuordnen; – Funktion der Einzelteile, z. B. der Zwiebel, besprechen. Sollten die Speicherorgane der Frühblüher untersucht werden, ist zu beachten, daß Krokusknollen giftig sind und daß sich die Kinder auch beim Untersuchen von Tulpenzwiebeln anschließend die Hände waschen.

SB 78/79 zeigt die im Frühling blühenden Frühblüher. Sie sind aus den Zwiebeln und Knollen gewachsen, die die Kinder im vorangegangenen Herbst nach der Pflanzanleitung gesteckt haben.
Sie besitzen besondere Speicherorgane, die ihnen ein frühzeitiges und schnelles Wachsen und Blühen im Jahresablauf ermöglichen. Die Vegetationszeit dieser Frühlingsblüher reicht in der Regel vom März bis zum April/Mai, wenn andere Blütenpflanzen mit dem Wachstum gerade beginnen.
Die Pflanzenteile umfassen Wurzeln, Zwiebel, Stengel, Blätter und Blüte. Beim Krokus ist das Speicherorgan als Knolle ausgebildet.
Die Zwiebel, z. B. bei der Tulpe, besteht aus folgenden Teilen: Die Wurzeln sind weiß, dünn und faserig und sitzen kranzförmig an der Zwiebelscheibe. Sie wachsen nach unten und sorgen für die Wasserversorgung. Die Zwiebelscheibe, ein kurzer, gedrungener, harter Stamm, ist die Grundlage der Zwiebel. Dieser Stamm setzt sich fort bis in die Stengel, an dem sich Ansätze von einigen Laubblättern und der Blüte befinden.
Die weißen bis hellgelben Zwiebelschalen umhüllen den Stengel mit Blätter- und Blütenansatz. Sie enthalten die Nährstoffe (Stärke), die die Pflanze zum späteren Wachstum benötigt. Die äußeren Zwiebelhüllen schrumpfen zu dünnen, braunen Schalen zusammen. Sie schützen die Zwiebel vor Austrocknung und Angriffen von Bodentieren. In der Achsel der innersten Zwiebelschale ist die Tochterzwiebel (Ersatzzwiebel) angelegt. Am Ende des Wachstumsprozesses schließlich sind die alten Schalen der Mutterzwiebel zu den trockenen Außenschalen geschrumpft. Die Tochterzwiebel ist die Ersatzzwiebel für die nächstjährige Vegetationsperiode. Dementsprechend ist die Zwiebel, die im Sommer aus der Erde genommen wird, nicht die, aus der die Tulpe im Frühjahr wuchs. In den Achseln anderer Zwiebelschalen bilden sich oft weitere Zwiebeln aus, die Brutzwiebeln. Sie dienen der vegetativen (nicht durch Samen bedingten) Vermehrung der Pflanze.
Das Thema „Frühlingsblüher" wird am besten in den Monaten März, April und Mai behandelt, da die Kinder zu dieser Zeit die Pflanzen in Gärten und Parks sehen können. Die Blumen können kostengünstig als Anschauungs- und Untersuchungsobjekte besorgt werden. Das Treiben von Blumenzwiebeln zur Vorweihnachtszeit entspricht nicht dem natürlichen Pflanzenwachstum und ist für die Durchführung im Klassenraum ungeeignet.

Arbeitshilfen:
Bilder, Bestimmungsbücher, Gartengeräte, Blumentöpfe, Blumenerde, Pflanzen etc.
Filme:
10 8200 Frühlingsblumen
10 9391 Frühlingsblumen
10 0540 Geschützte Frühblüher
10 0669 Zwiebel- und Knollengewächse
32 5070 Maulwurf als Gärtner

Fächerübergreifendes Lernangebot:
- Sprache: Gedicht „Die Tulpe" (SB 78) lesen, Personifizierung als sprachliches Stilmittel kennenlernen.

Lösungen: AB 3: oben – Schneeglöckchen, Krokus; unten – Osterglocke, Hyazinthe, Tulpe.

Was wächst denn da?

Arbeitsblatt 3

Frühlingsblumen

Schreibe zum Buchstaben „N" den richtigen Namen der Blume. Trage beim Buchstaben „F" ein, in welchen Farben die Blume blühen kann. Male sie an!

Tulpe – Schneeglöckchen – Osterglocke – Krokus – Hyazinthe

N:

N:

F:

F:

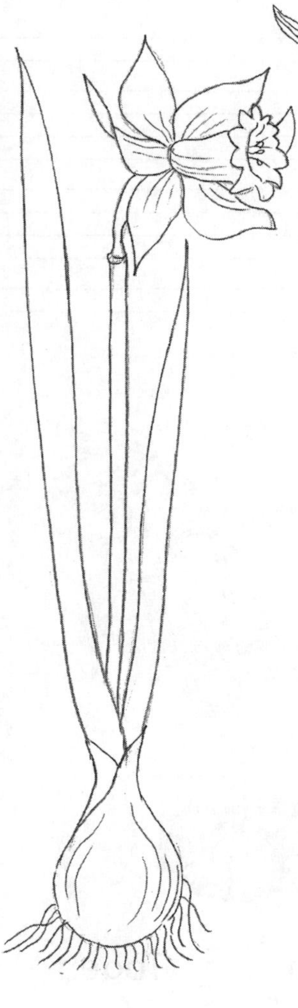

N:

F:

N:

F:

N:

F:

Schlag nach 1/2 — Arbeitsblatt
Bayerischer Schulbuch-Verlag, München

Was wächst denn da? Arbeitsblatt 4

Ich beobachte, wie sich eine Tulpe entwickelt

Pflanze eine Tulpenzwiebel an den Rand eines Glases.
So kannst du genau beobachten, was geschieht.
Trage ein, was du siehst!
Achtung: Vergiß nicht, regelmäßig zu gießen!

Nach ____ Tagen

Nach ____ Tagen

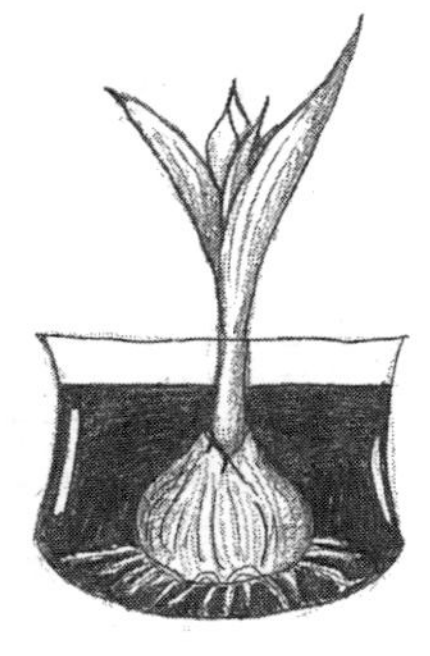

Nach ____ Tagen

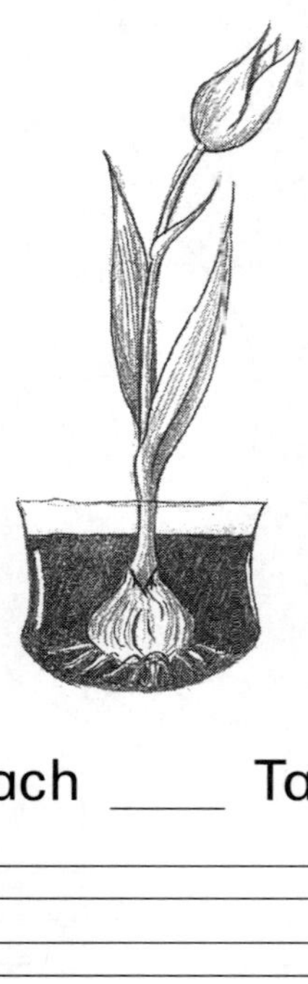

Nach ____ Tagen

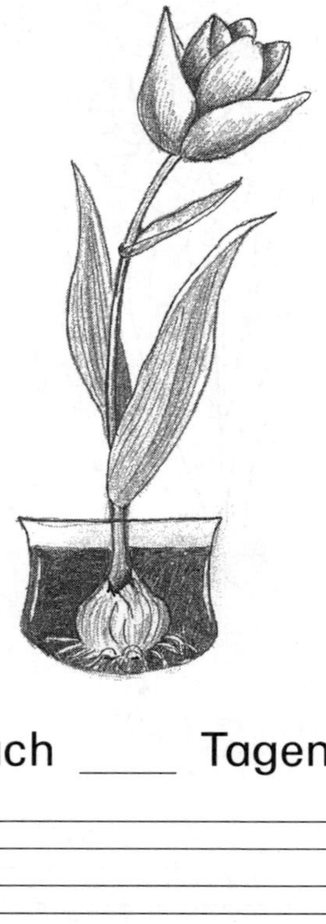

Nach ____ Tagen

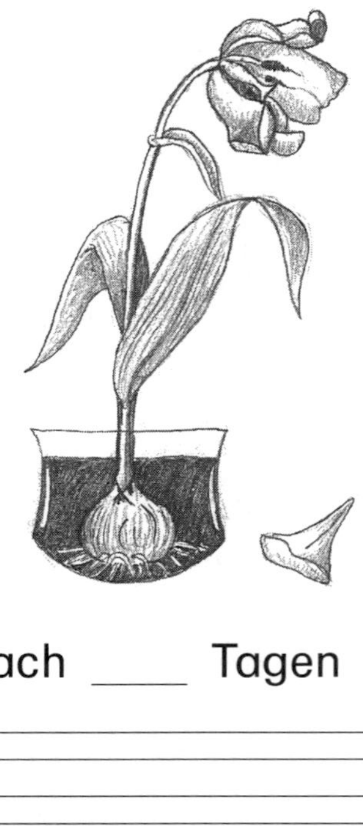

Nach ____ Tagen

Lernziele

- einige Blumen und Gräser, die am Feld- und Wegesrand sowie auf der Wiese gedeihen, am Erscheinungsbild erkennen und beschreiben können;
- Pflanzen in Zusammenhang mit ihrem Standort und ihren Lebensbedingungen sehen;
- den methodischen Umgang mit Informationsmedien über Pflanzen erlernen.

Umsetzung/Handlungsmöglichkeiten

Blumen und Gräser am Wege SB 80-81 Klasse 2	– Unterrichtsgang zu Wiesen, Feld- und Wegesrändern; – Feld- und Wiesenblumen betrachten und beschreiben; – Arten mit Bestimmungsbüchern bzw. SB 80-81 benennen; – einzelne Exemplare pflücken (auf geschützte Arten achten!) und im Klassenraum ausstellen (Pressen, Trocknen, Anlegen eines Herbariums); – zwei Wiesenblumen untersuchen und vergleichen (dazu AB 7); – Wiesenblume, z. B. Löwenzahn untersuchen: Blüten im Körbchen auszählen, Stengel untersuchen (Querschnitt hohl, Milchausfluß), Pfahlwurzel untersuchen, Blätter beschreiben (flach bei niedrigem Rasen, hochstehend bei hoher Wiese), Blütenkranz oder Band flechten, Salat zubereiten (AB 8).

Die Beschaffenheit von Pflanzengesellschaften auf Wiesen und am Wegesrand wird wesentlich von den klimatischen Bedingungen und der Bodenbeschaffenheit bestimmt. Dabei eifern benachbarte Pflanzen um die günstigsten Lebensbedingungen. So kann es vorkommen, daß eine Blume, die besser zur Sonne steht, ihre Nachbarblume verschattet.
Die Vermehrung einer Pflanze hängt u. a. davon ab, wie weit sich die Samen ausbreiten können (z. B. beim Windwanderer Löwenzahn). Die urwüchsigen Pflanzengesellschaften am Wegesrand, auf Wiesen und Weiden werden häufig durch Grünfutternutzung und Weidebetrieb in ihrem Bestand vermindert. Hier setzen sich die Pflanzen durch, die rasch wieder nachwachsen können. Die in früheren Jahren oft praktizierte Vernichtung von sogenanntem Unkraut am Wegesrand, Bahndamm und Feldrain mit Pestiziden führte dazu, daß einige Arten fast ganz verschwanden. Nach heutigem Umweltbewußtsein hat man die Bedeutung der natürlichen Lebensgemeinschaften, z. B. zwischen Pflanzen und Kleintierwelt, für die Ökologie erkannt. Naturschutzverbände fordern und fördern die natürliche Gartengestaltung, die Aussaat von Wildblumensamen, die Rekultivierung von Feld- und Ackerrainen etc. Klatschmohn und Kornblumen sind an Feldrainen und Ackerrändern ebenso wieder anzutreffen wie die Wegwarte am Wegesrand.

SB 80-81 zeigt eine Auswahl häufig auftretender Pflanzen, die den meisten Kindern bekannt sind. Dazu sind die Standorte Wegesrand, Wiese, Trockenmauer und Bahndamm abgebildet. Auf eine Systematik, z. B. in der Unterscheidung von frühblühenden Wiesenblumen gegenüber dem Bestand einer Sommerwiese, wurde verzichtet. Die Kinder sollen die Vielfalt von Blumen und Gräsern in ihrer Umgebung zunächst emotional erleben und mit Hilfe der Einzelfotos die wichtigsten Vertreter beschreiben und identifizieren können. Dazu können AB 5 und 6 eingesetzt werden.
Die Margerite, auch Wucherblume (Chrysanthemum leucanthem) genannt, ähnelt im Aussehen dem Gänseblümchen. Sie wächst allerdings höher und trägt größere Blütenstände.
Der Spitzwegerich (Plantago lanceolata) gehört wie der Mittlere Wegerich (Plantago media) zu den Wegerichgewächsen. Er hat spitze, schmale Blätter gegenüber den ovalen des Mittleren Wegerich. Die Blüten bilden eine längliche Ähre.
Die Gemeine Wegwarte oder Zichorie (Cichorium intybus) fällt durch ihre hellblauen Blüten auf. Sie wächst an wasserarmen Wegrändern. Früher wurde aus den Wurzeln ein „Kaffee-Ersatz” gebrannt.
Im Frühjahr blüht auf nassen Wiesen das Wiesenschaumkraut (Cardamine pratensis) mit seinen lilafarbenen Blütentrauben. Es gehört zur Familie der Kreuzblütler. Sein Name bezieht sich auf die Schaumklümpchen am Stengel, in denen sich die Larve der Schaumzirpe versteckt hält.
Das Gänseblümchen oder Maßliebchen (Bellis perennis) gehört zur Familie der Korbblütler. Die Kinder finden es in großer Zahl in ihrer Umgebung: auf Wiesen, heimischen Rasenflächen, in Parks, am Wegesrand. Das Gänseblümchen blüht fast das ganze Jahr hindurch, abends oder bei feuchtem Wetter schließen sich die Blütenkörbchen.
Ebenfalls zu den Korbblütlern zählt der Löwenzahn (Taraxacum officinale), der regional auch Butterblume,

Kettenblume, Ringelblume, Pusteblume, Kuhblume etc. heißen kann. Der Löwenzahn ist bei den Kindern sehr beliebt, er wächst in großer Anzahl auf Wiesen, Gras- und Rasenflächen. Der hohle Stengel und die großen gezähnten Blätter enthalten einen weißen Milchsaft. Zum Vergleich von Löwenzahn und Wiesenschaumkraut kann AB 7 bearbeitet werden. Zur Untersuchung des Löwenzahns ist AB 8 einzusetzen, dazu paßt AB 9.

Die Wiesenglockenblume (Campanula patula) gehört zu den Glockenblumengewächsen. Sie hat rotblaue bis blauviolette, glockenförmige Blüten, die bei schönem Wetter aufrecht stehen.

Der Klatschmohn (Papaver rhoeas) ist ein Mohngewächs und übersät mit seinen leuchtendroten Blüten oft ganze Felder und Wegränder.

Die wichtigste Futterpflanze ist der Wiesenklee (Trifolium pratense) aus der Familie der Schmetterlingsblütler. Die roten, duftenden Blütenköpfchen sind verhältnismäßig klein. Der Weißklee findet sich auch auf Gras- und Rasenflächen. Wegen des Nektarreichtums werden die duftenden Blüten von Bienen aufgesucht. Die Kleeblätter sind in der Regel dreizählig.

Der (Scharfe) Hahnenfuß (Ranunculus acer) übersät im Frühjahr die Wiese mit Tausenden leuchtendgelber, fettig glänzender Blüten. Bei Dunkelheit schließen sie sich fast ganz. Die Blätter sind geteilt und erinnern in ihrer Form an einen Vogelfuß. Wegen ihres scharfen, giftigen Inhaltsstoffes wird die Pflanze nicht von Tieren gefressen.

Arbeitshilfen:
Blumen und Gräser von der Wiese, vom Wegesrand etc., Bestimmungsbücher

Filme:

10 2455 Die Wiese im Jahreslauf
10 2457 Die Wiese - Pflanzen der Wiese
10 2805 Kreuzblütler - Wildpflanzen
10 2806 Kreuzblütler - Kulturpflanzen

AB 5: 1 Löwenzahn, 2 Wiesenglockenblume, 3 Margerite, 4 Hahnenfuß, 5 Wiesenschaumkraut, 6 Wiesenklee.

AB 6: Hahnenfuß, Margerite, Klatschmohn, Spitzwegerich, Wiesenschaumkraut, Wiesenklee.

AB 7:

Löwenzahn		Wiesenschaumkraut
Blütenkorb	Blüte	viele Blüten
gezahnt	Blätter	gesägt
Pfahlwurzel	Wurzel	verzweigt

Was wächst denn da?

Arbeitsblatt 5

Ein bunter Blumenstrauß

Wie heißen die Blumen, die du in diesem bunten Blumenstrauß finden kannst? Trage die richtigen Nummern ein. Male die Blumen an!

◯ Hahnenfuß	◯ Wiesenklee
◯ Margerite	◯ Wiesenschaumkraut
◯ Wiesenglockenblume	◯ Löwenzahn

Was wächst denn da?

Arbeitsblatt 6

Blumenpuzzle

1. Klebe die Seiten 133 und 134 auf einen dünnen Karton.
   Schneide die Bilder aus.
   Jetzt kannst du das Puzzle zusammensetzen!
2. Erkennst du die verschiedenen Blumen? Schreibe die Namen auf.

3. Beobachte deine Umgebung auf dem Schulgelände und auf dem Schulweg. Welche dieser Blumen wachsen dort?
   Schreibe ihre Namen und den Ort, wo sie wachsen, auf!

Name der Blume: Standort:

Was wächst denn da?

Blumenpuzzle

Ausschneidebogen
zu Arbeitsblatt 6

Was wächst denn da?

Blumenpuzzle

Ausschneidebogen zu Arbeitsblatt 6

Schlag nach 1/2 — Arbeitsblatt
Bayerischer Schulbuch-Verlag, München

Was wächst denn da?

Arbeitsblatt 7

Wir vergleichen Blumen

Trage die Bezeichnungen Blüte, Blätter, Stengel und Wurzel ein.
Verbinde die Begriffe mit den passenden Pflanzenteilen.

Löwenzahn

Wiesenschaumkraut

Wie unterscheiden sich Löwenzahn und Wiesenschaumkraut?
Ordne die Begriffe richtig zu!

Blütenkorb – viele Blüten – Blätter gezähnt – Blätter gesägt – Pfahlwurzel – Wurzel verzweigt

Blüte

Blätter

Wurzel

Was wächst denn da?

Arbeitsblatt 8

Wir untersuchen einen Löwenzahn

Untersuche einen Löwenzahn.
Schreibe auf, was du beobachten kannst!

1. Zähle einen Teil der Blüten.
Wie viele sind es?

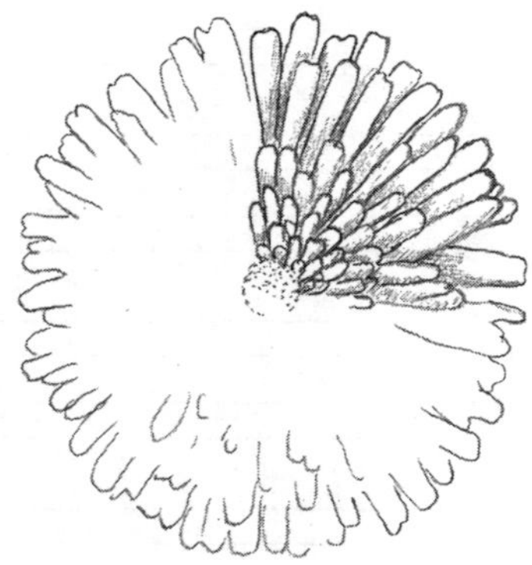

2. Schneide eine Blüte vorsichtig durch. Schreibe auf oder zeichne, was du sehen kannst.

3. Schneide einen Stiel durch. Was geschieht?

4. Zeichne die Wurzel.

5. Schreibe auf, wo du Löwenzahn findest. Sieht er überall gleich aus?

Hast du gewußt, daß man die jungen Löwenzahnblätter auch essen kann? Mit Essig und Öl oder Joghurt und Zwiebeln kannst du einen leckeren Salat zubereiten.

Schlag nach 1/2 — Arbeitsblatt
Bayerischer Schulbuch-Verlag, München

Was wächst denn da?

Arbeitsblatt 9

Der Löwenzahn hat viele Namen

Ordne zu. Schreibe die Namen auf.

blume

blume

blume

blume

blume

Lernziele

– die Lebensbedingungen von ausgewählten Zimmerpflanzen kennen und bei der Versorgung beachten;
– einige Zimmerpflanzen durch Stecklinge und Ableger vermehren.

Umsetzung/Handlungsmöglichkeiten

Komm mit ans Blumenfenster! – Wir pflanzen und pflegen Zimmerpflanzen SB 82-83 Klasse 2	– Zimmerpflanzen in die Klasse mitbringen; – Erscheinungsformen beschreiben; – Arten mit Bestimmungsbüchern bzw. SB 82-83 benennen; – sich über Standortbedingungen und Pflege mit Hilfe von Pflegeanleitungen aus der Gärtnerei und SB 82-83 informieren; – Pflegeplan entsprechend SB 83 und AB 11 erstellen; – Pflanze durch Ableger und durch Stecklinge vermehren (dazu AB 12); – größere Pflanzen teilen und umtopfen.

Bei der Pflege von Zimmerpflanzen sind stets die unterschiedlichen Ansprüche der Pflanzen bezüglich Wasserversorgung, Lichtverhältnisse und Düngung zu beachten (AB 10). Die Temperaturen sollten möglichst gleichbleibend sein. Kakteen benötigen zur Blütenbildung eine Ruhezeit. Wird beim Wachstum der Pflanze der Topf zu klein, kann im Frühjahr vor der Wachstumsperiode umgetopft werden.
Die Illustration auf SB 82-83 zeigt, wie Kinder ihren Klassenraum durch Zimmerpflanzen verschönern: Sie topfen Pflanzen um, vermehren sie und pflegen sie nach einem selbsterstellten Plan (AB 11).
Ausgewählt wurden Zimmerpflanzen, die in der Pflege relativ anspruchslos sind und gut im Klassenraum gehalten werden können. Eine Kurzpflegeanleitung (ähnlich, wie man sie von Blumengeschäften oder Gärtnereien bekommen kann) findet sich bei den abgebildeten Pflanzen.
Viele Zimmerpflanzen lassen sich leicht vermehren. Neben der geschlechtlichen Fortpflanzung durch Aussaat von Samen spielt dabei die ungeschlechtliche Vermehrung eine große Rolle. Die Vermehrung durch Zwiebeln und Knollen wurde schon bei den Frühblühern angesprochen. Hier sollen die Kinder Pflanzen durch Ausläufer und durch Stecklinge vermehren. Als Anleitung dient AB 12.
Die Grünlilie bildet während der Wachstumsperiode lange, rankenförmige Blütentriebe mit kleinen, unscheinbaren, weißen Blüten. An den Ranken bilden sich kleine Pflänzchen (Ableger), die von der Mutterpflanze abgetrennt werden können. Zur Wurzelbildung können die Tochterpflanzen einige Zeit in Wasser gestellt oder auch direkt eingetopft werden.
Die Buntnessel läßt sich leicht durch Stengelstecklinge vermehren. Dazu schneiden die Kinder eine Triebspitze kurz unter einer Blattachse ab, entfernen die Blätter des unteren Knotens, stecken den Steckling in ein Sand-Torf-Gemisch und besprühen ihn mit Wasser. Um das Wurzelziehen zu fördern, stülpt man am besten ein Einmachglas oder eine durchsichtige Plastiktüte für etwa zwei Wochen darüber.
Die Vermehrung durch Blattstecklinge (Usambaraveilchen) erfolgt ähnlich. Ältere Pflanzen wie Farne oder Bogenhanf (Sansevieria) lassen sich durch Teilen vermehren.

Arbeitshilfen:
Gartengeräte, Blumentöpfe, Blumenerde, Gießkanne, Blumendünger etc.

Film:
10 8204 Blumen in Haus und Garten

Fächerübergreifender Aspekt:
- Sprache: Vorgangsbeschreibung des Umtopfens und Vermehrens von Pflanzen;
- Werken: AB 13 mit Geschenkideen zum Muttertag und anderen Gelegenheiten.

Was wächst denn da?

Arbeitsblatt 10

Was Pflanzen zum Leben brauchen

So kannst du herausfinden, was Pflanzen zum Leben brauchen.
Schreibe auf, was du beobachtest.

Stelle zwei gleiche Pflanzen an einen hellen Ort.
Gieße eine Pflanze regelmäßig, die andere bekommt kein Wasser!
Sieh eine Woche lang jeden Tag nach.
Was passiert?

Nimm zwei Ableger einer Pflanze.
Stelle einen Ableger in ein Glas mit Wasser und den zweiten Ableger in ein Einmachglas mit Wasser.
Verschließe das Einmachglas luftdicht.
Beobachte eine Woche lang!

Stelle zwei gleiche Pflanzen an einen hellen Ort, und gieße sie regelmäßig.
Dünge eine Pflanze nach Vorschrift.
Die zweite Pflanze bekommt keinen Dünger.
Beobachte über einen längeren Zeitraum!

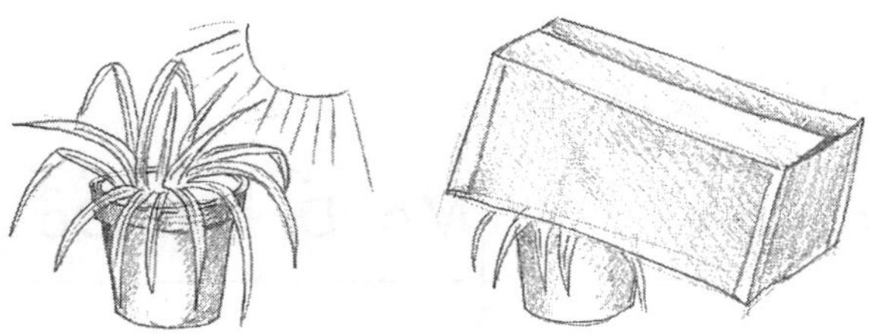

Nimm zwei gleiche Pflanzen, und gieße sie regelmäßig.
Stelle eine Pflanze an einen hellen Ort und die andere Pflanze unter einen Karton.
Sieh eine Woche lang jeden Tag nach!

Pflanzen brauchen zum Leben:

Was wächst denn da?

Arbeitsblatt 11

Ein Pflegeplan für deine Zimmerpflanzen

1. Finde heraus, wie du deine Zimmerpflanzen pflegen mußt. Die Schülerbuchseiten 82 und 83 helfen dir dabei.

2. Erstelle einen Pflegeplan für deine Pflanzen. Benutze dabei diese Zeichen:

 = Sonne  = Halbschatten  = Schatten  = Gießen

 = Sprühen  = Düngen

Beispiel:

Pflanze	Stand-ort	Mo	Di	Mi	Do	Fr	Sa	So	Mo	Di	Mi	Do	Fr	Sa
Becher-primel									 					
Fleißiges Lieschen														

Dein Pflegeplan:

Pflanze	Stand-ort	Mo	Di	Mi	Do	Fr	Sa	So	Mo	Di	Mi	Do	Fr	Sa

Schlag nach 1/2 — Arbeitsblatt
Bayerischer Schulbuch-Verlag, München

Was wächst denn da? — Arbeitsblatt 12

Wir vermehren Pflanzen

Wenn du eine neue Pflanze ziehen möchtest, mußt du nicht immer Samen kaufen. Viele Pflanzen vermehren sich durch Ausläufer. Andere Pflanzen kannst du durch Stecklinge vermehren.

Ausläufer

Wir vermehren durch Ausläufer

Du brauchst dazu:

- eine Grünlilie
- eine Schere
- ein Glas mit Wasser
- einen Blumentopf
- Blumenerde

Schneide einen Ausläufer ab.

Stelle ihn in ein Glas mit Wasser.

Warte, bis sich Wurzeln bilden.

Pflanze den Ausläufer in einen Topf mit Blumenerde.

Wir vermehren durch Stecklinge

Diese Pflanzen kannst du durch Stecklinge vermehren: Buntnessel, Purpurblatt, Geldbaum, Ampelkraut, Zypergras

Steckling

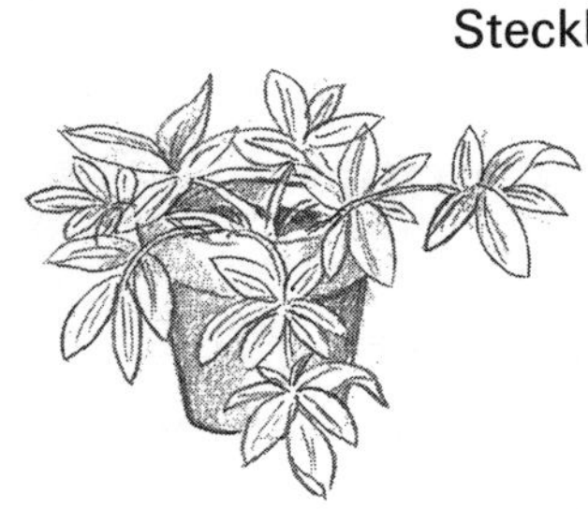

Du brauchst dazu:

- eine dieser Pflanzen
- eine Schere
- ein Glas mit Wasser
- einen Blumentopf
- Blumenerde

Schneide einen kleinen Zweig unterhalb eines Blattes ab.

Entferne das unterste Blatt. Stelle den Zweig in ein Glas mit Wasser.

Warte, bis sich Wurzeln bilden.

Pflanze den Steckling in einen Topf mit Blumenerde.

Was wächst denn da?

Blumen zum Muttertag

Arbeitsblatt 13

Blumen-Lesezeichen

Du brauchst dazu:

- farbigen Karton
- Glanzpapier
- eine Schere
- einen Bleistift
- eine Kordel

1. Lesezeichen auf den Karton zeichnen und ausschneiden.
2. Stengel, Blätter und Blüte auf Glanzpapier zeichnen.
3. Blumenteile ausschneiden.
4. Blume auf das Lesezeichen kleben.
5. Kleines Loch ins obere Ende des Lesezeichens schneiden und die Kordel durchziehen.

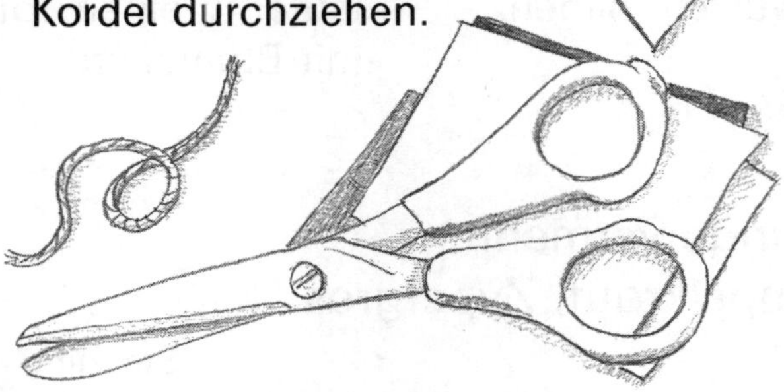

Blumenbilder

Du brauchst dazu:

- verschiedene Körner, Kerne, Samen und Schalen (zum Beispiel Maiskörner, Pfefferkörner, Kürbiskerne, Sonnenblumenkerne, Mohn, Sesam, Linsen, halbe Erbsen, Gewürznelken)
- farbigen Karton
- einen Bleistift
- Klebstoff

1. Blume auf den Karton zeichnen.
2. Blume mit den Körnern, Kernen, Samen und Schalen bekleben.

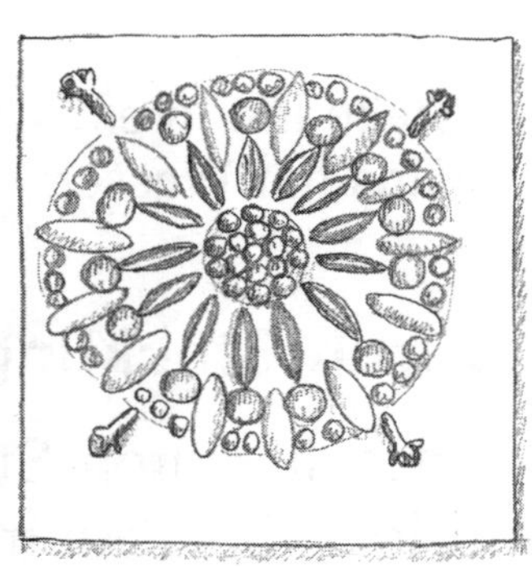

Blumentöpfe

Du brauchst dazu:

- einen Blumentopf
- Farbe
- Klarlack
- Pinsel (dicke und dünne)

1. Blumentopf bemalen.
2. Farbe gut trocknen lassen.
3. Blumentopf mit Lack überziehen.

In die Blumentöpfe kannst du Stecklinge oder Ableger pflanzen.

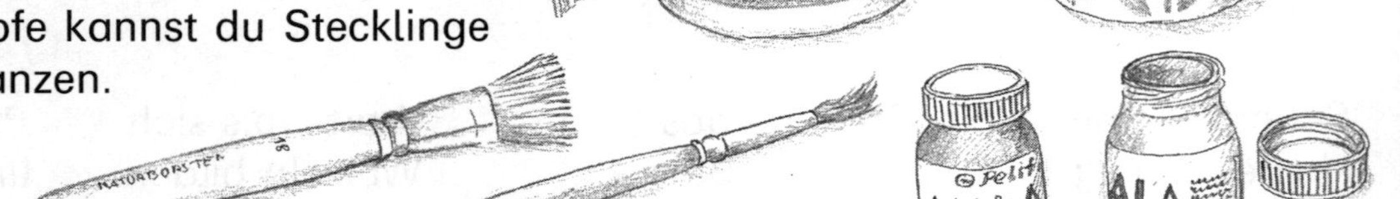

Schlag nach 1/2 — Arbeitsblatt
Bayerischer Schulbuch-Verlag, München

Fachwissenschaftliche Aspekte des Themas	Sozio-kulturelle Aspekte des Themas	Subjektive Zugänge der Kinder zum Thema
Tiere sind ein Teil der belebten Natur.	Verschiedene Medien berichten über Tiere, z. B. Bilder, Texte, Fotos, Dias, Filme.	Die Kinder nennen bekannte Tiere.
Tiere trifft man in natürlichen Umgebungen an: Land, Wasser, Luft, Erde etc.	Diese Medien werden zu bestimmten Zwecken hergestellt.	Sie erzählen von Erlebnissen mit Tieren.
Man unterscheidet Biotope wie Gewässer, Wald, Feld, Wiese mit bestimmten Lebensgemeinschaften.	Die Medien können an verschiedenen Orten gefunden und/oder erworben werden: Bücherei: Bücher, Zeitschriften Kiosk: Tierzeitschriften Tierhandlung: Prospekte etc.	Sie nennen Orte, an denen man Tieren begegnet: Haus, Garten, Teich, Park, Wald, Bauernhof, Zoo.
Tiere lassen sich nach bestimmten Kriterien in Gruppen einteilen: Vögel, Säugetiere, Fische etc.	Auskünfte über Tiere lassen sich auch von Personen einholen wie Tierhalter, Tierzüchter, Tierpfleger, Tierarzt.	Die Kinder beschreiben das Aussehen von Tieren.
An Tieren können verschiedene Dinge beobachtet, untersucht und verglichen werden, z. B. Körperbau, Größe, Fähigkeiten.	Es gibt Spiele über Tiere.	Sie führen pantomimisch vor, wie Tiere sich bewegen und welche Laute sie von sich geben.
An Tieren lassen sich arttypische Verhaltensweisen unterscheiden.	Erzählungen, Fabeln, Gedichte und Lieder handeln von Tieren.	Sie machen sich klar, wann und warum man Angst vor Tieren hat.
Tiere haben eine bestimmte Körperbedeckung.	Tieren werden Eigenschaften zugeschrieben wie der „böse Wolf", die „dumme Gans", das „schmutzige Schwein".	Die Kinder berichten, wie man sich fremden Tieren nähert.
Tiere ernähren sich unterschiedlich und haben spezifische Körperteile zur Nahrungsaufnahme.	Tiere kann man in Tierhandlungen, Tierheimen oder bei einem Tierzüchter erwerben.	Sie erzählen von Heimtieren.
Tiere stehen in Beziehung zu anderen Tieren und Pflanzen in ihrem Lebensraum.	Gesetze regeln den Umgang mit Tieren.	Sie werden auf Tierquälerei aufmerksam gemacht.
Tiere werden zum Nutzen des Menschen gezüchtet.	Bestimmte Einrichtungen beschäftigen sich mit der Pflege und der Gesunderhaltung der Tiere: Tierarzt, Tierklinik, Tierschutzverein, Förster.	Sie stellen fest, daß Tiere den Schulhof/die Schulumgebung verunreinigen.
Tiere müssen artgerecht, d. h., den natürlichen Lebensbedingungen angepaßt, untergebracht werden.	Einrichtungen wie Tiergeschäft, Zoo, Wildgehege, Reitverein, Labor (Tierversuche) halten Tiere zu bestimmten Zwecken.	Die Kinder rufen Erfahrungen mit Krankheiten ab.
Tiere können krank werden (Würmer, Hautkrankheiten).	Verschiedene Interessen führen zur Haltung von Tieren: Sport, wirtschaftliche Erwägungen, Jagd, Erhaltung der vom Aussterben bedrohten Arten, Tier als Spielgefährte.	Sie berichten, wie man sich vor Krankheiten im Umgang mit Tieren schützen kann (Impfungen, Vorsichtsmaßnahmen).
Tiere können krank machen (Allergien).	Tiere werden aus wirtschaftlichen Interessen unterschiedlich gehalten: natürliche Haltung – Massentierhaltung.	
Mit fachwissenschaftlichen Verfahren lassen sich Tiere genauer untersuchen.	Schilder in der Lebensumwelt weisen auf Tiere hin (Verkehr, Park).	

Wo Tiere leben

Schülerbuch Seite **84-85**

Lernziele

- die abgebildeten Tiere benennen können;
- motiviert werden, über eigene Erfahrungen und Erlebnisse mit Tieren zu berichten;
- natürliche und vom Menschen gestaltete Lebensräume von Tieren unterscheiden (Haus/Heim, Bauernhof, Zoo, Wildpark, freie Natur);
- Tiere diesen Lebensräumen zuordnen.

Umsetzung/Handlungsmöglichkeiten

Wo Tiere leben SB 84-85 Klasse 1	– Tierbeobachtungen in der Schule, auf dem Schulhof; – Unterrichtsgänge in die Schulumgebung, in Parks, auf den Bauernhof; – Aussehen, Größe, Verhalten vergleichen, Tiere malen, beschreiben, fotografieren; Kennkarten von Tieren anfertigen für Tierbuch; – Informationen in Collagen/Ausstellungen zusammentragen;
AB 3, 4, Klasse 2	– Besuch eines Bauernhofs, Ausstellung mit Produkten von Tieren.

SB 84-85 ist als eine Unterrichtseinheit zu verstehen, die sich, nach der ganzheitlich-analytischen Methode aufgebaut, über mehrere Unterrichtsstunden erstrecken kann.

Ganzheit erleben:
freie Beschäftigung und Austausch innerhalb der Schülergruppen über die Seiten 84-85; anderen Kindern eigene Erlebnisse mit Tieren berichten; evtl. AB gestalten, auf dem die Kinder ein Tier malen und entsprechend ihrer Schreibfähigkeit über Erlebnisse berichten.

Ganzheit in Elemente zerlegen:
Die Kinder berichten darüber, an welchen Orten ihnen Tiere begegnet sind. Diese Lebensräume werden als Tafelanschrift oder als Darstellungen auf der Kopfleiste von Plakaten fixiert. Die Kinder ordnen die im Schülerbuch abgebildeten Tiere zu.

Arbeit an den Elementen:
Die Kinder schlagen bei Bedarf in Kinderbüchern nach und stellen ihre Lösungen vor, die im gemeinsamen Gespräch geklärt werden. Als Haustiere gelten dabei solche, die im Unterschied zu den Wildtieren vom Menschen gezüchtet werden, überwiegend zum wirtschaftlichen Nutzen. Als Heimtiere gelten solche, die aus Liebhaberei gehalten werden (vgl. dazu auch SB 90-91; Einsatz AB 1, 2). Überschneidungen können sich ergeben, z. B. beim Hund.

Synthese einer geordneten Ganzheit:
Die Tafelanschrift wird durch entsprechende Tiernamen ergänzt, bzw. die Kinder stellen mit den Plakaten und ausgeschnittenen Bildern Collagen her, die an die Pinnwand geheftet werden.

Ich mag Tiere

Arbeitsblatt 1

Wo Tiere leben

Tiere leben an vielen Orten:
Bauernhof – Zoo – Wildpark – Heim – freie Natur

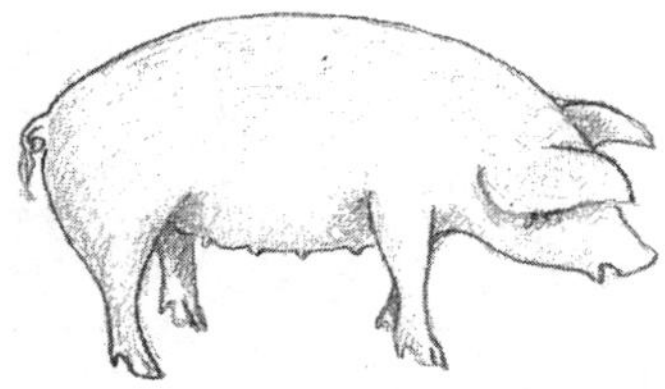

Ich mag Tiere Arbeitsblatt 2

Tiere vergleichen

Tiere unterscheiden sich darin:
- wie sie aussehen (Fell, Federn, Schuppen),
- wie sie sich bewegen (fliegen, laufen, schwimmen),
- womit sie sich bewegen (Flossen, Flügel, Beine),
- wo sie leben (Wasser, Land, Luft).

Ordne richtig zu. Verwende dazu verschiedenfarbige Pfeile!

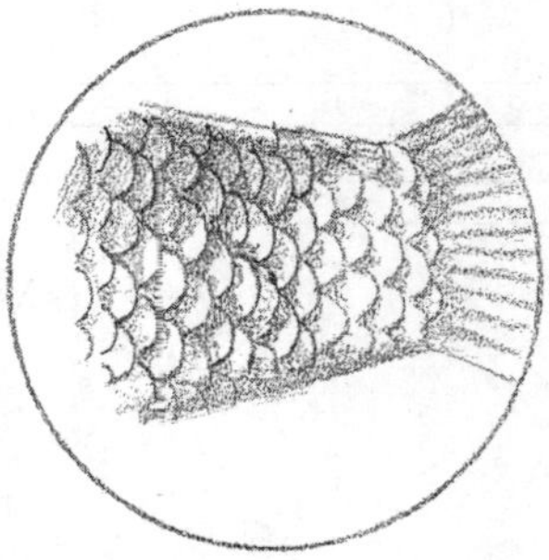

Schuppen

Hund

Flossen

Fell

Vogel

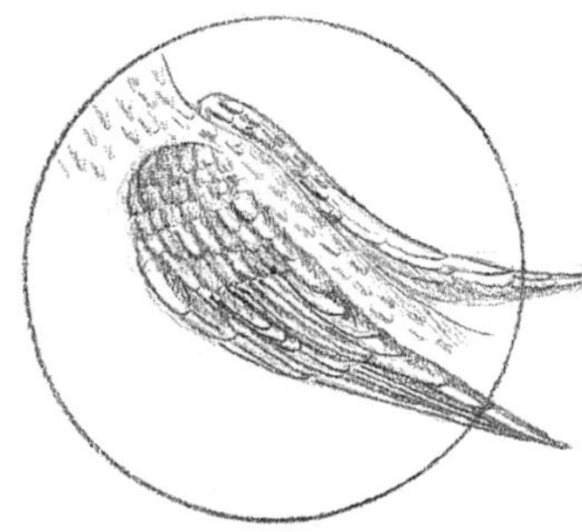

Flügel

Federn

Fisch

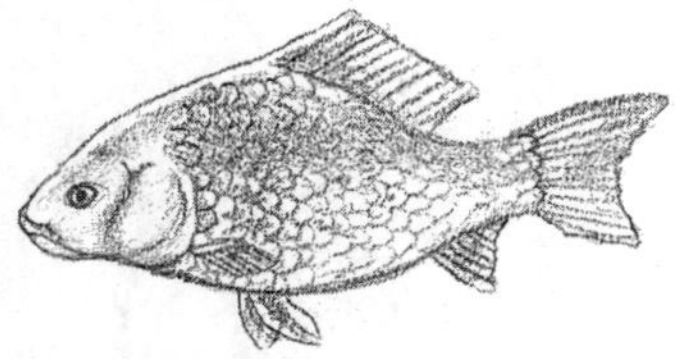

Beine

Wasser

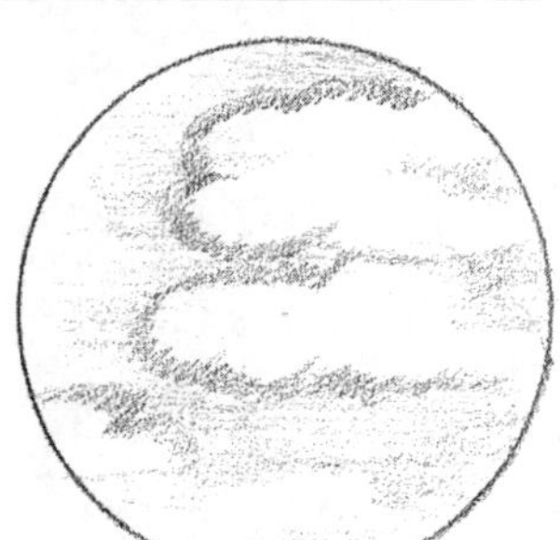

Luft

Land

Schlag nach 1/2 — Arbeitsblatt
Bayerischer Schulbuch-Verlag, München

UE: Welchen Nutzen haben wir von den Tieren? AB 3

Lernziel
Die Kinder sollen die wirtschaftliche Nutzung von Tieren kennenlernen.

Ganzheit vorstellen:
Film vorführen oder Tiere vom Bauernhof auf SB 84/85 benennen lassen; die Kinder berichten über Erfahrungen; Gespräch darüber, warum der Bauer sich Tiere hält.

Ganzheit in Elemente zerlegen:
Produkte von Tieren ausstellen und benennen; die Kinder finden durch Sortieren nach selbstgewählten Kriterien eine Ordnung; die Kinder stellen Tiere vor, von denen die Produkte stammen.

Arbeit an den Elementen:
Die Kinder suchen in arbeitsteiliger Gruppenarbeit Tiere aus und erkunden mittels Tierbüchern, wozu die Tiere genutzt werden. Die Ergebnisse werden zusammengetragen und gemeinsam kontrolliert. Hier kann auf die Problematik der Massentierhaltung mittels entsprechender Medien eingegangen werden.

Synthese: Die Kinder füllen AB 3 aus.

Stadtkindern ist das Schlachten von Tieren aus wirtschaftlichen Gründen vielfach fremd und muß mit Vorsicht behandelt werden. Bei der Besprechung der Gründe für Massentierhaltung sollte der Zusammenhang mit dem hohen Nahrungsbedarf der Menschen hergestellt werden. Dabei muß auf die Notwendigkeit artgerechter Tierhaltung eingegangen werden.

UE: So wurde aus einem Wildschwein ein Hausschwein (AB 4)

Lernziele
- im Vergleich Unterschiede in der äußeren Erscheinung beider Tiere benennen können;
- die unterschiedlichen Lebensbedingungen beschreiben können;
- aus dem Vergleich der Lebensbedingungen heraus verstehen, warum die Tiere verschiedene Körpermerkmale besitzen;
- Gründe und Vorgang der Züchtung kennenlernen.

Darstellung beider Ganzheiten:
Die Kinder werden (z. B. über Folie) mit Haus/Wildschwein konfrontiert; die Kinder üben genaues Betrachten und Beschreiben als Arbeitsform ein.

Analyse der Ganzheiten:
Die benannten Merkmale werden in einer Tabelle gegenübergestellt.

Wildschein	Hausschwein
Quastenschwanz dunkles Borstenfell kräftige Eckzähne aufrechte Ohren längere Beine schmaler Körper	Ringelschwanz fast nackt (dünne Borsten) kurze, bzw. keine Eckzähne Schlappohren kürzere Beine dickere Fettpolster
einmal im Jahr 5-6 Frischlinge	zweimal im Jahr 6-12 Junge
kann fast 20 Jahre alt werden	wird nach 1-2 Jahren geschlachtet

Strukturerfahrung:
Die Lebensbedingungen beider Tiere werden ermittelt durch die Vorerfahrungen der Kinder, Befragung eines Fachmannes, z. B. beim Besuch des Bauernhofs.

Strukturvergleich:
Die Kinder setzen die Körpermerkmale beider Tiere zu ihren Lebensbedingungen in Beziehung, z. B.: dunkle Borsten – Tarnfarbe; Fell – Wärmeschutz; Eckzähne = Stoßzähne – Verteidigung; längere Beine - Laufen im Wald; aufrechte Ohren – Feinde hören.

Beurteilung:
Die Kinder erfahren grundlegende Aspekte über die Zucht von Tieren. Der Text auf dem AB kann durch zusätzliche Medien zur Massentierhaltung (vgl. UE „Welchen Nutzen haben wir von den Tieren?") erweitert werden. Die Kinder sollen ansatzweise befähigt werden, diese Nutzung von Tieren kritisch einzuschätzen.

Arbeitshilfen:
Tierbücher (z. B. Ravensburger Taschenbücher: Tiere im Zoo, Bd. 538; Leben im Wald, Bd. 624, Tiere in der Stadt, Bd. 45); Tierlexika, Bilder etc. von Tieren in natürlicher Lebensweise und in Massentierhaltung.
Ursula Lauster: Meine Tierwelt. Reutlingen 1980. (Enthält Tiermonographien von über 100 Tieren aller Arten).
Grundschule 5/80, S. 227. Praxis Grundschule. 2, 80.
Schulfunkserie: Haustiere und ihre wilden Verwandten (Pferde in Steppe und Stall), Begleitmaterial dazu in der Zeitschrift: Praxis Schulfernsehen 1115/86.

Filme/Lichtbilder:
10 02681 Zootiere
32 00700 Tiere auf dem Bauernhof
32 00622 Auf einem Hühnerhof
32 03747 In einer Brüterei

Fächerübergreifendes Lernangebot:
- Sprache: Tierlexikon herstellen (Praxis GS 3/81); Tiere nach dem ABC schreiben; Tiernamen und ihre Eigenschaften nennen; Einzahl-Mehrzahl bilden.
- Freie Arbeit: Tiere im Garten, im Wald usw. beobachten, benennen, entsprechende Collagen anfertigen.

Ich mag Tiere

Arbeitsblatt 3

Welchen Nutzen haben wir von den Haustieren?

Schneide die Bilder von Seite 149 aus.
Ordne sie den Tieren zu, und klebe sie ein! Finde weitere Beispiele.

Schlag nach 1/2 — Arbeitsblatt
Bayerischer Schulbuch-Verlag, München

Ich mag Tiere Ausschneidebogen

Welchen Nutzen haben wir von den Haustieren? zu Arbeitsblatt 3

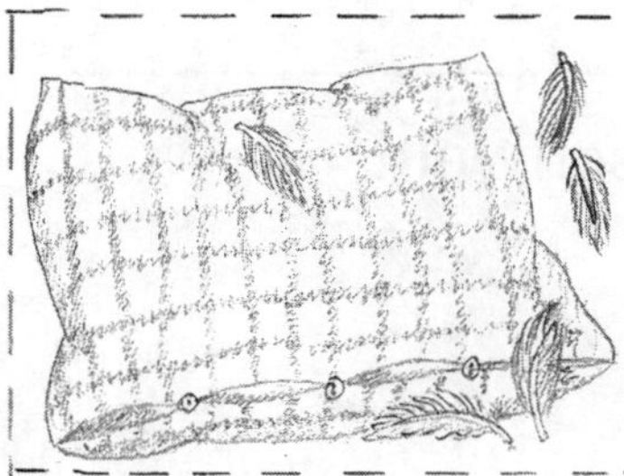

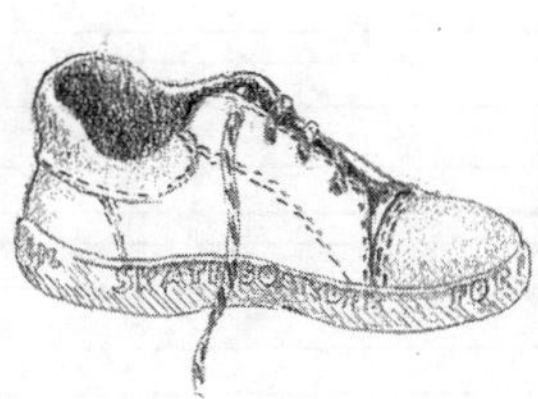

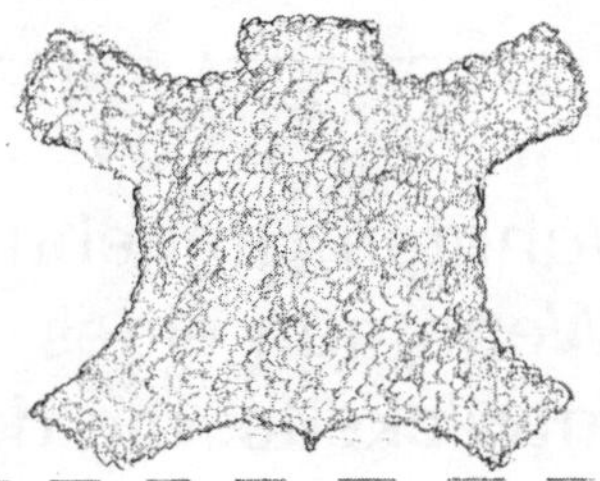

Ich mag Tiere

Arbeitsblatt 4

Vom Wildschwein zum Hausschwein

Wir vergleichen:

Wildschwein

Hausschwein

Nutztier

Warum hat man das Schwein so verändert?
Das Hausschwein lebt im Stall.
Dort braucht es

- keine großen Stoßzähne, weil ...
- keine langen Beine, weil ...
- kein dichtes Fell, weil ...
- keine aufrechten Ohren, weil ...

So wurden aus wilden Tieren Haustiere!
Zuerst ließ man die wilden Tiere in ihrer gewohnten Umgebung. Aber man gewöhnte sie an den Menschen. Wenn nun eines dieser Tiere ganz bestimmte Eigenschaften entwickelte, die dem Menschen Nutzen brachten, ließ man es Junge bekommen.
So züchtete man über viele tausend Jahre hinweg Tiere mit neuem Aussehen und neuen Eigenschaften. Solche Tiere konnte man dann auch im Stall oder in der Umgebung des Hauses halten.

Schlag nach 1/2 — Arbeitsblatt
Bayerischer Schulbuch-Verlag, München

Lernziele

- dem Tier und seinen Bedürfnissen Achtung entgegenbringen und Verantwortung bei der Pflege entwickeln;
- Kenntnisse über die natürliche Lebensweise des Hamsters erwerben;
- erkennen, daß der Goldhamster im Käfig solche Lebensbedingungen braucht, die seiner Herkunft entsprechen;
- Zusammenhänge zwischen der Ausstattung des Goldhamsters und seiner Lebensweise erarbeiten;
- Maßnahmen zur Pflege kennenlernen und einen entsprechenden Pflegeplan erstellen;
- den Goldhamster wegen seiner Nachtaktivität als ungeeignet für die Haltung in der Klasse einschätzen.

Umsetzung/Handlungsmöglichkeiten

Daniel möchte einen Goldhamster zum Liebhaben/ Was Onkel Thomas vom Goldhamsterleben erzählt SB 86-87 Klasse 2	– Goldhamster gezielt in der Klasse beobachten; – Zoohandlung besuchen; – weitere Informationen zum Goldhamster beschaffen und auswerten; – Tierhalter interviewen; – Nahrung und Pflegeutensilien mitbringen; – Rollenspiel durchführen: Verkaufsgespräch zwischen Käufer und Verkäufer eines Goldhamsters.

Problem wahrnehmen:
Die Geschichte kann vom Lehrer vorgelesen oder von lesefertigen Kindern selbst gelesen werden. Der Text provoziert die Kinder, sich mit der Problemfrage „Wie muß ich den Goldhamster pflegen, damit er bei mir so ähnlich leben kann wie in der Natur?" auseinanderzusetzen.

Vorschläge zur Lösung:
Die Kinder nennen Möglichkeiten zur Beantwortung der Frage: „Fachmann fragen"; sie besorgen Informationsmaterial aus Zoohandlungen, Tierbüchern oder -lexika; sie bringen einen Goldhamster mit und beobachten ihn.

Arbeit an der Lösung:
Die Kinder beschäftigen sich mit SB 87 und mit den beschafften Materialien. Durch Kurz- oder besser Langzeitbeobachtung des Goldhamsters in der Klasse können die Kinder erfahren, wie er frißt, sich bewegt, putzt und nagt; wie er die Nahrung in den Backentaschen sammelt; wozu seine Schneidezähne und Krallen gut sind.
Entsprechend den natürlichen Lebensbedingungen werden Futter und Einrichtungsgegenstände benannt, die der Goldhamster braucht, um seine Bedürfnisse zu befriedigen. Zur Begründung sollte auf die sprachliche Sicherung der Wenn-dann-Beziehungen geachtet werden: „Wenn/weil der Goldhamster gerne viel läuft, dann/darum braucht er Auslauf/ein Laufrad." Beim Versuch zur Lösung können die Kinder auch die Partnerarbeit einüben, indem Arbeitskarten erstellt werden, die in Bild/Text jeweils ein Element vorgeben und auf die Käfighaltung beziehen (s. Tabelle S. 152).

Vorstellen der Ergebnisse:
Die Partnergruppen stellen ihre Ergebnisse vor, diese werden im Plenum besprochen. Zur Sicherung wird AB 5 eingesetzt; zusätzlich können die Kinder ein Rollenspiel zwischen Käufer und Verkäufer eines Goldhamsters durchführen. Dabei können die Aspekte der Arbeitskarten eingearbeitet werden (weitere mögliche Fragen: Kann ich zwei Hamster zusammen in den Käfig stekken? Womit füttere ich den Goldhamster? Was muß ich immer wieder nachkaufen?)
Für Goldhamsterbesitzer und für die, die es werden wollen, erstellen die Kinder einen Pflegeplan.

Anschlußfrage:
Sollen wir uns einen Goldhamster als Klassentier anschaffen? Diese Frage können die Kinder aufgrund ihrer Kenntnisse über die Nachtaktivität des Hamsters verneinen.

Arbeitshilfen:
Prospektmaterial, Pflegeanleitungen aus dem Zoofachhandel, Arbeitskarten, Pflegeplan.
Grundschule 6/81, S. 255, Tiere in der Klasse.

Film:
32 00401 Im Hamsterrevier

Fächerübergreifendes Lernangebot:
- Sprache: Geschichte SB 86-87 lesen.

In der Natur	Käfighaltung
– läuft ein Hamster viel und schnell. Er kann auch gut über Gitter klettern.	Was mußt du tun, daß der Goldhamster genug Gelegenheit zum Laufen und Klettern hat? Ist ein Vogelkäfig groß genug? Begründe! Solltest du den Goldhamster oft im Zimmer laufen lassen? Überlege, was passieren kann!
– schlafen die Hamster während des Tages. Erst am Abend werden sie munter. In der Nacht sind sie wach und laufen herum, um nach Nahrung zu suchen. So können Goldhamster zwei Jahre alt werden.	Kann der Goldhamster im Käfig so erzogen werden, daß er tagsüber wach bleibt? Was könnte passieren, wenn du den Goldhamster durch Füttern am Tag zum Tagtier umdressierst? Woran mußt du denken, wenn du einen Hamster kaufst?
– gräbt sich der Hamster einen Bau unter der Erde, denn er mag keine Zugluft. Er will es warm haben, steht aber nicht gerne in der prallen Sonne.	Wohin solltest du den Käfig stellen?
– haben Hamster ein großes Schutzbedürfnis. Sie bauen sich unter der Erde Lauflöcher. Dort verstecken sie sich, wenn man sie erschreckt.	Was mußt du tun, damit der Goldhamster sein Schutzbedürfnis befriedigen kann?
– baut sich der Hamster in seiner Wohnkammer ein weiches Nest. Das Material dafür sucht er auf dem Feld und trägt es in seinen Backentaschen in die Kammer.	Was mußt du tun, damit der Goldhamster sich ein Nest bauen kann? Wo will er sich sein Nest bauen? Was brauchst du dafür? Welches Material ist für das Nest geeignet? Kreuze an! Wolle ☐ Federn ☐ Äste ☐ Pappe ☐ Stroh ☐ Watte ☐ Katzenstreu ☐ Stoffreste ☐
– suchen Hamster täglich nach Körnern als Futter. Zusätzlich suchen sie auf den Feldern nach Salat, Gemüse, Obst und nach Kräutern.	Was muß der Hamster täglich zum Fressen haben? Was sollte der Goldhamster zur Abwechslung noch zu fressen bekommen? Was machst du mit Resten von Gemüse und Obst, die faul geworden sind? Warum?
– lebt der Hamster vorwiegend allein. Das Weibchen läßt nur zur Paarung ein Männchen an sich herankommen, und das auch nur für 3-4 Tage. Wenn ein Weibchen seine Jungen großgezogen hat, verjagt es sie, indem es die Jungen wegbeißt.	Wieviel Goldhamster solltest du im Käfig halten? Begründe!

Ich mag Tiere Arbeitsblatt 5

Der Goldhamster

Wenn dein Goldhamster gesund bleiben soll, muß er bei dir zu Hause so ähnlich leben können wie in der Natur!

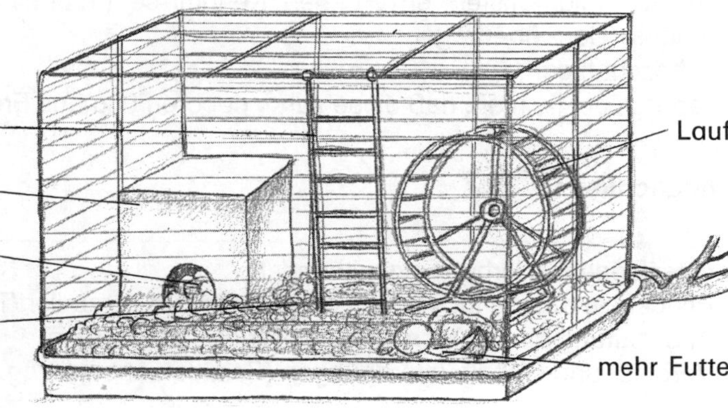

Hier siehst du, was ein Goldhamster braucht, wenn er bei dir zu Hause lebt.

In der linken Spalte der Tabelle kannst du lesen, wie der Goldhamster in der Natur lebt. Schreibe rechts daneben, was er bei dir zu Hause braucht.

In der Natur:	Im Haus:
1. Er lebt in einem warmen Land.	
2. Er baut in seiner Wohnkammer ein weiches Nest.	
3. Er frißt Körner, Früchte und Gemüse.	
4. Er läuft viel und schnell.	
5. Er legt seinen Kot draußen auf dem Feld ab.	
6. Er nagt mit seinen Nagezähnen an hartem Holz.	
7. Er versteckt sich bei Gefahr.	
8. Er lebt allein.	
9. Er sammelt viel Futter als Vorrat.	
10. Er schläft tagsüber, nachts ist er wach und läuft herum.	

Lernziele

- Tiere als eigenständige Lebewesen erkennen und ihre Bedürfnisse verantwortungsvoll respektieren;
- die in der Unterrichtseinheit „Goldhamster" erworbenen Kenntnisse (Informationsbeschaffung, artspezifische Pflegemaßnahmen) auf andere Tiere übertragen;
- sich mit dem Lieblingstier beschäftigen;
- den Begriff „Heimtiere" dadurch bestimmen, daß diese zahm geboren und aus Freude am Tier gehalten werden.

Umsetzung/Handlungsmöglichkeiten

Alle Tiere brauchen Pflege! SB 88-89 Klasse 2	– verschiedene Tiernahrung mitbringen; – Pflegeanleitungen für verschiedene Heimtiere herstellen/Tierausstellung organisieren; – Anschaffung eines Klassentieres erörtern, abstimmen; – Verbots- und Gebotsverordnungen (Schilder, Mietvertrag, Tierschutzgesetz) sammeln.

Ganzheit vorstellen:
Die Kinder berichten von ihren Heimtieren und den Gründen, warum sie sich diese Tiere halten. In diesem Zusammenhang muß die Gefahr thematisiert werden, daß Tiere als „Kuscheltiere" mißbraucht werden. Der Erwerb von Kenntnissen über die natürlichen Bedürfnisse verschiedener Tiere kann dieser Gefahr vorbeugen. Entsprechend sollen die Kinder motiviert werden, für ihr Lieblingstier einen Pflegeplan zu erstellen.

Ganzheit in Elemente zerlegen:
Einsatz **SB 88-89**. Die Kinder erkennen, daß die Tiere verschiedene Bedürfnisse haben; die Kinder benennen diese und verarbeiten sie als Element des Pflegeplans.

Arbeit an den Elementen:
Neben den im Schülerbuch angebotenen Tieren können andere Lieblingstiere mit entsprechendem zusätzlichen Material bearbeitet werden. Die Kinder informieren sich über ihr Tier und ordnen mitgebrachtes Futter und mitgebrachte Pflegeutensilien zu. Die Lehrerin/der Lehrer bietet (zunächst verdeckt) ein Kontrollblatt an, welches die Kinder nach Beendigung einsehen. Zusätzlich müssen für jedes Tier Bewegungsmöglichkeiten erarbeitet werden.

Synthese:
Die Kinder stellen ihre Ergebnisse nach einem vereinbarten Muster in einem Pflegeplan vor. Mit diesen Plänen kann für die Klasse oder für jedes Kind ein Pflegebuch zusammengestellt werden.

UE: Verhalten gegenüber Tieren (AB 6)

Lernziele

- Fehler beim Umgang mit Tieren vermeiden;
- Tierschutzbestimmungen kennenlernen;
- Tierwünsche/Kaufentscheidungen verantwortungsbewußt überdenken.

Die auf SB 89 gezeigten, falschen Verhaltensweisen werden aufgrund der Abbildungen benannt und entsprechende richtige Verhaltensweisen erarbeitet. Die Kinder sollen dazu angehalten werden, sich die Hände zu waschen, wenn sie die Tiere berührt haben (Einsatz AB 6, Aufgabe 1).

Die auf **SB 88-89** abgebildeten Paragraphen des Tierschutzgesetzes können am besten in Zusammenhang mit dem Besuch eines Tierheimes besprochen werden. Dabei können die Kinder anhand von Interviews erfragen, welche Schicksale die Tiere erleiden mußten. Möglich ist auch, Zeitungsartikel zur Bearbeitung hinzuzuziehen, in denen von Tierquälerei berichtet wird. Schon die nicht artgerechte Tierhaltung stellt eine Form von Tierquälerei dar.

In Ferienzeiten z. B. ist es immer wieder möglich, Meldungen zu sammeln, in denen vom Aussetzen der Tiere die Rede ist. In diesem Zusammenhang erfahren die Kinder die Problematik, die sich manchmal beim unüberlegten Kauf eines Tieres (Weihnachtsgeschenk) im Nachhinein einstellt. Die abgebildeten Paragraphen sind Grundlage für die Diskussion, warum solche Gesetze erlassen werden müssen. Dieses Gespräch sollte die Kinder dazu bringen, über eigene Möglichkeiten zum Schutz von Tieren nachzudenken.

An dieser Stelle kann auch eine Kostenrechnung aufgestellt werden über die Ausgaben, die mit der Pflege eines Tieres verbunden sind. Ebenso sollen die Kinder die täglichen Pflichten im Umgang mit dem Tier, die u. U. eine Beschneidung der Freizeit mit sich bringen, sammeln und beurteilen. Die Kinderwünsche nach einem Tier können auch dadurch Einschränkungen erfahren, daß bestimmte Tiere in einer Mietwohnung nicht gehalten werden dürfen. Dieser gesellschaftlich wichtige Sachverhalt kann mit AB 6, Aufgabe 2, behandelt werden.

Arbeitshilfen:
Tierposter, Texte aus Fach- und Kinderzeitschriften sowie Tierbüchern und -lexika; Futtermittel und Pflegeutensilien; Schulfunksendung: Haustiere und ihre wilden Verwandten, vgl. S. 147.
Zeitschrift psf 115/86: „Kaninchen in Feld und Haus".

Alle Tiere brauchen Pflege!

Schülerbuch Seite **88-89**

Prof. Gunter Otto: „Meine Tiere zu Hause". Info-Set für den Sachunterricht in der Primarstufe. Verlag Pädagogika Zentral (PZ), Im Brande 15, 30926 Seelze.
Zu einer Didaktik des Pflegens von Pflanzen und Tieren: Deutsches Institut für Fernstudien an der Universität Tübingen (DIFF, Tübingen) 1984; Heft Sachunterricht: Wir pflegen Pflanzen und Tiere.

Fächerübergreifendes Lernangebot:

- Sport: Tiere pantomimisch darstellen und raten.
- Sprache: Verben sammeln: Wie bewegen sich die Tiere? Rätsel finden: So sieht mein Tier aus; informierende und unterhaltende Texte zu Tieren lesen.
- Mathematik: Einführung in das Rechnen mit dem Einmaleins anhand der Sprungweite von Tieren.

Lösungen zu AB 6:
Aufgabe 1: Falsch: Tiere küssen, am Tisch dulden, sich ihnen von hinten nähern. Eine Kontrolle des richtigen Verhaltens erfolgt, indem die Kinder auf dem Ausschneidebogen die Puzzleteile von Aufgabe 1 ausschneiden und zusammensetzen. Die auf AB 6 gezeigten Fehler können damit überklebt werden.
Aufgabe 2: Maus, Frosch, Hase.

Tiere unserer Heimat

Schülerbuch Seite **90-91**

Lernziele

- die abgebildeten Tiere benennen und beschreiben;
- über die Tiere berichten;
- Wirbeltiere hinsichtlich ihrer Körperbedeckung und Fortbewegung betrachten und beobachten;
- sie als Land-, Luft- und Wassertiere (Lebensraum Wiese, Teich, Wald/Baum) unterscheiden.

Umsetzung/Handlungsmöglichkeiten

Tiere unserer Heimat SB 90-91 Klasse 1 und 2	– unterschiedliche Lebensräume aufsuchen; – pantomimische Spiele vorführen: Wie bewegen sich Tiere? – Tierstimmen (Vögel) hören und identifizieren; – Poster von verschiedenen Lebensräumen anfertigen und ausstellen.

Dem Unterricht vorausgehen sollten Erkundungsgänge auf dem Schulgelände und in der Schulumgebung, bei denen die Kinder Tiere entdecken, betrachten und beobachten können. Zum Vergleich wäre es vorteilhaft, wenn die Kinder Tiere mitbrächten (z. B. Goldfisch/Wellensittich/Zwerghase).
Ganzheiten vorstellen:
SB 90-91 zur freien Bearbeitung vorgeben; Spontanäußerungen dazu sammeln; Tiere benennen und über Erfahrungen berichten lassen. Die Kinder stellen mitgebrachte Tiere vor, beschreiben und klassifizieren sie.
Analyse der Ganzheiten:
Die Kinder vergleichen die Tiere nach ihrem Aussehen und ihrer Fortbewegung. Dazu gut einsetzbar ist das Flunkerspiel (SB 97). Weitere Rätsel: Tier nach Merkmalen beschreiben, Mitschüler raten lassen.
Elementevergleich:
Weitere Organe (z. B. zur Nahrungsaufnahme: Schnabel, Maul, Fischmaul), Körperbedeckung und andere Charakteristika vergleichen. Dabei sollte ein Zusammenhang hergestellt werden zwischen Körperteilen und deren Aufgaben (z. B. Fell – Schutz).
Strukturerfahrung:
Die Fortbewegungsorgane werden mit ihrer Aufgabe im Lebensraum in Beziehung gesetzt (Flossen/schwimmen/Wasser).
Transfer:
Die Kinder ordnen die verschiedenen Tiere von SB 90-91 nun den Gruppen (Land/Wasser/Luft) zu. Bei einigen Tieren sind Mehrfachnennungen möglich.

Die Unterrichtseinheit dient als Grundlage für die spätere Erfassung von Lebensgemeinschaften (Ökosystem). Die Ökosysteme der Erde, d. h. der von Lebewesen bewohnte Boden, die Luft und das Wasser werden als Biosphäre bezeichnet. Sinnvoll ist der Einsatz eines Films, in welchem die Tiere eines Standorts beobachtet werden können. Anhand der SB 90-91 kann ein Gespräch erfolgen (AB 7).

Arbeitshilfen:
Film: 32 00468 Wiesensommer

Fächerübergreifendes Lernangebot:

- Sprache: Eigenschaftswörter anhand von Tiermerkmalen üben.

Ich mag Tiere

Arbeitsblatt 6

Verhalten gegenüber Tieren

1. Wer verhält sich hier nicht richtig? Streiche diese Bilder durch!
   Setze die Bildteile von Seite 157 richtig zusammen!
   Nun siehst du, wie es besser gemacht wird.
   Klebe dann die Bildteile auf die Bilder mit falschem Verhalten!

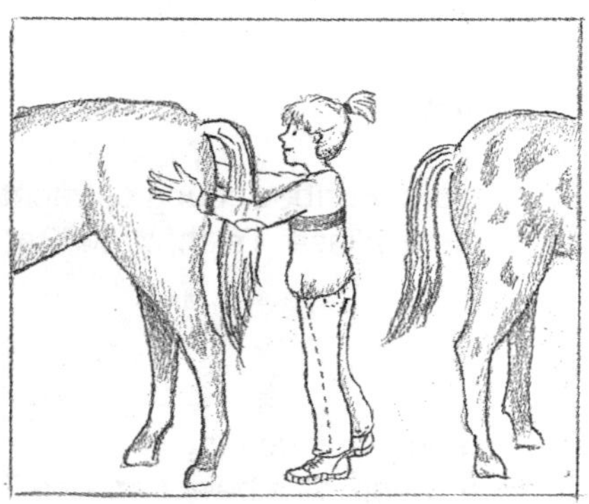

2. Im Mietvertrag steht, daß die Haltung von Kleintieren wie Vögeln und Fischen dem Mieter nicht verboten werden kann. Wer aber Hunde oder Katzen halten will, muß eine schriftliche Zustimmung des Vermieters haben.
   In der Hausordnung heißt es: Es ist darauf zu achten, daß Menschen durch die Tiere nicht belästigt oder geschädigt werden dürfen. Hausflur und Wohnung dürfen nicht verunreinigt werden.
   Welche Tiere dürfen in der Wohnung gehalten werden, ohne daß der Vermieter gefragt werden muß? Klebe diese Tierbilder von Seite 157 hier ein!

Schlag nach 1/2 — Arbeitsblatt
Bayerischer Schulbuch-Verlag, München

Ich mag Tiere

Verhalten gegenüber Tieren

Ausschneidebogen
zu Arbeitsblatt 6

Aufgabe 1

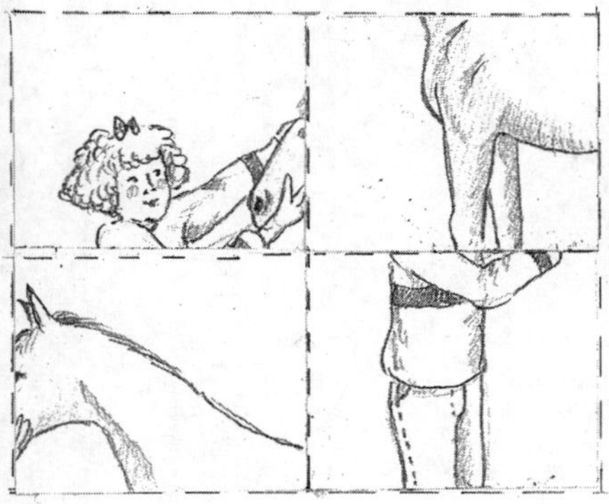

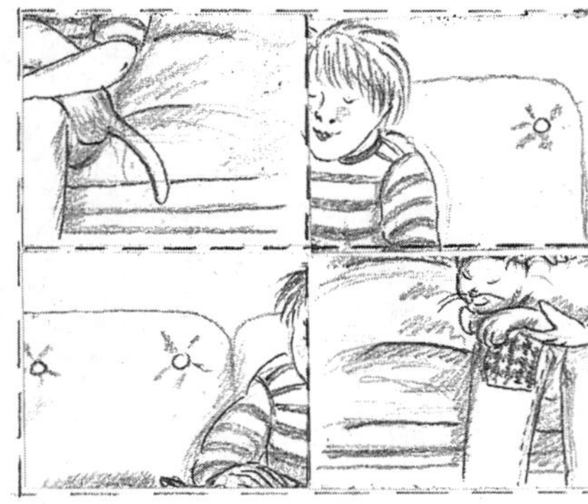

Aufgabe 2

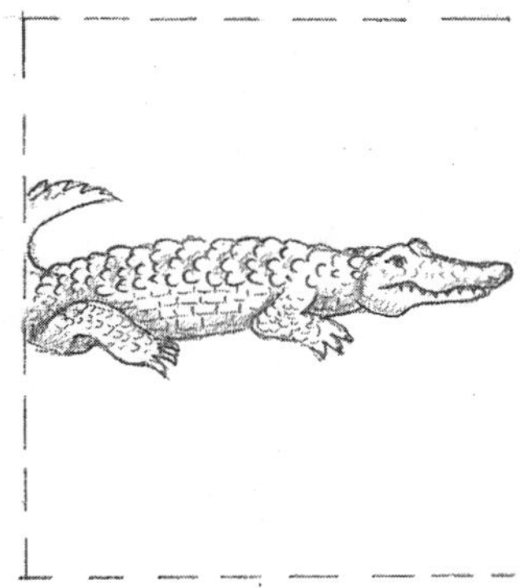

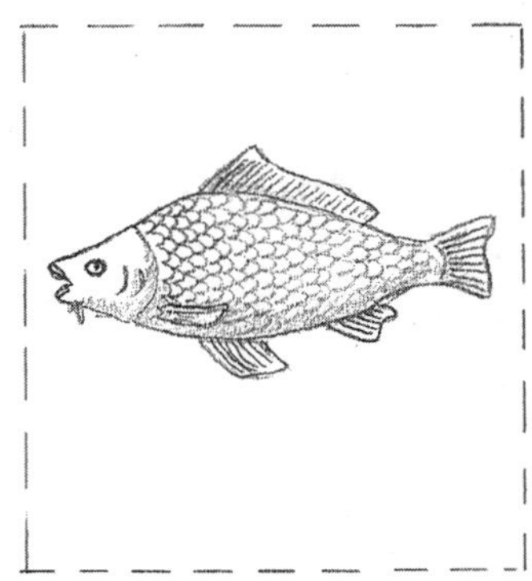

Ich mag Tiere

Tiere unserer Heimat

Wo leben die Tiere?
Klebe die Tierbilder von Seite 160 richtig ein!

Reh Fuchs Wildschwein Eichhörnchen
Bussard Heuschrecke Schmetterling Feldmaus
Buntspecht Feldhase Habicht Biene

Schlag nach 1/2 — Arbeitsblatt
Bayerischer Schulbuch-Verlag, München

Arbeitsblatt 7

Stockente Bläßhuhn Libelle Maulwurf

Karpfen Regenwurm Graureiher

Marienkäfer Amsel Sperling Wasserfrosch

Ich mag Tiere

Tiere unserer Heimat

Ausschneidebogen
zu Arbeitsblatt 7

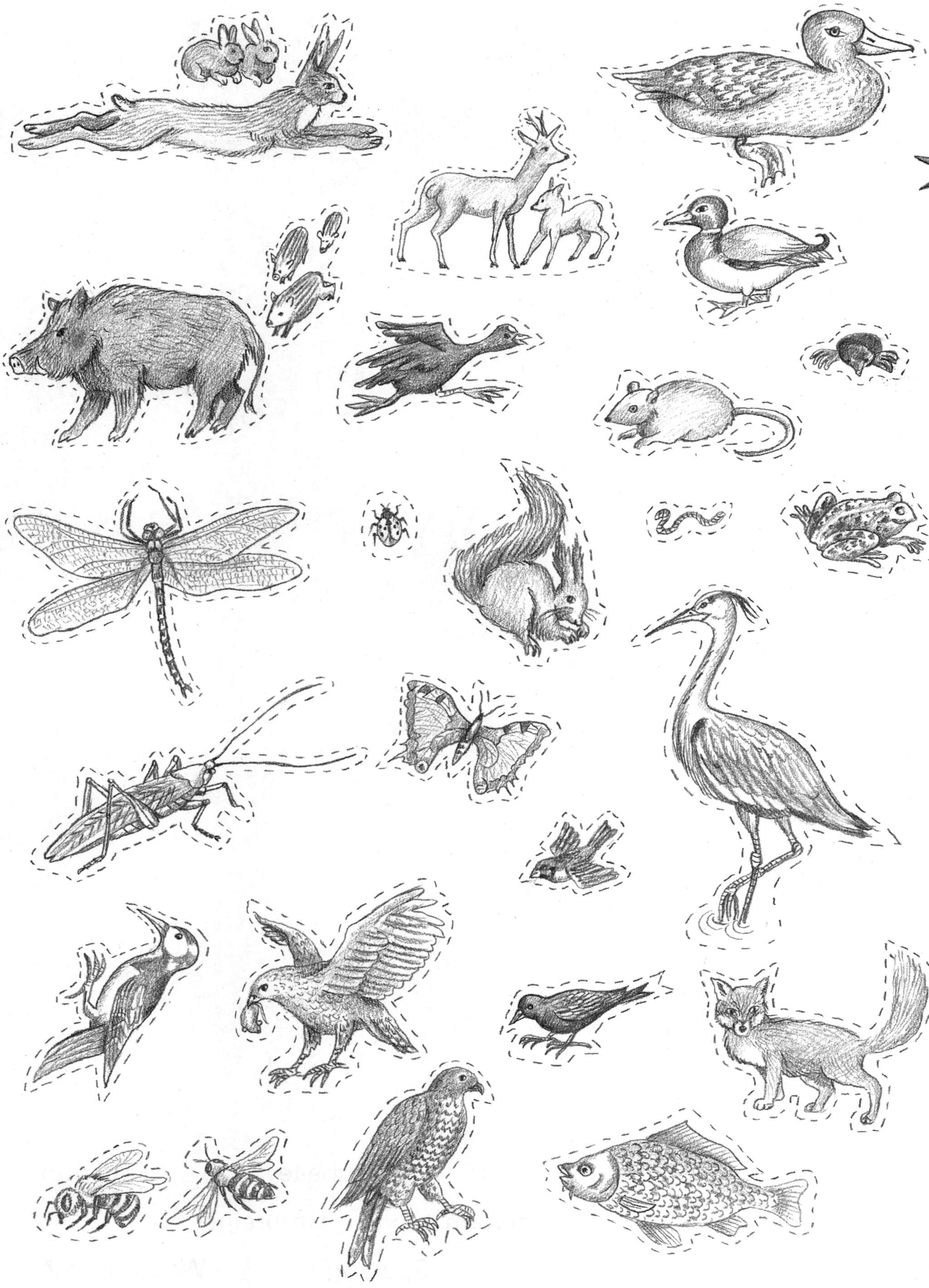

Schlag nach 1/2 — Arbeitsblatt
Bayerischer Schulbuch-Verlag, München

Zoobesuch

Schülerbuch Seite **92-97**

Die gesamte Unterrichtsreihe „Zoobesuch" gliedert sich nach der Methode des Vorhabens in mehrere Unterrichtseinheiten, die ihrerseits mehrere Unterrichtsstunden umfassen können.

Aufgabenstellung bestimmen:	UE 1	Wir wollen einen Zoo besuchen.
Grundlagen erarbeiten:	UE 2	Was gehört zu einem Zoobesuch?
1. Schritt realisieren:	UE 3	Wir informieren uns über ausgewählte Tiere.
2. Schritt realisieren:	UE 4	Wir orientieren uns auf dem Zooplan.
3. Schritt realisieren:	UE 5	Wir stellen einen genauen Zeitplan für den Besuch auf und schreiben einen Merkzettel.
4. Schritt realisieren:	UE 6	Wir basteln eine Schreibunterlage für die Zoo-Erkundung.
5. Schritt realisieren:	UE 7	Wir erkunden den Zoo.
Schlußbericht:	UE 8	Wir werten unsere Erkundungen aus.

Wir bereiten einen Zoobesuch vor

Schülerbuch Seite **92-93**

Lernziele

UE 1 – über die Aktivitäten bei einem Zoobesuch reflektieren;
– Überlegungen anstellen, was mitgenommen werden muß (z. B. Taschengeld);

UE 2 – Verhaltensregeln für die Fahrt und den Zoobesuch aufstellen;
– eigene Wünsche für den Zoobesuch äußern und vor den Mitschülern vertreten;
– Mitschüler aufgrund von Faktenwissen zur Beobachtung bestimmter Tiere anregen;
– für einen bestimmten Ablauf des Zoobesuchs argumentieren und sich darüber einigen;

UE 3 – Karteikarten zu Tieren erstellen;
– sich anhand der Karteikarten Kenntnisse über die Tiere aneignen;
– diese Kenntnisse auf einen Tier-Steckbrief übertragen;
– Tiere nach bestimmten Kriterien vergleichen.

Umsetzung/Handlungsmöglichkeiten

Wir bereiten einen Zoobesuch vor SB 92-93 Klasse 2	– Zoobesuch planerisch vorwegnehmen, Wandzeitung erstellen; – Informationen zum Zoo sammeln; – Wege und Transportmittel erkunden; – Listen erstellen, was mitgenommen werden muß; – Sachtexte zu Zootieren lesen; – Tiere entsprechend den fünf Kriterien (Herkunft, Aussehen, typische Verhaltensweisen, Nahrung, Lebensform) vergleichen und ordnen.

UE 1: Ein Zoobesuch wird vom Lehrer in Aussicht gestellt; die Kinder erörtern das Für und Wider. Die Kinder berichten über Zoobesuche. Sie benennen Tiere, die im Zoo besichtigt werden können. Lehrer und Kinder benennen und besorgen Bilder, Texte und Bücher als Informationsmaterial.
Zur rechtschreiblichen Sicherung kann ein AB „Silbenrätsel aus Tiernamen" hergestellt werden: Die Kinder setzen die Silben zu Namen zusammen und schreiben sie zu einer entsprechenden Abbildung.

UE 2: Die Kinder machen sich aufgrund ihrer Vorerfahrungen bewußt, welche Planungsfaktoren für den Zoobesuch von Bedeutung sind. Als Strukturhilfe kann **SB 92-93** eingesetzt werden. Diese Faktoren werden notiert (Wandzeitung entsprechend dem Muster im Schülerbuch). Gemeinsam oder in arbeitsteiliger Gruppenarbeit werden Vorstellungen für Aktivitäten während des Zoobesuchs geäußert, festgehalten, im Plenum diskutiert und verabschiedet. Dabei sollten die Kinder unter Hinweis auf demokratische Verfahren den Mehrheitsbeschluß akzeptieren können.

UE 3: Die Kinder suchen sich ein Tier aus, mit dem sie sich genauer beschäftigen wollen. Sie stellen die Karteikarten von S. 174-177 aus bzw. legen neue Karten nach diesem Muster an. Indem Bild und Text mit der Rückseite aufeinander geklebt werden, entstehen Karteikarten, die – in einem Karteikasten aufbewahrt – für die Freie Arbeit in der Klasse verbleiben. An diesen Karteikarten kann fächerübergreifend ein Verfahren zur Informationsübernahme aus Texten eingeübt werden:
- Ein Text (z. B. zum Elefanten) wird für alle Kinder vervielfältigt und gemeinsam gelesen (ein vergrößerter Text als Wandzeitung wäre hilfreich).
- Die Kinder stellen Fragen, die der Text beantwortet.
- Diese Fragen werden mit unterschiedlicher Farbe aufgeschrieben (Tafelanschrift).
- Die Antworten, die der Text zu diesen Fragen gibt, werden in der entsprechenden Farbe auf der Wandzeitung unterstrichen. Jedes Kind verfährt entsprechend auf seinem Text.
- Die Antworten werden stichwortartig zu den Fragen geschrieben.
- Die Ergebnisse werden in einer Übersicht an der Tafel dargestellt:

Fragen	Antworten
Woher kommt der Elefant? (rot)	aus Afrika, Indien
Wie sieht der Elefant aus? (gelb)	groß, grau, hat Rüssel, Stoßzähne
Was frißt der Elefant? (grün)	Gras, Blätter etc.
Was kann der Elefant? (blau)	greifen, trinken, kämpfen mit dem Rüssel, arbeiten
Wie lebt der Elefant? (braun)	allein/in Herden

Aus Büchern sollten zur Veranschaulichung der Lebensräume entsprechende Abbildungen herausgesucht werden. Der Begriff „Lebensraum" oder entsprechende alltagssprachliche Umschreibungen sind den Kindern aus den vorangegangenen Unterrichtsreihen bekannt (SB 84-85, 90-91). Diese Kenntnisse werden erweitert durch Abbildungen von Steppe, Savanne, Wüste, Urwald, Polargebiet. Diesen Abbildungen können dann Tierbilder zugeordnet werden. Um eine ungefähre Vorstellung von der Entfernung zum Herkunftsland zu gewinnen, könnten die Kinder auf einem Globus kleine Fähnchen auf Deutschland bzw. auf das Herkunftsland oder den Erdteil stecken.

Arbeitshilfen:
Zooprospekte, Bilder, Texte, Bücher (z. B. Ursula Lauster, Meine Tierwelt, s. S. 147)

Film:
32 00738 Tiere in der Savanne

Fächerübergreifendes Lernangebot:
- Sprache: Silbenrätsel aus Tiernamen; Bearbeitung der Karteikarten.

Lernziele

UE 4 – anhand einer grafischen Darstellung (Plan) Orientierungsübungen durchführen;
UE 5 – einen genauen Zeitplan für den Besuch aufstellen, danach ein Merkblatt für den Zoobesuch ausfüllen;
UE 6 – eine Schreibunterlage für die Zoo-Erkundung basteln;
UE 7 – sich anhand des Plans im Zoo orientieren, Plan und Wirklichkeit im Zoo miteinander vergleichen;
– ausgewählte Tiere gezielt beobachten (Bewegung, Futter, Laute);
– Kenntafeln zu den Tieren lesen und stichwortartig notieren;
– Gebote und Verbote beim Zoobesuch einhalten;
– Arbeit des Zoopersonals beobachten;
UE 8 – Tiere anhand eines Nahrungsvergleichs in Fleisch-, Pflanzen- und Allesfresser einteilen;
– Arbeit des Zoopersonals beschreiben;
– Die Kenntnisse über die Bedürfnisse von Tieren mit den Bedingungen im Zoo vergleichen;
– ansatzweise die Tierhaltung im Zoo beurteilen (Gründe dafür und dagegen sammeln);
– die Aufgabe eines Zoos in der Erhaltung selten gewordener Tiere erkennen (Schutzbedürftigkeit der Tiere).

Umsetzung/Handlungsmöglichkeiten

Ein Besuch im Zoo SB 94-95 Klasse 2	– Prospektmaterial vom Zoo, der besucht werden soll, besorgen, lesen und erschließen (Eintrittszeiten, -preise, spezielle Einrichtungen und Vorführungen usw.); – Aktivitäten im Zoo zeitlich vorausplanen; – sich auf dem Zoo-Lageplan orientieren; – Tiere im Zoo beobachten, Beobachtungen protokollieren, nachbereitend ordnen.

UE 4: Erste Handlungsmöglichkeiten im Umgang mit der Karte sollten im 1./2. Schuljahr schon erprobt worden sein. Sie finden sich im Schülerbuch: „Unsere Schule", SB 11: Einrichtungsgegenstände aus der Vogelschau betrachten, Grundriß herstellen durch Umfahren der Umrisse der Einrichtungsgegenstände; „Mein Schulweg", SB 16-17: Straßenkreuzung als erster „Plan": „Bei uns zu Hause", SB 31: Schrägaufsicht.
Eine erste Orientierung auf dem Zooplan SB 94-95 erfolgt, indem die Kinder Wege zu bestimmten Tieren beschreiben; die Mitschüler verfolgen den Weg. Wegbeschreibungen können auch als Rätsel beispielhaft von der Lehrerin/vom Lehrer vorgegeben werden: „Vom Haupteingang gehe ich geradeaus, biege dann hinter dem Teich links in den Weg und gleich wieder rechts. Auf welches Tier laufe ich zu?"
Evtl. müssen nochmals Rechts/Links-Übungen wiederholt werden. Dennoch kann nicht davon ausgegangen werden, daß die Kinder ihren Plan beim Zoobesuch problemlos einsetzen können. Erfahrungsgemäß fällt es den Kindern zunächst sehr schwer, mit Hilfe des Plans die richtige Richtung einzuschlagen. Die dabei erforderliche Fähigkeit, eine ständige Rückkoppelung zwischen realem Raum und dem Plan durch entsprechende Richtungswechsel zu vollziehen, muß im handelnden Umgang mit Plänen eingeübt werden.
Dazu bietet sich ein „Schatzsuchspiel" an, bei dem die Kinder mit dem Plan einer Etage des eigenen Schulgebäudes (bzw. mit einem Plan des Schulgeländes) einen versteckten Schatz durch richtige Handhabung der Karte finden sollen. Die Übungen mit SB 94-95 sollten sinnvollerweise ergänzt werden durch Pläne des Zoos, den die Kinder besuchen wollen.

UE 5: Für die Erstellung eines genauen Zeitplans muß das Ablesen der Uhrzeiten eingeübt werden. Sofern mehrere Betreuer die Klasse begleiten, können Gruppen mit unterschiedlichem Besichtigungsprogramm gebildet werden. Die Lehrerin/ der Lehrer erstellt ein AB, auf dem er eine Spalte mit Uhren vorgibt, in die die Zeiger eingetragen werden können. Die für alle verbindlichen Zeitpunkte werden gemeinsam eingetragen: Einlaßzeit, gemeinsame Essenspause und Abfahrtszeit. Die dazwischenliegende Zeit steht für die Planung des eigenen Besichtigungsprogramms zur Verfügung. Die Kinder wählen sich Tiere bzw. Vorführungen und Fütterungen aus, die sie beobachten wollen. Als Hilfe sollten ungefähre Zeitspannen gemeinsam besprochen werden, die für das Zurücklegen von Wegen bzw. für bestimmte Aktivitäten notwendig sind; dazu AB 8 einsetzen.

UE 6: Entsprechend den Vorgaben auf AB 9 kann eine Schreibunterlage für das Zoo-Erkundungsblatt (AB 10) hergestellt werden. Die Kinder sollten die Bastelanleitung ohne größere Hilfestellung decodieren können. Als Pappe sind die Rückseiten alter Zeichenblöcke geeignet.

UE 7: Die Kinder hängen sich die Schreibunterlage um den Hals, damit sie ihre Hände frei haben. Für den Besuch sollte die Erste-Hilfe-Tasche nicht vergessen werden. Die Kinder erhalten das AB 10 sowie in ihren Gruppen jeweils einen (evtl. kopierten) Wegeplan des Zoos, den sie besuchen. Verhaltensregeln für die Fahrt und den Aufenthalt im Zoo sollten wiederholt werden, wobei die Rücksichtnahme auf die Tiere im Vordergrund stehen sollte.
Beim Besuch können zusätzlich zu den besprochenen Aufgaben noch erkundet werden: die Notwendigkeit der Tierpflege und entsprechend die Aufgaben der Tierpfleger; die Behausungen der Tiere (evtl. malen oder fotografieren lassen).

UE 8: Die Kinder berichten über Erlebnisse aus dem Zoo; evtl. werden die Erfahrungen in den unterschiedlichen Gruppen ausgetauscht. Mit dem Erkundungsbogen werden die in der Vorbereitungsphase erfolgten Vergleiche zwischen den Tieren vertieft. Anhand von AB 11 lernen die Kinder, Tiere in die Gruppen Fleisch-, Pflanzen- und Allesfresser einzuordnen. Diese Systematik kann vom Lehrer durch zusätzliche Beispiele erweitert werden.
Wichtig ist auch der Vergleich zwischen geplanten und durchgeführten Aktivitäten: Nur durch die konkrete Benennung der Aspekte, die gar nicht, nicht ausreichend oder aber richtig bzw. falsch geplant waren, läßt sich die Planungsfähigkeit der Kinder erhöhen.

Weitere Besprechungspunkte: Beschreibung der Gehege, die daraufhin beurteilt werden, ob sie den Bedürfnissen der Tiere angemessen sind (hier können bereits AB 12, 13 eingesetzt werden); die Arbeit der Tierpfleger beschreiben (Sammlung von Tätigkeiten); das falsche Verhalten der Besucher beschreiben und beurteilen (Abfälle in Anlagen werfen, Tiere unsachgemäß füttern usw.).

Weitere Vorhaben: Zoo-Berichte, Photos und Meinungsäußerungen zu einer Wandzeitung zusammenstellen und anderen Klassen damit vom Zoobesuch erzählen.

Ich mag Tiere

Merkzettel zum Zoobesuch

Unser Ziel:
Der Zoo in

Wir fahren dorthin mit:

Es begleiten uns:

Wir treffen uns:

Datum:

Zeit: Uhr

Ort:

Wir kommen zurück:

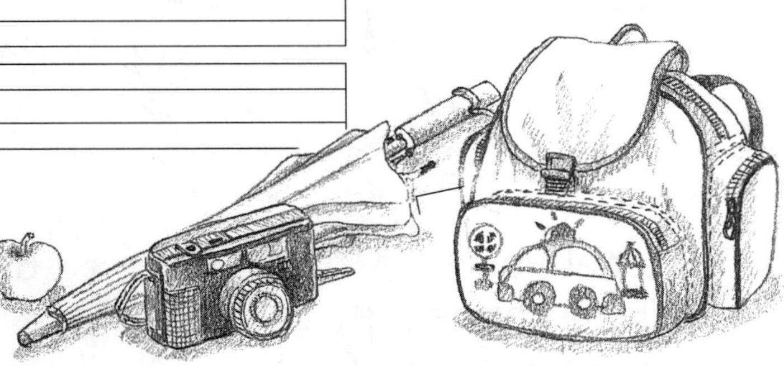

Was nehmen wir mit?
Zum Essen und Trinken:

Zum Anziehen:

Zum Erkunden:

Ich mag Tiere

Arbeitsblatt 9

Schreibunterlage zur Zoo-Erkundung

Das brauchen wir:

ein Messer

einen Locher eine Kordel einen Bleistift

eine dicke Pappe vier große Büroklammern

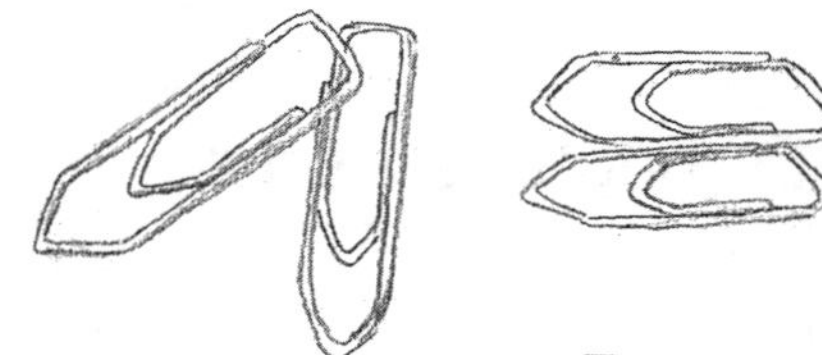

So wird's gemacht:

1. Die Pappe an zwei Ecken lochen

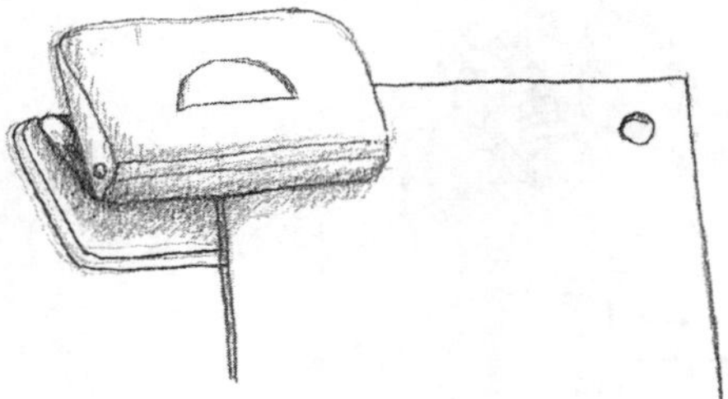

2. Kordel so lang abschneiden, daß die Enden – um den Hals geschlungen – in Höhe der Taille hängen

3. Kordel in den Löchern befestigen

4. Mit dem Messer eine Kerbe in den Bleistift ritzen (oder Kuli mit Halter nehmen!)

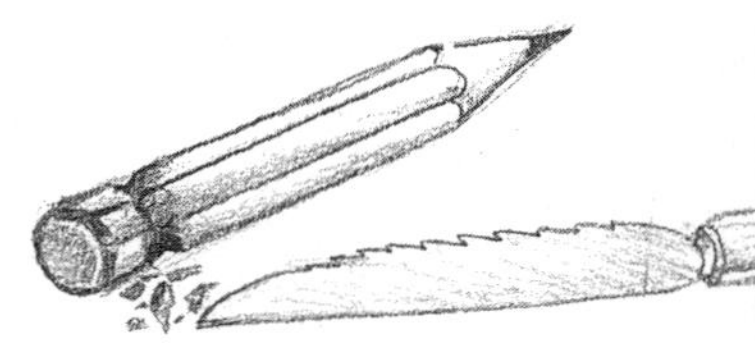

5. Kordel von 40 cm Länge an der Kerbe des Bleistifts befestigen

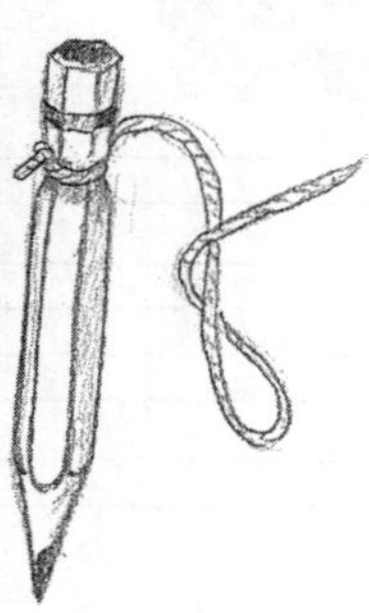

6. Bleistift mit Kordel in einem Loch der Pappe befestigen

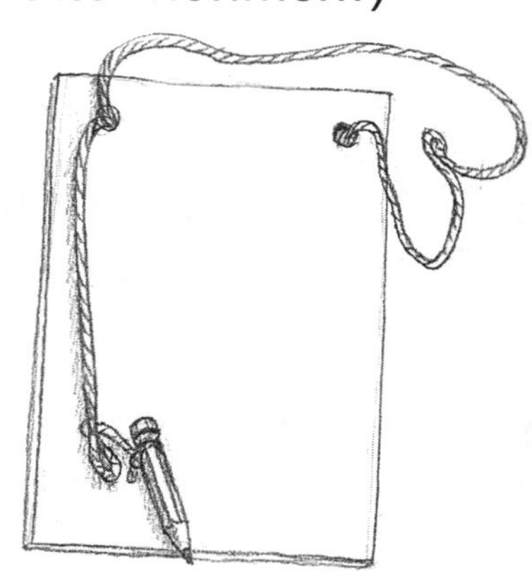

7. Das Zoo-Erkundungsblatt Seite 167 mit Büroklammern an der Pappe befestigen

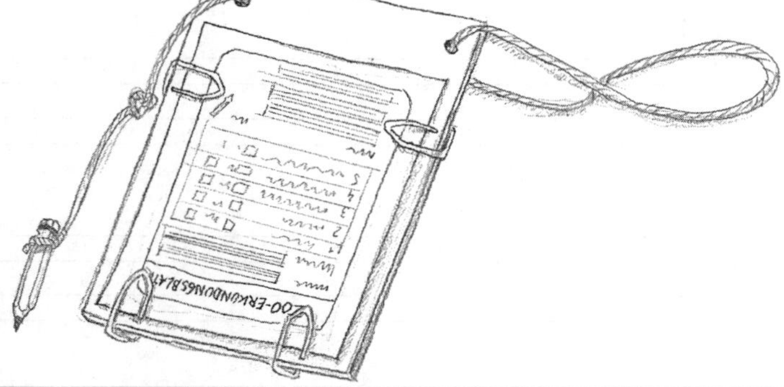

Schlag nach 1/2 — Arbeitsblatt
Bayerischer Schulbuch-Verlag, München

Ich mag Tiere Arbeitsblatt 10

Zoo-Erkundungsblatt

Name: ______________________

Wie heißt dein Tier? ______________________

Beobachte dein Tier, und lies die zugehörigen Tafeln!
Kreuze an, was du erfahren hast!

1. Lebensraum:	◯ Land		◯ Wasser
	◯ Land/Wasser		◯ Luft
2. In welcher Landschaft lebt das Tier?	◯ Steppe	◯ Savanne	◯ Wald
	◯ Wüste	◯ Eis	◯ Dschungel
3. Wie bewegt sich das Tier?	◯ laufen	◯ klettern	◯ schwimmen
	◯ fliegen	◯ kriechen	◯ hangeln
	◯ gleiten	◯ hüpfen	◯ springen
4. Womit bewegt sich das Tier?	◯ Beine ◯ Flügel	◯ Flossen	◯ Schwanz
5. Was frißt das Tier?	◯ Fleisch	◯ Gras	◯ Früchte
	◯ Fisch	◯ Blätter	◯ Insekten
6. Wie frißt das Tier?	◯ Es rupft die Nahrung ab.		◯ Es verschlingt die Nahrung in großen Bissen.
	◯ Es kaut die Nahrung lange.		◯ Es nagt an der Nahrung.

Das ist mir noch besonders aufgefallen!

____

____

____

Hier kannst du malen!

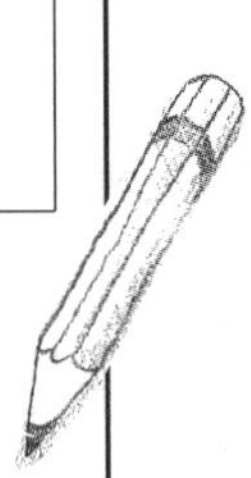

Ich mag Tiere

Arbeitsblatt 11

Das richtige Futter für Zootiere

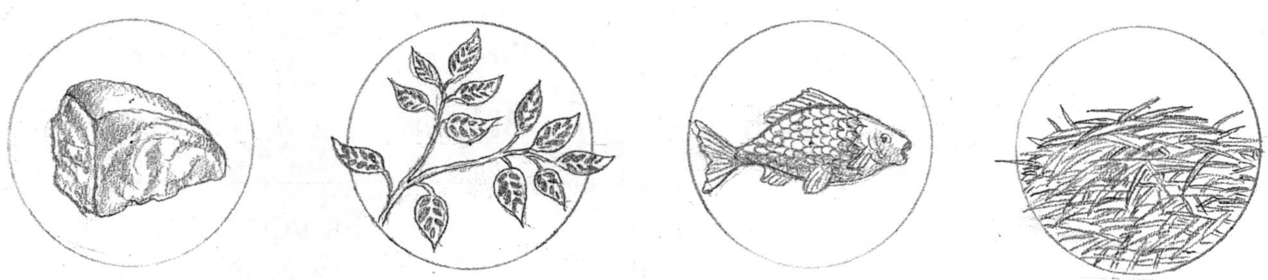

Fleisch Blätter Fischs Heu

Welches Tier frißt was? Ordne zu!

1

2

3

4

5

6

7

8

Schlag nach 1/2 — Arbeitsblatt
Bayerischer Schulbuch-Verlag, München

Ein Spiel mit lustigen Tieren

Lernziele

- das Flunkerspiel kreativ weitergestalten;
- sich spielerisch mit dem Phänomen der Schattenbildung auseinandersetzen;
- entdecken, daß die Form und Größe des Schattens von der Entfernung des angeleuchteten Objektes zur Lichtquelle und zur Projektionsfläche sowie von der Größe des Objektes abhängen.

Umsetzung/Handlungsmöglichkeiten

Lustige Spiele mit Tieren SB 96-97 Klasse 2	– Sprachspiele durchführen; – Zootiere und Gehege basteln (AB 12, 13); – Schattenspiele planen, Grundlagen bestimmen, bauen, proben, aufführen.

Das vorgestellte Schattenspiel (s. auch SB 6) erfordert ein Vorgehen nach der Methode des Vorhabens (vgl. LHB 161). Der Aufbau der Unterrichtseinheit könnte folgendermaßen aussehen:
- beobachten, wann und wo Schatten entstehen (Schulhof); Schattenfangen durchführen: auf den Schatten der Mitschüler springen;
- helles Tuch über die Tafel hängen, starke Lichtquellen einschalten und mit dem Körper Schattenfiguren bilden; Spiele: Tiere bzw. Bewegungen nachahmen, Mitschüler raten lassen;
- systematisch mit der Schattenbildung experimentieren; z. B. Delphin (von AB 13 auf Pappe ausschneiden) durch einen kleinen Ring springen lassen; die Kinder erkennen, daß der Schatten eines Gegenstandes kleiner wird, je weiter er von der Lichtquelle entfernt ist (und umgekehrt);
- Schattenfiguren herstellen; Idee von SB 96-97 anhand eigener, erfundener Geschichten ausführen.

Die verfremdeten Tiergestalten sind als Anreiz gedacht, über das Aussehen von Tieren nachzudenken. Aus den Ungereimtheiten der Darstellung können die Kinder kreativ eigene Ideen weiterverfolgen: im Fach Gestaltung eigene Fabeltiere gestalten, die beteiligten Tiere nennen usw. Auch das Flunkerspiel, das zunächst gelesen und gedeutet werden soll, unterstützt das spielerische Einüben des freien Sprechens, des Assoziierens und des Gestaltens eigener Rätsel.

Fächerübergreifendes Lernangebot:
AB 14: Welches Tier ist das? Rätsel lesen, erraten; Kinder bilden neue Rätsel nach diesem Muster.
Wir erfinden lustige Tiere: Die aus den vertauschten Silben gebildeten Namen werden gelesen. Die Kinder erfassen das Prinzip ihrer Entstehung. Nach diesem Prinzip können neue, lustige Namen gebildet werden. Als Hilfe (Differenzierung) können die unten auf dem AB abgebildeten Tiere auseinandergeschnitten und vertauscht aneinandergesetzt werden.
AB 15: Rätsel von Tieren, Lösung: Storch, Schnecke, Hase, Zaunkönig, Hahn, Igel.
Seltsames Tierkonzert: Die Kinder ahmen Tierlaute nach; Mitschüler erraten das Tier. Die Kinder lesen den Text und nehmen die richtige Zuordnung vor (auch zur Vertiefung der Wortart „Verben" sinnvoll).
Kreuzworträtsel: als Rechtschreibübung einzusetzen; die Bewegungen können pantomimisch nachgestellt werden. Für die Freie Arbeit bietet sich ein Scrabble an.

- Sprache/Musik: Namen von Tieren in Silben zerlegen, auf der Trommel schlagen und erraten lassen.

Ich mag Tiere Arbeitsblatt 12

Wir basteln einen Klassenzoo

So kannst du Falttiere basteln:

1. Nimm ein Blatt Zeichenkarton!

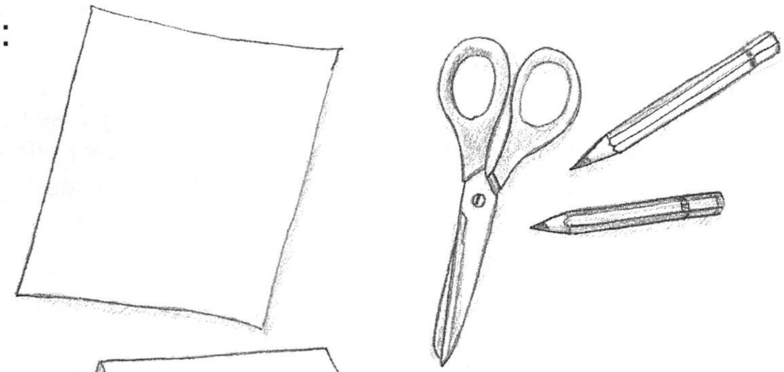

2. Knicke es in der Mitte zusammen!

3. Klebe ein Tierbild von Seite 171 auf den Karton. Beachte, daß Rücken oder Kopf des Tieres an der Knickfalte liegen!

4. Schneide das Tier doppelt aus. Achtung: die beiden Hälften gut festhalten!

Errichte ein Gehege für die Tiere, zum Beispiel aus Pappe.
Wie kannst du Wasser, Wiese, Felsen darstellen?
Denke an Größe und Einrichtung.

Ich mag Tiere

Arbeitsblatt 13

Unser Klassenzoo

Tiere für deinen Klassenzoo

Sicher kennst du die abgebildeten Tiere. Nenne ihre Namen, und trage sie ein! Du kannst die Tiere auch farbig anmalen. Lies über die Tiere in den Karteikarten von Seite 174–177 nach!

Ich mag Tiere

Wir erkennen und erfinden Tiere

Arbeitsblatt 14

Welches Tier ist das?

Es kann gut klettern.
Es hat keine Federn.
Bananen frißt es gern.

- ◯ Elefant
- ◯ Affe
- ◯ Papagei

Es hat kein Geweih.
Es kann gut schwimmen.
Fische frißt es gern.

- ◯ Hirsch
- ◯ Kamel
- ◯ Seelöwe

Wir erfinden lustige Tiere

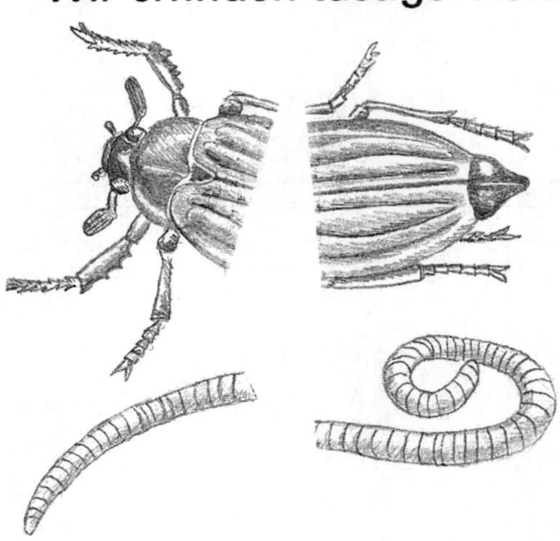

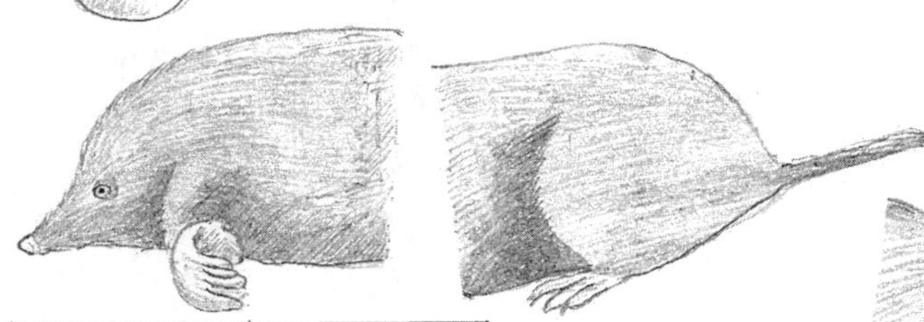

Regen	bär
Wasch	wurf
Mai	wurm
Maul	käfer

Schneide die Tiere aus, und teile sie entlang der gestrichelten Linie.
Setze neue Tiere zusammen!

Ti ger

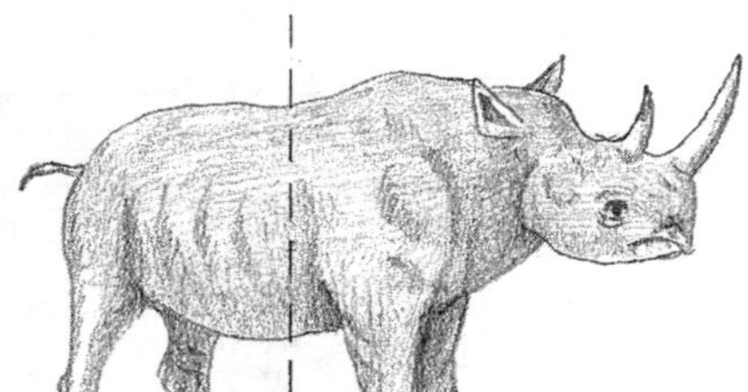

Nas horn

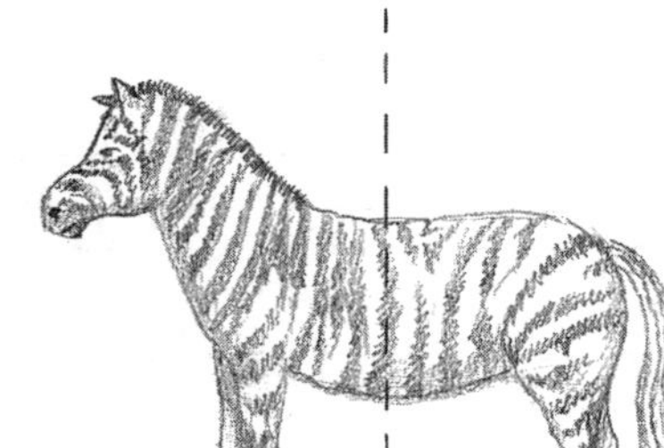

Ze bra

Kat ze

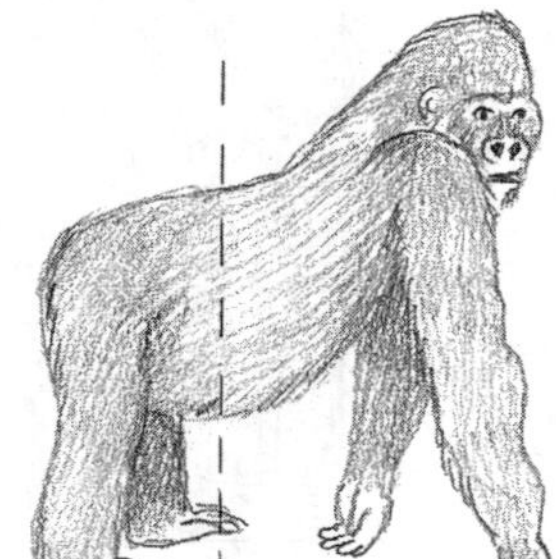

Af fe

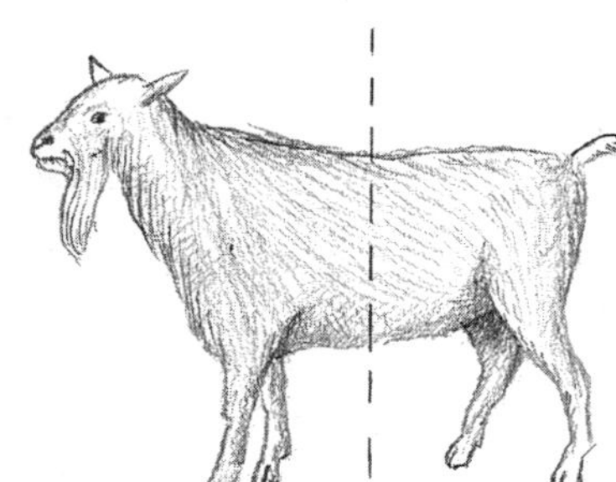

Zie ge

Schlag nach 1/2 — Arbeitsblatt
Bayerischer Schulbuch-Verlag, München

Ich mag Tiere

Arbeitsblatt 15

Spaß mit Tieren

1. Rätsel von Tieren

Es stelzt ein Herr im Grase,
hat eine lange Nase,
hat rote Stiefel an
und dreht sich wie ein Edelmann.

Wer trägt sein Häuschen auf dem Rücken?
Welches Tier ißt mit zwei Löffeln?
Welcher König kann fliegen?
Wer hat einen Kamm und kämmt sich nicht?

Von Mäusen und Würmern ernähr' ich mich,
wer mich berührt, den steche ich.

2. Seltsames Tierkonzert

Hunde können miauen,
Hühner quaken,
Schweine gurren,
Frösche gackern,
Katzen bellen,
Hähne piepsen,
Tauben grunzen,
Kühe krähen,
Schafe schnattern,
Gänse blöken,
Ziegen muhen,
Küken meckern.

3. Kreuzworträtsel

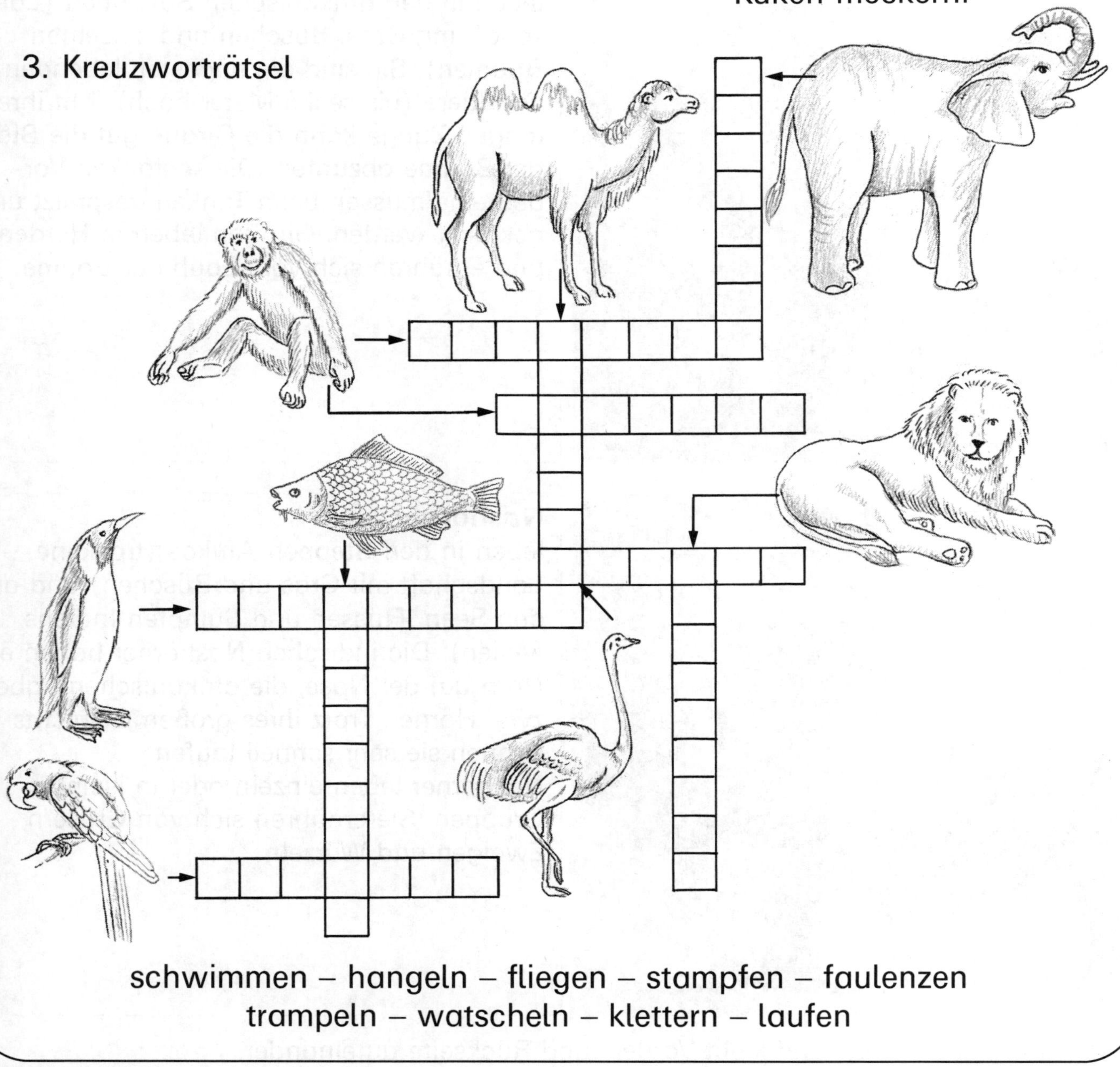

schwimmen – hangeln – fliegen – stampfen – faulenzen
trampeln – watscheln – klettern – laufen

Elefanten
leben in den Wäldern Asiens und in den Steppen Afrikas. Ihren Rüssel benützen Elefanten nicht nur zum Atmen und Riechen. Mit ihm greifen sie, trinken, kämpfen, arbeite und trompeten sie. Ihre Stoßzähne benützen sie als Waffe gegen Feinde und zum Ausgrabe von Wurzeln. Elefanten leben in Herden zusammen. Sie ernähren sich von Gras, Blättern, Baumrinden und Zweigen. Der indische Elefant hat kleinere Ohren und Stoßzähne als der afrikanische. Der afrikanische Elefant läßt sich nicht so leicht zähmen wie der indische.

Giraffen
leben in den afrikanischen Savannen (Landschaft mit Gras, Büschen und einzelnen Bäumen). Sie sind die höchsten lebenden Landtiere (bis sechs Meter hoch). Mit ihrer langen Zunge kann die Giraffe gut die Blätte der Bäume abzupfen. Die schlanken Vorderbeine müssen beim Trinken gespreizt und geknickt werden. Giraffen leben in Herden und ernähren sich vom Laub der Bäume.

Nashörner
leben in den Steppen Afrikas (trockene Landschaft mit Gras und Büschen) und an den Seen, Flüssen und Sümpfen Indiens (Asien). Die indischen Nashörner haben ein Horn auf der Nase, die afrikanischen haben zwei Hörner. Trotz ihres großen Gewichts können sie sehr schnell laufen.
Nashörner leben einzeln oder in kleinen Gruppen. Sie ernähren sich von Gräsern, Zweigen und Wurzeln.

Schneidet die Karten aus, und klebt Vorder- und Rückseite aufeinander.

Schlag nach 1/2 — Arbeitsblatt
Bayerischer Schulbuch-Verlag, München

Pelikane
leben in warmen, sumpfigen Gegenden, viele in Afrika und Südeuropa. An Land bewegen sie sich watschelnd und langsam. Im Wasser dagegen können sie mit ihren Ruderfüßen schnell schwimmen. Pelikane können auch gut fliegen. Am auffälligsten sind ihre großen Schnäbel mit dem dehnbaren Hautsack. Damit können sie gut fischen. Pelikane fischen zumeist in Gruppen.
Sie brüten in Kolonien, wobei sie ihre Nester ganz dicht aneinander bauen. Pelikane ernähren sich von Fischen.

Robben
leben zum Beispiel auch an der Nordseeküste. Sie schwimmen blitzschnell und können lange tauchen. Dabei werden die Nasenöffnungen unter Wasser verschlossen. Zum Atmen müssen sie allerdings an die Wasseroberfläche kommen. Ihre Vorder- und Hinterbeine sind zu Flossen geformt. Deshalb bewegen sie sich an Land ungeschickt, sie watscheln. Es gibt viele Robbenarten (Seehunde, Walrosse). Alle leben in großen Gruppen zusammen. Sie ernähren sich von Fischen, Krebsen und Muscheln.

Pinguine
leben rings um den Südpol. Sie sind Vögel, können aber nicht fliegen. Ihre Flügel sind zu Flossen umgeformt, so daß sie schnell schwimmen können. An Land watscheln sie aufrecht. Pinguine haben eine dicke Fettschicht unter der Haut. Diese schützt sie vor der Kälte des Wassers. Ihre Federn bilden eine feste, wasserdichte Decke um den Körper.
In der Brutzeit leben sie in großen Scharen zusammen. Pinguine fressen kleine Fische, Tintenfische und Krebse.

Schneidet die Karten aus, und klebt Vorder- und Rückseite aufeinander.

Zootiere

Braunbären
leben heute zum Beispiel noch in den Bergen Nord- und Osteuropas. Sie können 300 Kilogramm schwer werden. Trotzdem sind sie geschickte Schwimmer und Kletterer. Während des Winterschlafs bringt die Bärin im Januar bis zu vier Junge zur Welt. Sie sind noch blind und hilflos. Braunbären sind Allesfresser. Sie fressen Pilze, Beeren, Wurzeln, Käfer, Fische und am liebsten Honig

Kamele
Das Dromedar stammt aus den Wüsten Nordafrikas. Heute gibt es keine freilebenden Dromedare mehr. Sie werden als Haustiere gehalten und tragen Lasten. Das Dromedar frißt Gras und Zweige. Es kann viel Wasser auf einmal trinken. Danach kommt es bis zu 17 Tage ohne Wasser aus. Das Dromedar hat einen, das Kamel hat zwei Höcker.
Das Trampeltier stammt aus den Wüsten Innerasiens. Wenige freilebende Trampeltiere gibt es noch in China. Das Trampeltier ist zweihöckrig; es hat ein dichtes Fell gegen Kälte, Eis und Schnee.

Känguruhs
leben in den Graslandschaften Australiens. An diesen Tieren fällt der Beutel am Bauch besonders auf. In ihm wächst das junge Känguruh heran. Känguruhs können gut mit ihren langen Hinterbeinen springen. Die Vorderbeine sind klein und stark. Damit können sie etwas greifen und festhalten.
Känguruhs ziehen in Herden über die Graslandschaften und ernähren sich von Gras und Laub.

Schneidet die Karten aus, und klebt Vorder- und Rückseite aufeinander.

Schlag nach 1/2 — Arbeitsblatt
Bayerischer Schulbuch-Verlag, München

Löwen
leben in den Savannen Afrikas (Landschaft mit hohem Gras, Büschen und einzelnen Bäumen). Ihr Fell hat eine gute Tarnfarbe. Die Mähne des männlichen Löwen schützt ihn im Kampf mit Rivalen.
Löwen leben in kleinen Familien und Rudeln. Sie jagen gemeinsam meist Zebras und Antilopen. Danach verschlingen sie die Beute in großen Bissen. Satte Löwen sind recht faul und bewegen sich wenig.

Schimpansen
leben in den afrikanischen Wäldern. Sie sind geschickte Kletterer und können sich auch am Erdboden schnell bewegen. Schimpansen sind den Menschen am ähnlichsten. Sie können sich gut verständigen. Dies geschieht durch Laute, Gesichtsausdruck und durch Hand- und Körperhaltung. Schimpansen leben in Horden bis zu 25 Tieren. Sie fressen Früchte, Blätter, Knospen und manchmal auch kleine Tiere.

Zebras
leben in den Steppen Afrikas (trockene Landschaften mit Gras und Büschen). Ihr schwarzweiß gestreiftes Fell hat eine gute Tarnfarbe. Zebras haben viele Raubtiere als Feinde. Um sich zu retten, setzen sie zu schnellem Lauf oder zu Sprüngen an. Zebras leben in großen Herden mit Straußen und Antilopen zusammen. Sie fressen Gräser, Kräuter und Blätter.

Schneidet die Karten aus, und klebt Vorder- und Rückseite aufeinander.

Ich mag Tiere

Ein Besuch im Zoo

Elefant Nashorn Orang-Utan Braunbär

Pinguin Pfau Robbe Flamingo Känguru

Schlag nach 1/2 — Arbeitsblatt
Bayerischer Schulbuch-Verlag, München

Zoospiel

Spielregel

Zwei Kinder wählen sich einen der 2 Zoorundwege.

Dafür brauchen sie 2 Spielfiguren und einen Würfel.

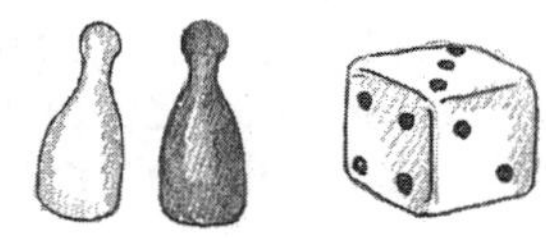

Eine dritte Spielfigur wird auf das Feld 9.00 Uhr gesetzt.

Kommst du auf ein Buchstabenfeld oder überspringst du es, so nenne den Namen des Tieres, das hier angeschrieben ist.

Kommst du auf ein Feld, auf dem bereits eine Spielfigur steht, stelle deine Spielfigur daneben.

Würfelst du eine 6, rückt die Spielfigur in das nächste Uhrenfeld vor und nähert sich der Zeit 19.00 Uhr.

Wenn beide Kinder am Ausgang sind, bevor die Uhr 19.00 Uhr anzeigt, haben sie das Spiel gewonnen.

Riesenschildkröte Giraffe Eisbär Pelikan Delphin

Schimpanse Löwe Strauß Papagei Kamel Zebra

Uhren zeigen die Zeit an

Schülerbuch Seite **98-99**

Lernziele

- erkennen, daß Uhren gegenüber dem subjektiven Zeitempfinden objektiv nach einer festgelegten Norm messen;
- die Zeiteinteilung eines Tages kennen und die jeweilige Uhrzeit ablesen können;
- die wichtigsten Arten von Uhren kennen und ansatzweise ihr Funktionsprinzip beschreiben können;
- die wichtigsten Zeitbegriffe kennen und Sprichwörter bzw. Redensarten zur Zeit deuten können;
- verstehen, daß „Zeit" eine Erfindung des Menschen zur Ordnung und Regulierung seines Zusammenlebens ist;
- erkennen, daß Zeit ständig vergeht und daß Vergangenes nicht zurückgeholt werden kann.

Umsetzung/Handlungsmöglichkeiten

Uhren zeigen die Zeit an SB 98-99 Klasse 1 und 2	– Zeitspanne von bestimmten Tätigkeiten schätzen; – mitgebrachte Uhren ordnen und benennen, Zeit ablesen; – verschiedene Uhren bauen, z. B. Sanduhr, Kerzenuhr, Modelluhr; – Abbildungen tageszeittypischer Aktivitäten ordnen; – Zeitbegriffe (morgens, vormittags, mittags etc.) zuordnen; – eigene Gewohnheiten zur Gestaltung des Tages beschreiben.

Der erste Schritt von der groben Zeitschätzung primitiver Völker aufgrund von Sonnen- und Mondstand sowie Sternenlauf bis hin zu einem kontinuierlichen Meßverfahren erfolgte mit der Erfindung der Wasseruhr durch die Ägypter. Auch die Griechen und Römer benutzten Wasser-, Sand- und Sonnenuhren.
Die ersten mechanischen Uhren wurden vermutlich im 14. Jahrhundert gebaut: Gewichte übertrugen die Zugkraft über Räderwerke auf ein gezähntes Rad, dessen Umdrehung durch eine sogenannte Spindelhemmung gleichmäßig von Zahn zu Zahn reguliert wurde. Die Bewegung dieses Rades führte durch Zahnradübersetzung zur Zeigerbewegung.
Nachdem sich bereits Galilei mit dem Problem der Pendeluhr befaßt hatte, gelang dem Holländer Christian Huygens 1656 die erste brauchbare Konstruktion. Das Pendel lieferte durch seine Eigenschwingdauer eine relativ genaue, reproduzierbare Zeiteinheit.
Um 1670 erfand der Londoner Uhrmacher William Clement die Ankerhemmung der Unruh, deren Wirkungsprinzip auch noch die heutigen Federuhren bestimmt. Das Aufziehen der Feder erfolgt heute meist nicht mehr per Hand, sondern elektromagnetisch durch Batterieantrieb.
Elektrische Uhren werden durch Synchronmotoren angetrieben. Die öffentlichen Normaluhren sowie die Uhren in Funk und Fernsehen richten sich nach dem Zeitnormal von Atomuhren: Die Wirkungsweise beruht auf den Schwingungen der Atome (z. B. Cäsium), die elektromagnetische Wellen einer bestimmten Frequenz erzeugen können. Die Genauigkeit ist so groß, daß diese Uhren in 3000 Jahren nur um eine Sekunde abweichen.

Die Zählung der Stunden ist international genormt auf die Numerierung von 0 Uhr bis 24 Uhr. Zum Vergleich der unterschiedlichen Zeiten auf der Erde wurde die Weltzeit mit 24 Zeitzonen, orientiert an Längengraden (Meridianen), eingeführt. Der Null-Meridian verläuft durch Greenwich (Großbritannien). Die für uns gültige, mitteleuropäische Zeit (MEZ) liegt im Gebiet des Meridians von 15^{0} östlicher Länge. Zeigt die Uhr z. B. in Köln 11 Uhr mitteleuropäischer Zeit, so ist es in London 10 Uhr westeuropäischer Zeit und in Warschau 12 Uhr osteuropäischer Zeit.
Mit zunehmendem Alter nimmt die Zeit und Zeiteinteilung auch für die Kinder einen immer höheren Stellenwert ein, da ihr Tageslauf zunehmend strukturiert wird. Sie lernen, daß Zeit sehr unterschiedlich erlebt wird. Neben dem subjektiven Zeitempfinden (unangenehme Erlebnisse scheinen länger zu dauern als angenehme) erfahren die Kinder die Bedeutung der objektiven Zeitmessung durch Uhren für das Zusammenleben in der Gemeinschaft. Im Ablauf der Schulzeit ist der Rhythmus durch Stundenplan, Unterricht, Pausen, Schulbeginn, -ende etc. bestimmt.
Gemeinsam mit der Lehrerin/dem Lehrer können die Kinder eine Zeit- und Informationsecke einrichten. Anhand von Tages- und Wochenplänen, Kalendern etc. ist so der eigene Ablauf der Schulzeit erlebbar. Vorteilhaft wäre es, wenn die Lehrerin/der Lehrer die Arbeitszeit – je nach Unterrichtsvorhaben – unabhängig vom festgelegten Rhythmus der Schulglocke in individuelle Zeitblöcke einteilen könnte. Für die Klasse 1 und 2 gilt es bei jeder Gelegenheit, das subjektive Zeitempfinden kontinuierlich zum Zeitbewußtsein weiterzuentwickeln. Da-

bei helfen zunächst die allgemeinen Zeitbegriffe wie „vor/nach", „zu früh/zu spät", „vormittags", „nachmittags" etc.
Als Anlaß zum Thema „Zeit" können auch z. B. der Beginn oder das Ende der Sommerzeit, das Geschenk einer Uhr oder die Verabredung zu einem Treffen (vgl. SB 92-95, „Zoobesuch", LHB 161 ff.) genommen werden. Die Kinder können verschiedene Uhren in die Klasse mitbringen und untersuchen; dazu SB 98 betrachten und AB 1, 3 und 4 ausfüllen.
Zum Bau einer Sanduhr werden zwei kleine Glas- oder Plastikflaschen mit durchlöcherten Schraubdeckeln verschlossen und so aufeinandergeklebt, daß die Schraubdeckel mittig zusammentreffen. Die Kinder können die Sanduhr mit Hilfe einer Stoppuhr o. ä. eichen und verschiedene Tätigkeiten messen.
Für die Modelluhr (AB 2) kleben die Kinder die Vorlage auf eine dünne Pappe, schneiden die Einzelteile aus, lochen Zifferblatt und Zeiger mit der Lochzange und setzen die Teile mit Unterlegscheiben und Musterbeutelklammern zusammen.
Für die Kerzenuhr (AB 5) wird die eine der Kerzen angezündet und nach einer Stunde wieder gelöscht. Die Kinder messen die Längenverminderung der abgebrannten Kerze gegenüber der nicht abgebrannten und übertragen die Abstände mit Bleistift/Nagel auf die nicht abgebrannte Kerze.
Viele Sprichwörter und Redensarten zur „Zeit" (SB 99) sind den Kindern bekannt und können von ihnen gedeutet werden. Die Zeitbegriffe auf der Seite unten zeigen den Kindern, in welchem Maße unser Leben durch die Uhr eingeteilt wird. Durch die pantomimische Darstellung von Aktivitäten im Tageslauf (Mitschüler erraten Tätigkeit und Tageszeit) wird den Kindern das Bewußtsein für Zeiteinteilung vermittelt. Anhand eigener Zeiterlebnisse und Gewohnheiten (Hobbies, regelmäßige Pflichten) können die Kinder untersuchen, wie sie ihre Zeit ausfüllen und welche Rolle die Zeiteinteilung spielt (AB 6).

Arbeitshilfen:
Uhren, Abbildungen von Uhren.

Filme:
32 5169 Maulwurf als Uhrmacher
42 0609 Videobrief aus Japan: Mein Tag

Fächerübergreifendes Lernangebot:
- Sprache: Sprüche auf SB 99 lesen, deuten.
- Mathematik: Uhrzeiten ablesen und berechnen (z. B. AB 1, 3, 5)

Unsere Informationsecke

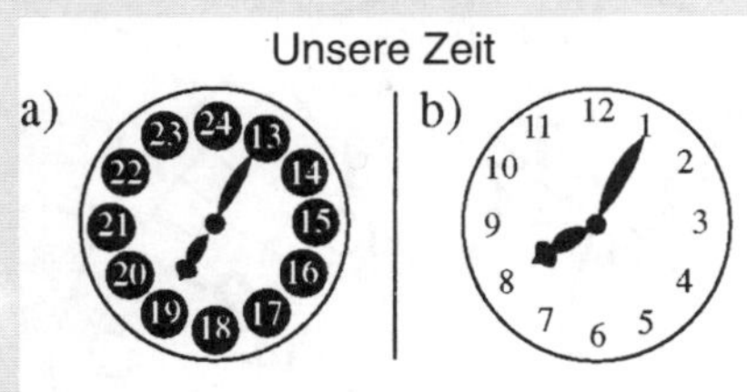

1. Unsere Zeit
a) Stelluhr (Terminuhr) „Bis wann...?"
b) Wanduhr „Wieviel Uhr ist es jetzt?"

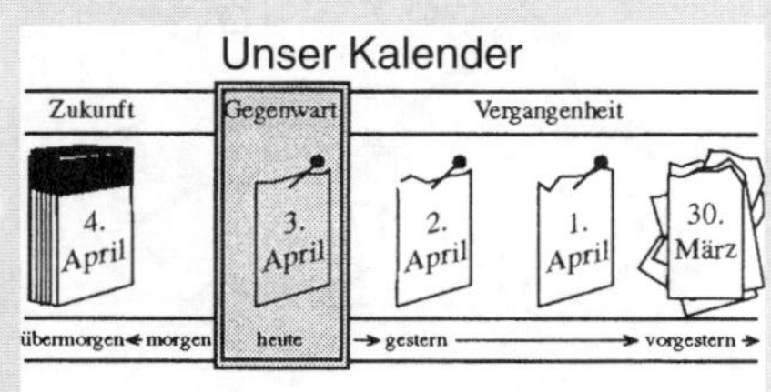

2. Unser Kalender
Abreißkalender oder Wand-, Steckkalender

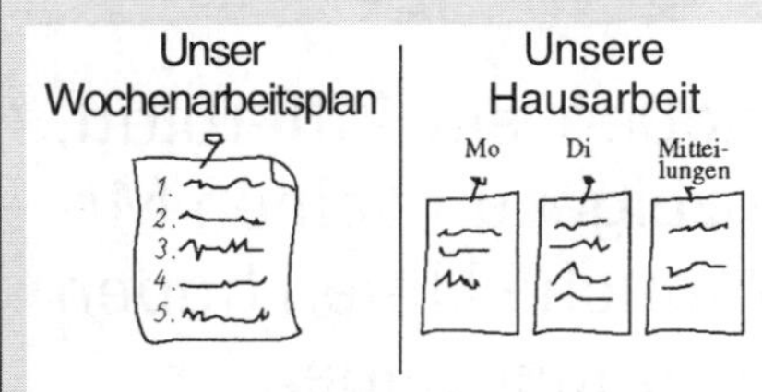

3. Unsere Termine
Wochenarbeitsplan, Hausarbeiten, Mitteilungen

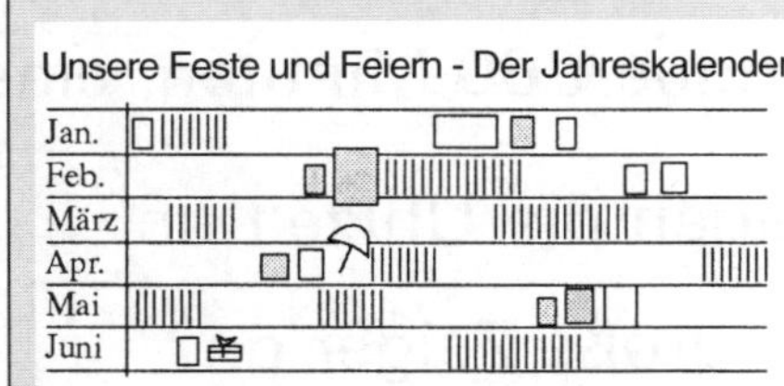

4. Unser Jahreskalender
alle Kindergeburtstage (Fotos), Sommerfest, St. Martin, St. Nikolaus, Ferien, Kirmes etc.

5. Die Monate und Jahreszeiten

Wir haben Zeit

Die Uhr

Kennst du dich mit Uhren aus?

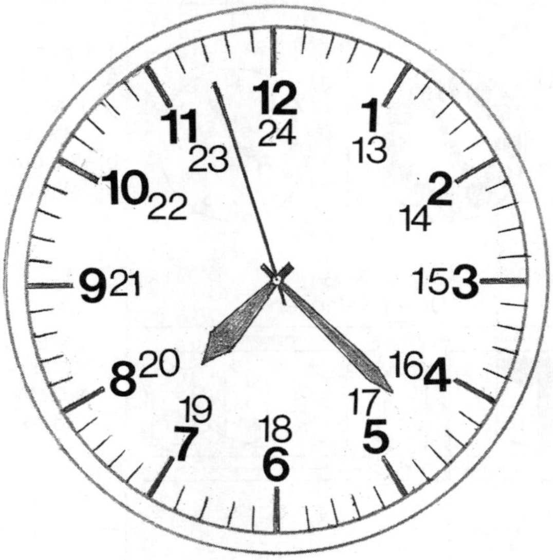

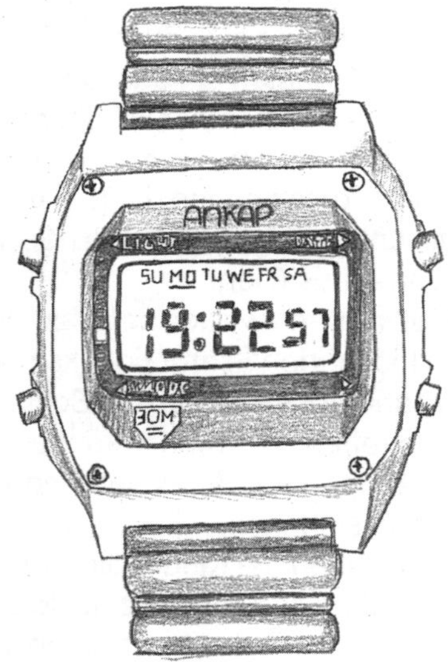

Viele Uhren haben ein Zifferblatt, einen Stundenzeiger und einen Minutenzeiger. Manche Uhren haben noch einen Sekundenzeiger.

Es gibt Uhren ohne Zifferblatt und Zeiger. Wir sehen nur die Ziffern. Diese Uhren heißen Digitaluhren.

Eine Stunde dauert 60 Minuten, eine Minute hat 60 Sekunden.

Die Zeiger zeigen die Uhrzeit an.

Was zeigt der große Zeiger an? ____________________

Was zeigt der kleine Zeiger an? ____________________

Wir beobachten die Uhr. Wieviel Zeit ist jeweils vergangen? Ordne richtig zu!

① 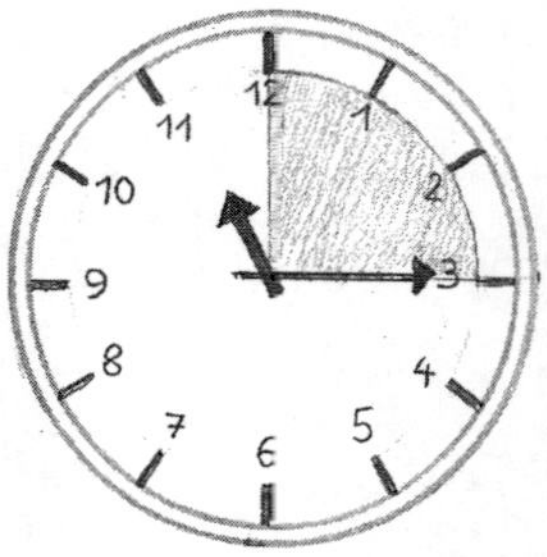
② 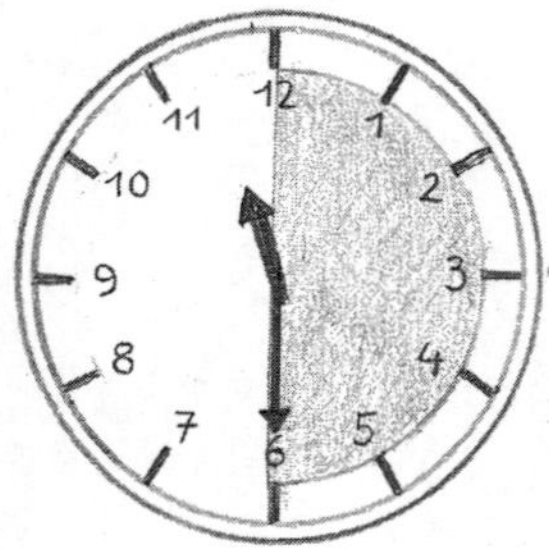
③ 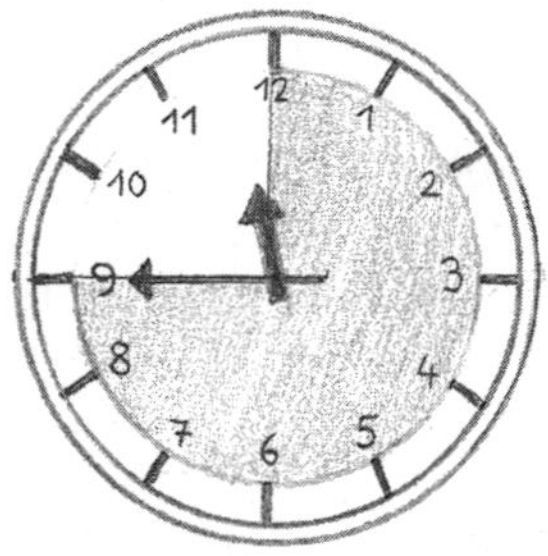
④ 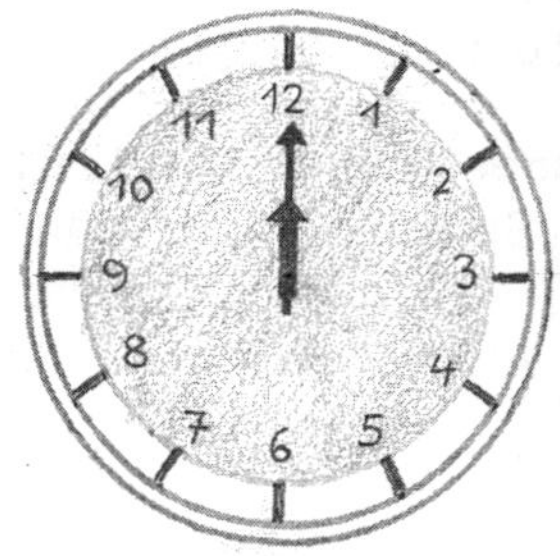

○ eine Stunde
○ eine Viertelstunde
○ eine Dreiviertelstunde
○ eine halbe Stunde

Schlag nach 1/2 — Arbeitsblatt
Bayerischer Schulbuch-Verlag, München

Wir haben Zeit

Arbeitsblatt 2

Wir bauen eine Uhr

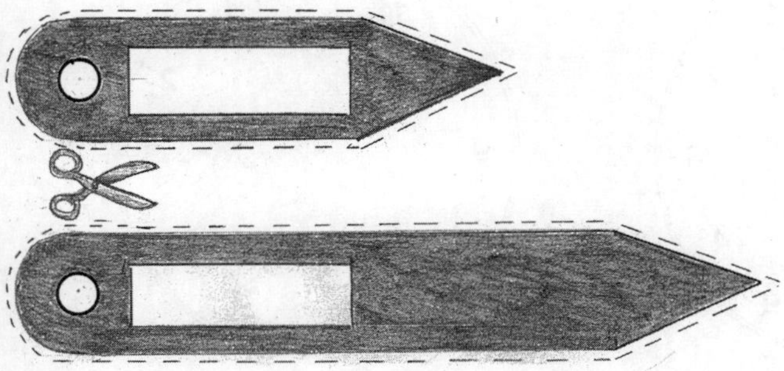

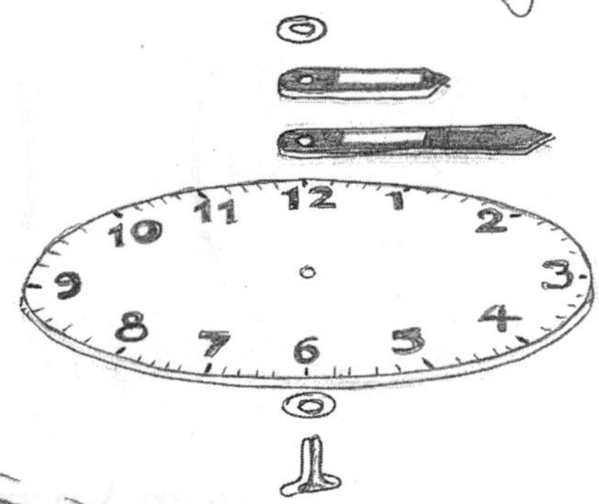

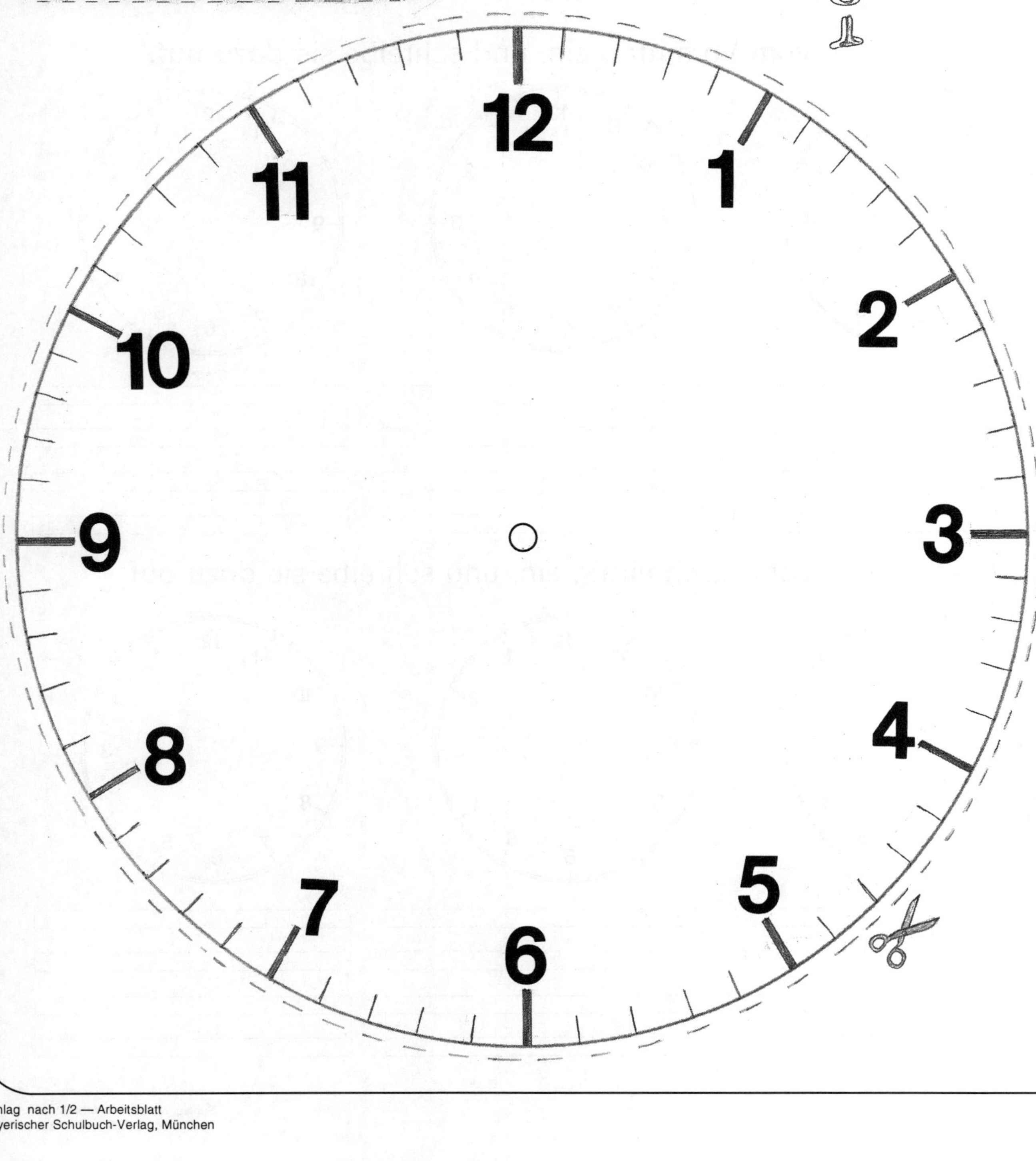

Wir haben Zeit

Arbeitsblatt 3

Wie spät ist es?

Trage die Uhrzeiten richtig ein:

Viertel vor drei

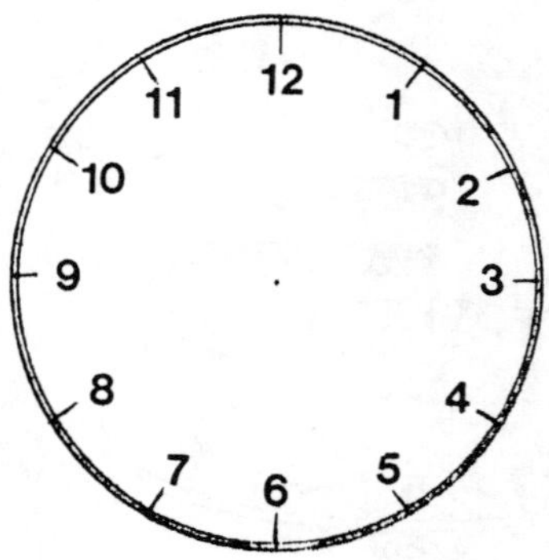

Fünf Minuten vor sechs

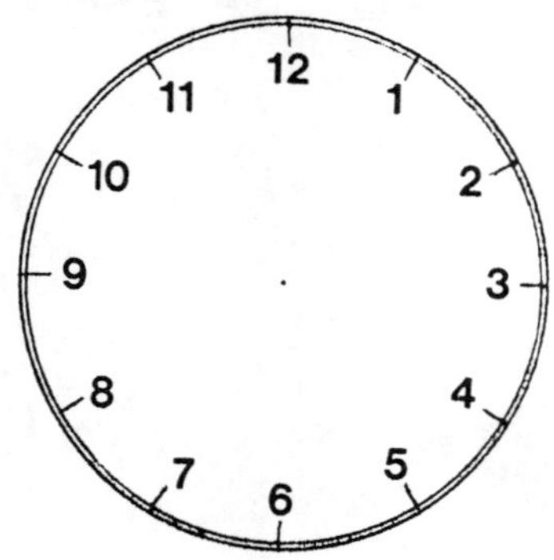

Zwanzig Minuten nach elf

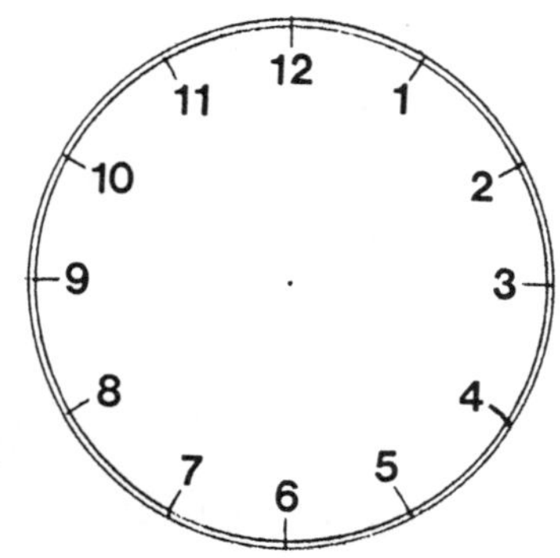

Trage Uhrzeiten vom Vormittag ein, und schreibe sie dazu auf.

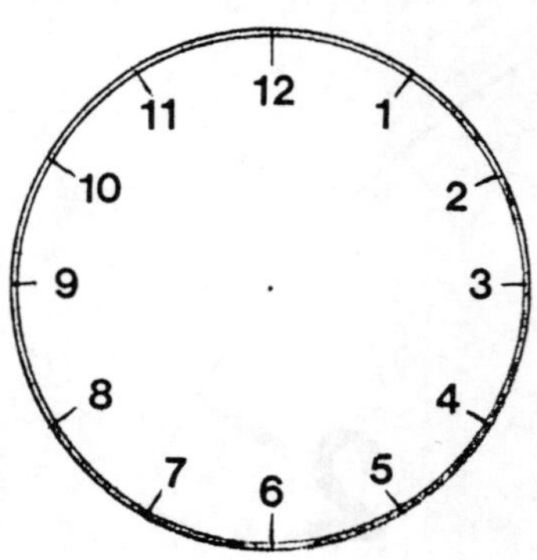

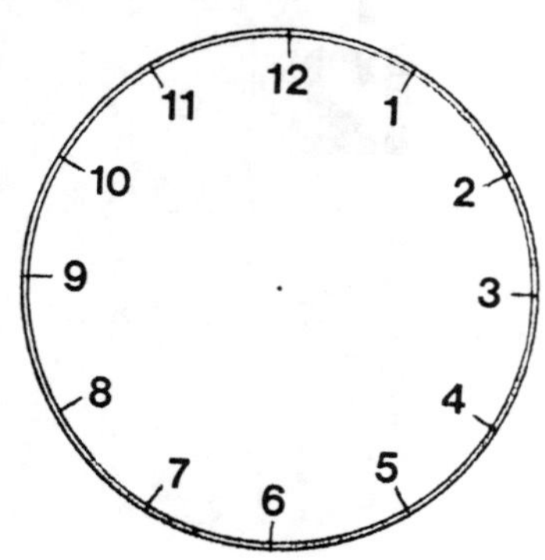

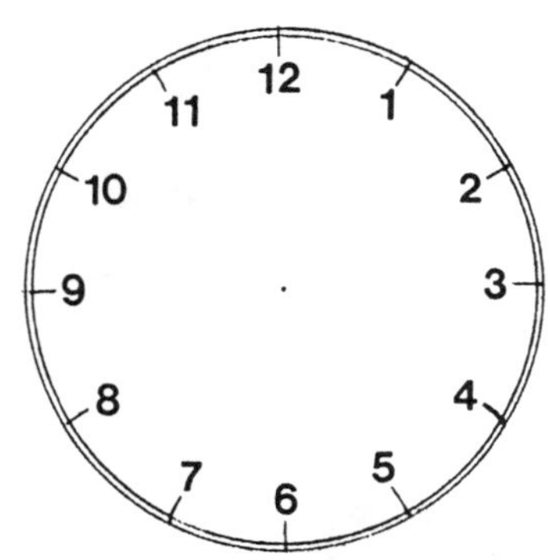

Trage Uhrzeiten vom Nachmittag ein, und schreibe sie dazu auf.

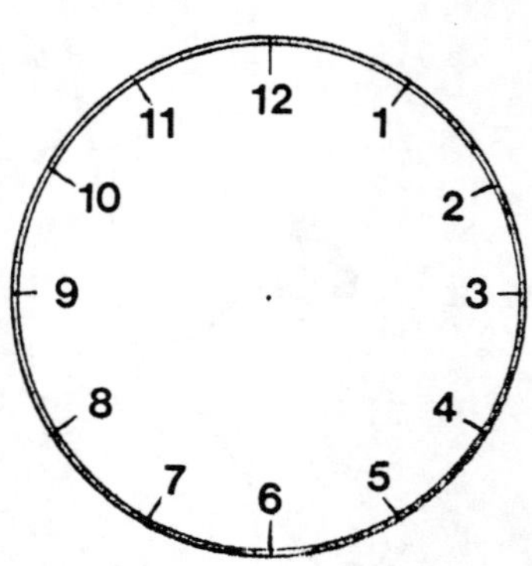

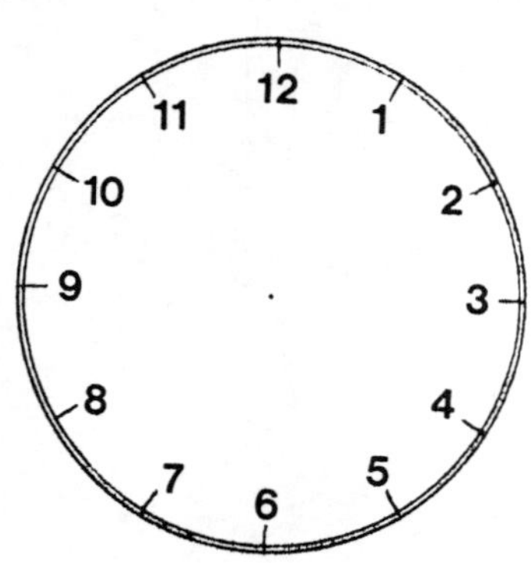

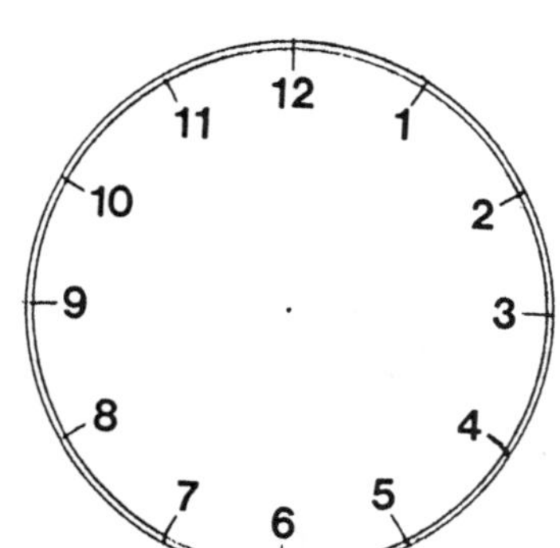

Schlag nach 1/2 — Arbeitsblatt
Bayerischer Schulbuch-Verlag, München

Wir haben Zeit Arbeitsblatt 4

Verschiedene Uhren

Trage richtig ein:

Kirchturmuhr, Sonnenuhr, Stoppuhr, Armbanduhr, Sanduhr, Wecker, Wanduhr

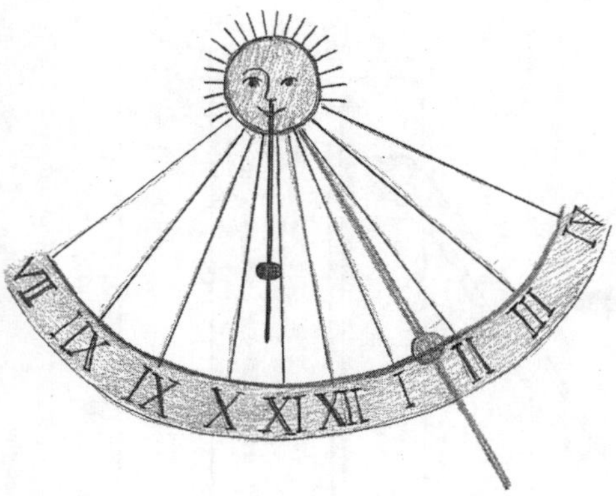

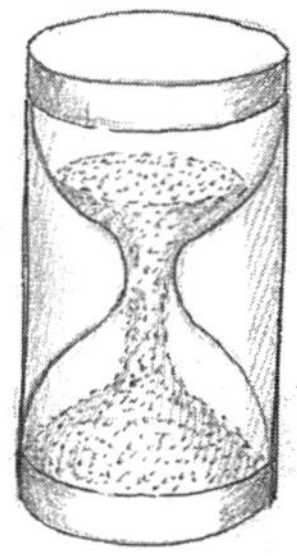

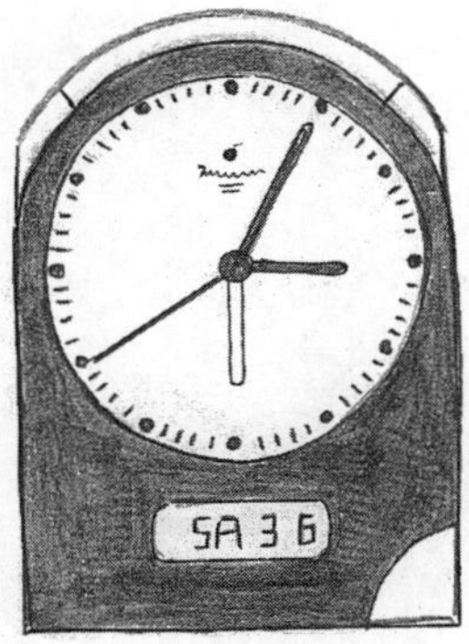

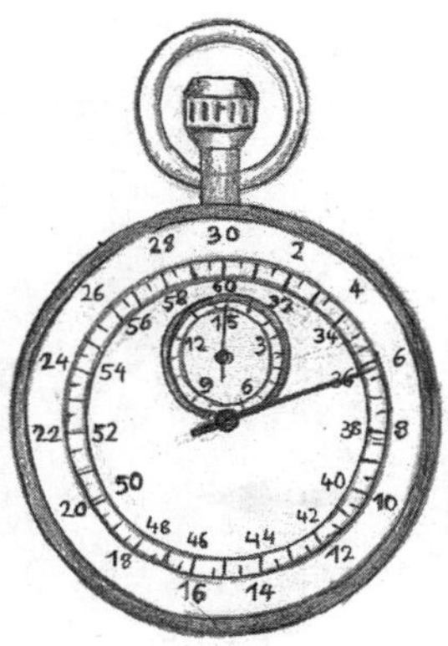

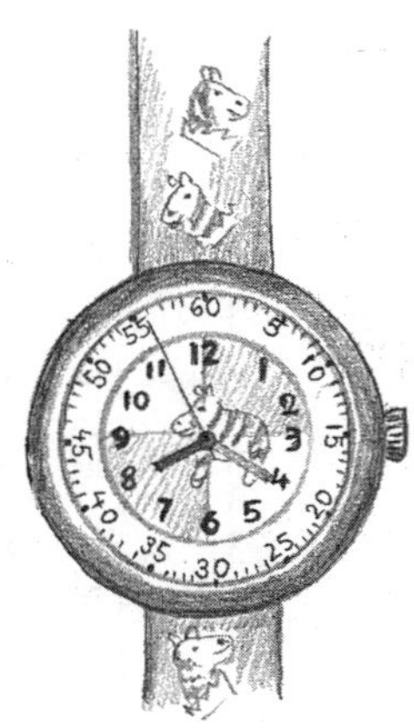

Uhrenkanon

Kanon zu 3 Stimmen

Melodie und Text: Karl Karow (1790–1863)

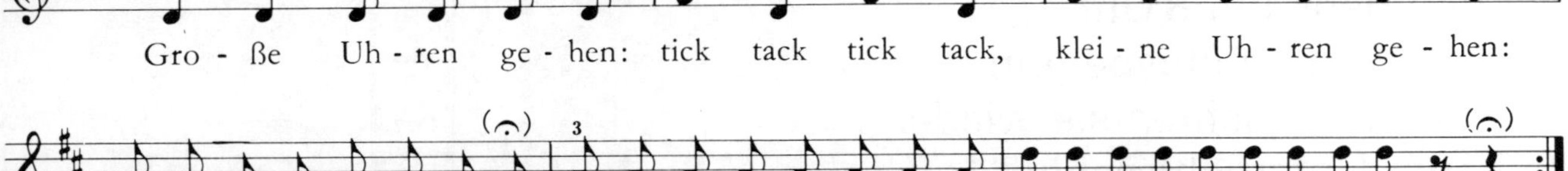

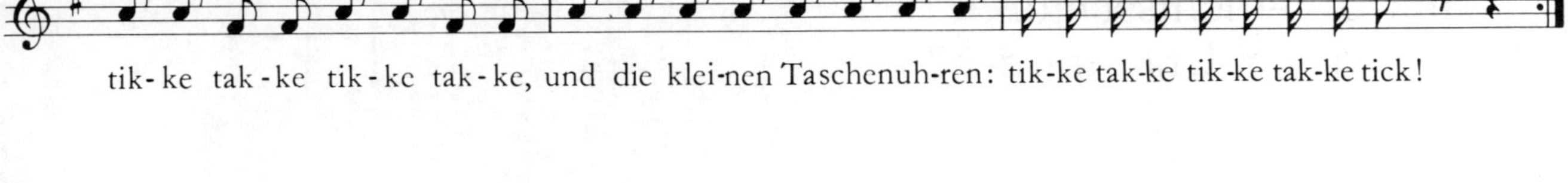

Wir haben Zeit Arbeitsblatt 5

Wir bauen eine Kerzenuhr

Du brauchst dazu: zwei gleiche Kerzen, Streichhölzer, ein Lineal, einen Filzstift und einen Nagel.

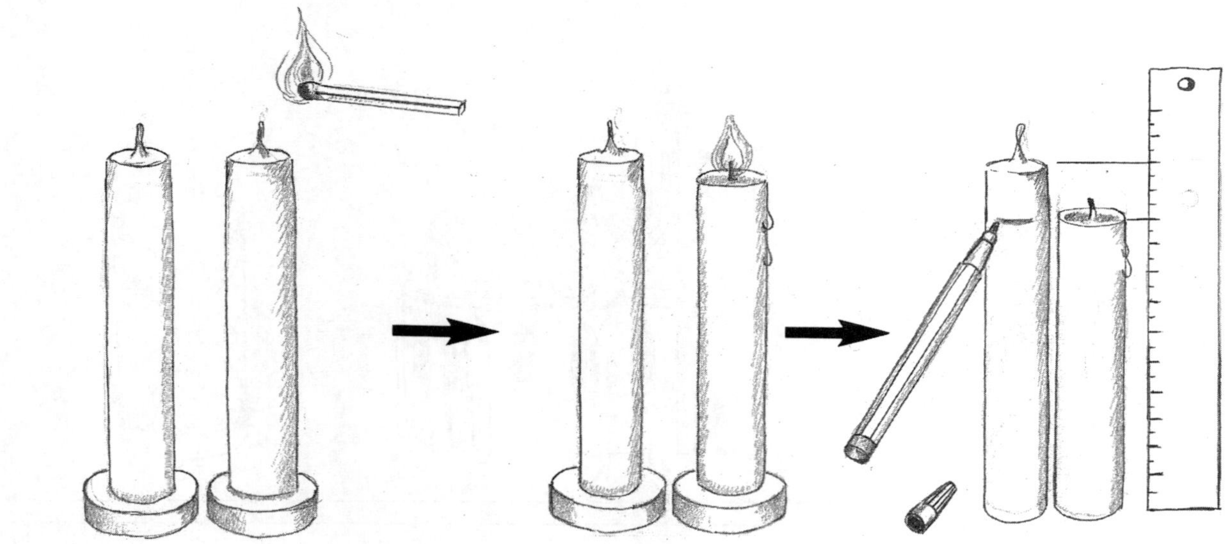

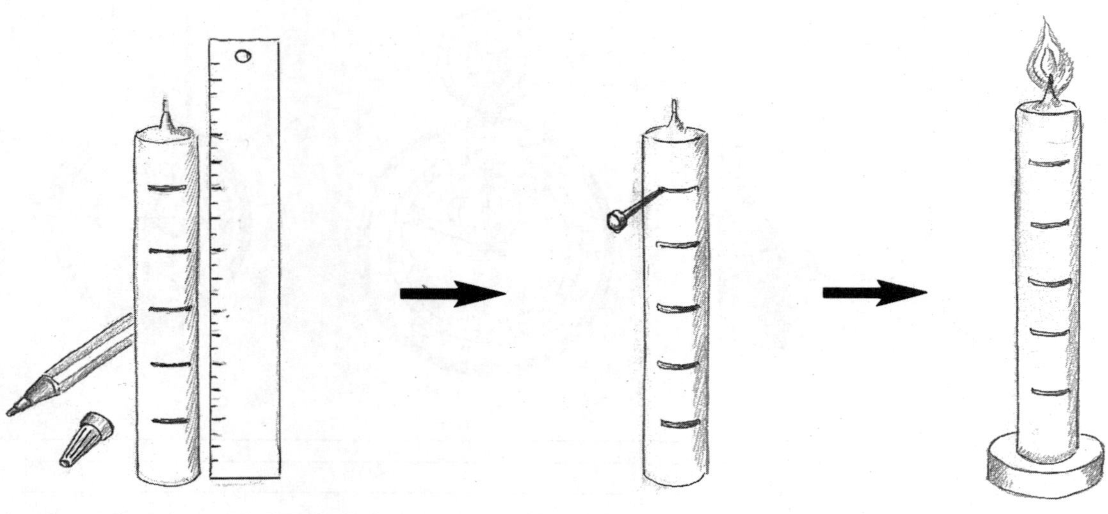

Die Kinder zündeten die Kerzenuhr
morgens um 8 Uhr
zum Unterrichtsbeginn
an und löschten sie wieder
zum Unterrichtsschluß.
Um wieviel Uhr war das?

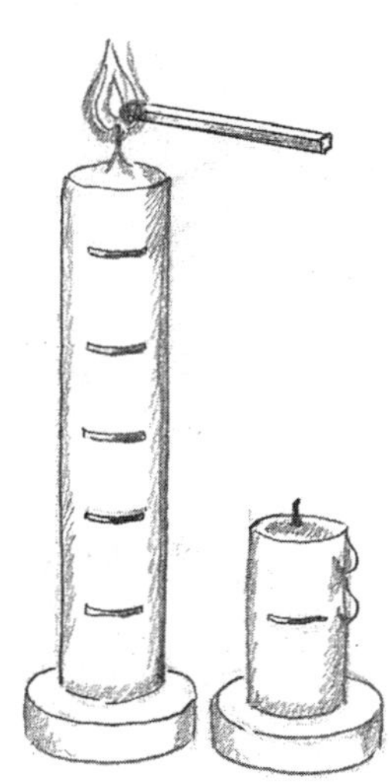

Schlag nach 1/2 — Arbeitsblatt
Bayerischer Schulbuch-Verlag, München

Wir haben Zeit

Arbeitsblatt 6

Mein Tagesablauf

Trage die Uhrzeit auf das Zifferblatt ein, und schreibe sie daneben auf. Schreibe, was du zu dieser Zeit tust.

Vormittag

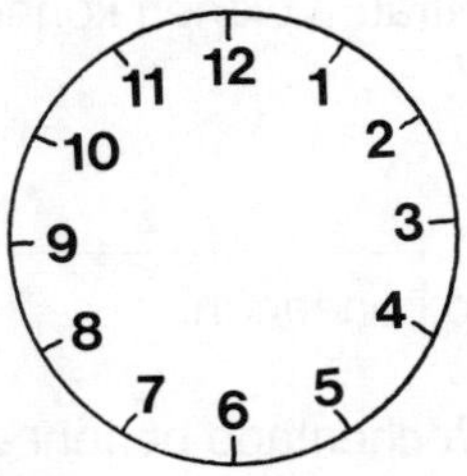

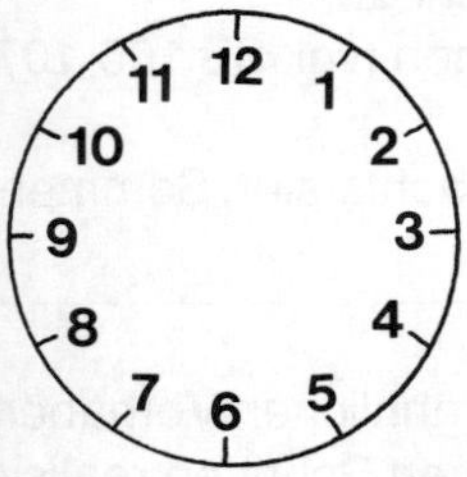

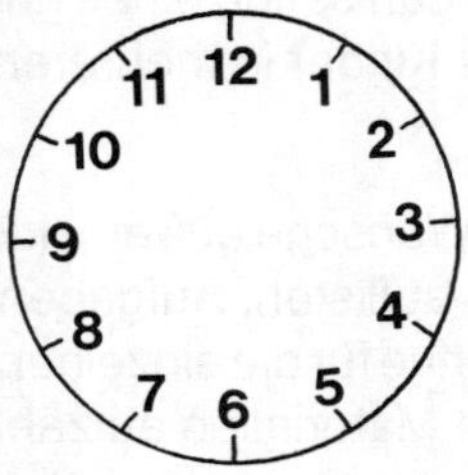

Nachmittag

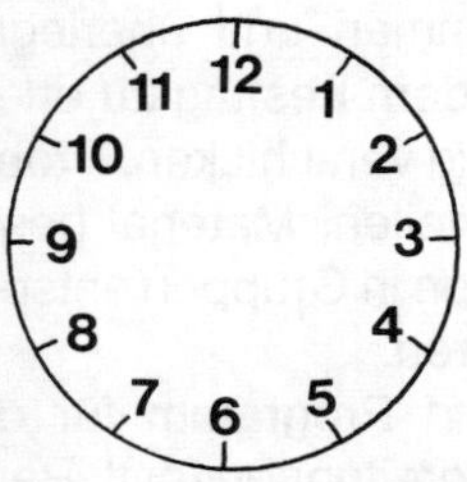

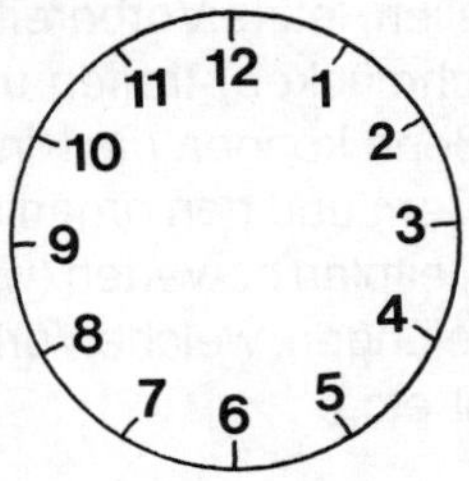

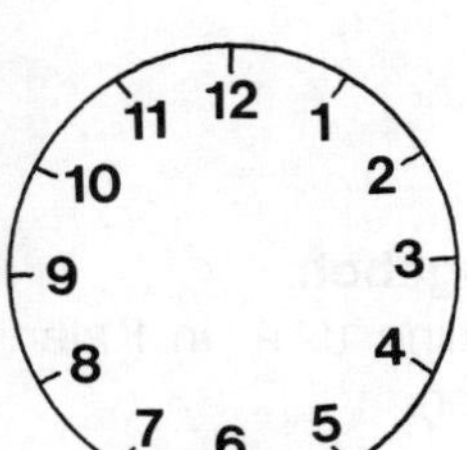

Abend

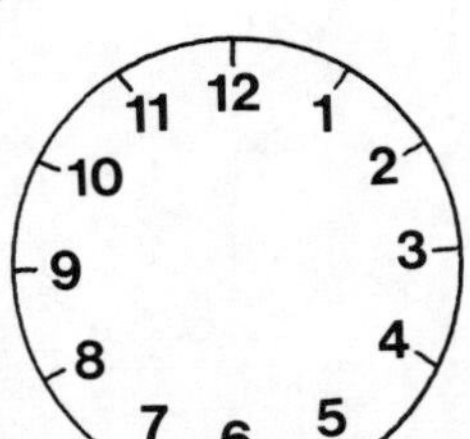

Lernziele

- die Einteilung eines Jahres in Tage, Wochen, Monate kennen;
- verschiedene Kalender nach ihrer Aufteilung und Funktion beschreiben können;
- Einführung in die Begriffe „Vergangenheit", „Gegenwart" und „Zukunft";
- ein gemeinsames Vorhaben (z. B. Weihnachtsfeier) in einem begrenzten Zeitraum planen können.

Umsetzung/Handlungsmöglichkeiten

Streich dir's im Kalender an! SB 100-101 Klasse 1 und 2	– verschiedene Kalendertypen mitbringen, ordnen und benennen; – spezielle Eigenschaften der Kalender beschreiben; – Tage und Wochen des jeweiligen Monats zählen, Wochentage benennen; – Klassenkalender mit Geburtstagen und wichtigen schulischen Terminen (vgl. SB 106-107 Feste und Feiern im Laufe des Schuljahres) gestalten;
Wir planen eine Weihnachtsfeier SB 100-101, Klasse 2	– Plan auf SB 100-101 interpretieren und eigenen Terminplan für Weihnachtsfeier, Sommerfest etc. erstellen.

Der Kalender legt den Ablauf des Jahres, das durch die Umlaufzeit der Erde um die Sonne bestimmt wird, in Tage, Wochen und Monate fest. Für uns heute ist der gregorianische Kalender gültig, der 1582 n. Chr. von Papst Gregor XII. eingeführt wurde.
Der Kalender teilt das Jahr in zwölf Monate entsprechend der Umlaufzeit des Mondes um die Erde. Jeder Monat hat 30 oder 31 Tage (mit 28 Tagen bildet der Februar die Ausnahme).˙Da die 365 Tage nicht dem tatsächlichen Sonnenjahr entsprechen, wird alle vier Jahre (Jahreszahl durch 4 teilbar) ein Schalttag, der 29. Februar, eingefügt. Eine Woche besteht aus sieben Tagen und ein Tag aus 24 Stunden (unterteilt in 60 Minuten aus jeweils 60 Sekunden).
SB 100-101 zeigt verschiedene Kalendertypen mit unterschiedlicher Zeiteinteilung und Gestaltung (z. B. Kunstkalender). Die Kinder lernen (auch anhand der mitgebrachten Kalender) die Zeiteinteilung nach Wochen, Monaten, Jahreszeiten etc. kennen. Die Handhabung des Abreißkalenders vermittelt die Begriffe „Vergangenheit" und „Zukunft". Ein weiteres Vorhaben kann die Gestaltung eines (immerwährenden) Klassenkalenders mit allen Geburtstagen sein oder die Aufstellung eines Wochenplans, in den die Kinder ihre eigenen Termine und Verabredungen eintragen.
Am Beispiel einer Weihnachtsfeier ist die Planung eines gemeinsamen Vorhabens im Rahmen des Schullebens über einen Zeitraum von einer Woche dargestellt. Die Kinder können die Planungsaktivitäten deuten sowie den Wochentagen und Uhrzeiten zuordnen. Das Beispiel kann zur Organisation eines ähnlichen Vorhabens anregen, das die Kinder in mehreren Schritten realisieren:

1. *Feier planen:* Wünsche äußern, Ideen sammeln, Programmpunkte auflisten, Aufgaben an die Kinder verteilen, Zeitspanne für die einzelnen Vorhaben berechnen, benötigte Materialien aufzählen.
2. *Vorbereitungen treffen:* Aktivitäten in sinnvoller Zeiteinteilung aufeinander abstimmen und überlegen, was langfristig bzw. kurz vor dem Festtag zu erledigen ist (Einladungen rechtzeitig verschicken, Proben einplanen etc.), Zeitplan aufstellen, Material besorgen und die einzelnen Vorhaben in Gruppen entsprechend dem Zeitplan durchführen.
3. *Feier ausführen:* Zeitplan und Programm für den Festtag aufstellen, letzte Vorbereitungen (evtl. Raum umräumen, schmücken) treffen und Fest veranstalten. Anschließend können die Kinder Meinungen zu ihrer Feier äußern und den organisatorischen Ablauf wie auch den Zeitplan bewerten (welche Vorbereitungen sind gut gelungen, welche Vorhaben hätten mehr Zeit gebraucht etc.).

Arbeitshilfen:
verschiedene Kalender.

Fächerübergreifendes Lernangebot:

- Sprache: Geburtstage, Termine u. ä. in Kalender eintragen, Zeitpläne erarbeiten.

Wir haben Zeit

Arbeitsblatt 7

Wir planen eine Weihnachtsfeier!

Wochentag	Datum	Tätigkeit
Sonntag		

Der Kreislauf des Jahres/Die vier Jahreszeiten

Schülerbuch Seite **102-105**

Lernziele

- die zeitliche Einteilung des Jahres in Jahreszeiten kennen und die entsprechenden Monate zuordnen;
- typische Kennzeichen der einzelnen Jahreszeiten beschreiben können;
- die Bedeutung der Jahreszeiten für das Leben von Menschen, Tieren und Pflanzen begreifen;
- den Jahreslauf ganzheitlich als eine von der Natur bestimmte, vom Menschen geprägte und subjektiv erlebte Zeiteinheit erleben.

Umsetzung/Handlungsmöglichkeiten

Der Kreislauf des Jahres/ Die vier Jahreszeiten SB 102-105 Klasse 1	– Unterrichtsgang in die Natur; – Naturerscheinungen und jahreszeitliche Aktivitäten zuordnen; – Beginn der Jahreszeiten mit dem Kalender ermitteln; – zu den Jahreszeiten passende Vorhaben und Experimente durchführen, Lieder einüben.

Der Lauf des Jahres wird durch den periodischen Umlauf der Erde um die Sonne bestimmt. Als tropisches Jahr wird die Zeitspanne von Frühling zu Frühling bezeichnet, sie beträgt 365 Tage, 5 Stunden, 48 Minuten und 46,42 Sekunden.

Aus der Neigung der Erdachse gegenüber der Erdbahn (etwa 23°) ergibt sich, je nach Stellung der Erde zur Sonne, ein unterschiedlicher Strahlungswinkel des Sonneneinfalls auf die Erdoberfläche. Dadurch wird das Klima in den Jahreszeiten beeinflußt.

Die Einteilung des Jahres in die Jahreszeiten ergibt sich aus dem Sonnenstand bzw. dem scheinbaren Lauf der Sonne über dem Horizont.

In unseren Breiten steht die Sonne am 22. Dezember am niedrigsten (Tag ca. 7 Stunden, Nacht 17 Stunden lang). Mit dem Frühlingsanfang am 21. März hat die Sonne einen mittleren Stand (Tag- und Nachtgleiche, 12 Stunden). Zur Sommersonnenwende am 21. Juni steht die Sonne am höchsten (Tag 17, Nacht 7 Stunden lang). Am 23. September (Herbstanfang) hat die Sonne wieder den Stand der Tag- und Nachtgleiche. Zum Winterhalbjahr zählen Herbst und Winter (178 Tage, 19 Stunden), während Frühling und Sommer das Sommerhalbjahr (186 Tage, 11 Stunden) bilden. Die elliptische Abweichung der Erdumlaufbahn (Sonnennähe, Perihel, am 2. Januar; Sonnenferne, Aphel, am 2. Juli) hat auf die Jahreszeiten keinen unmittelbaren Einfluß.

Bei einem Unterrichtsgang in die Natur können die Kinder für die Jahreszeit typische Naturerscheinungen, z. B. Frühlingsblüten oder Herbstlaub, beobachten und versuchen zu erklären.

Auf **SB 102-103** ist der Kreislauf des Jahres in Bild und Text dargestellt, dabei wurden zur Kennzeichnung der Jahreszeiten passende Signalfarben gewählt. Die Kinder erkennen, daß eine neue Jahreszeit nicht mit einem neuen Monat beginnt (z. B. Winter – Ende Dezember). Sie können den Anfang einer neuen Jahreszeit auch im Kalender (vgl. SB 100-101, „Wir haben Zeit – Streich dir's im Kalender an") heraussuchen. Die vier Darstellungen der Buche außen auf der Seite und die des Apfelbaumes innen zeigen die jahreszeitlichen Veränderungen in der Natur. Anhand der auf SB 102-103 und 104-105 abgebildeten monatstypischen und jahreszeitlichen Aktivitäten und Naturerscheinungen können die Kinder eigene Erlebnisse einbringen.

Durch die zeitliche Zuordnung von Erlebnis- und Gefühlserfahrungen machen sie sich das Vergehen der Zeit und die regelmäßige Wiederkehr bestimmter Erscheinungen bewußt. In Einzel- und Gruppenarbeit können die Kinder verschiedene, der Jahreszeit entsprechende Vorhaben durchführen, z. B.:

Sommer: *Heiß und kalt* **(AB 1)**
Umgang mit dem Thermometer lernen, Beobachtungen über einen längeren Zeitraum anstellen und die Hitzefrei-Regelung der eigenen Schule untersuchen.
Für einfach herzustellendes Eis sind Plastikformen, Holzstäbe und wäßrige Fruchtsäfte notwendig.
Beobachtung: Nach der Kühlung ist die Eisoberfläche gewölbt.
Erkenntnis: Wasser dehnt sich beim Gefrieren aus.

Herbst: *Wind und Wasser* (AB 2)
Windrad mit Holzstab (8 mm, 50 cm lang) und farbigem Tonpapier (20 cm x 20 cm) bauen: Diagonalen in das Tonpapier einzeichnen und das Papier entlang der Diagonalen bis kurz vor den Mittelpunkt (3- 5 cm) einschneiden; die vier Flügel jeweils in der rechten Ecke durchstechen, die Ecken zur Mitte biegen, u. U. mit etwas Tesafilm befestigen und einen Nagel durchstechen; Perle als Abstandhalter und zur besseren Lagerung aufstecken, Nagel vorsichtig in den Stab schlagen und Nagelspitze auf der Rückseite des Stabes umbiegen.
Segelboot bauen: Form mit Messer oder Thermosäge aus Styroporplatten (erhältlich in Baumärkten) schneiden; als Mast einen Rundstab (6 mm Durchmesser) in die Mitte des Bootes stecken und notfalls mit Styroporkleber festkleben; Segel (Blatt Papier) anmalen, lochen und auf den Mast stecken.

Winter: *Vögel füttern im Winter – pro und contra* (AB 3 und 4)
Abstimmung zu dem Thema durchführen und entsprechend zwei Parteien auswählen; Argumentationskarten ausschneiden, verteilen und Argumente notieren; Argumente im Wechsel vortragen; Endabstimmung durchführen und mit Eingangsabstimmung vergleichen.
Die Gedichte auf SB 104-105 entsprechen dem Lesevermögen dieser Altersstufe. Die Bilder bieten zusätzlichen Anknüpfungspunkt an das Thema Kleidung (SB 68-69, „Kleidung – immer wieder anders").

Arbeitshilfen:
Kalenderbilder.

Filme/Lichtbildreihen:
10 2861 Frühlingsbilder
10 2582 Erzählbilder: Sommerszenen
10 2825 Herbstbilder
10 2583 Erzählbilder: Winterszenen
32 3623 Geschichten vom Wetter

Fächerübergreifendes Lernangebot:
- Musik: Frühlingslied „Alle Vögel sind schon da", LHB 192, Herbstlied „Der Herbst ist da", LHB 194.
- Sprache: Gedichte auf SB 103-104, Erörterung „Vögel füttern im Winter" (AB 3, 4).

Jahrein, jahraus

Frühlingslied

Alle Vögel sind schon da ...

2. Wie sie alle lustig sind,
flink und froh sich regen!
Amsel, Drossel, Fink und Star
und die ganze Vogelschar
wünschen uns ein frohes Jahr,
lauter Heil und Segen.

3. Was sie uns verkündet nun,
nehmen wir zu Herzen.
Wir auch wollen lustig sein,
lustig wie die Vögelein,
hier und dort, feldaus, feldein
singen, springen, scherzen!

Schlag nach 1/2 — Arbeitsblatt
Bayerischer Schulbuch-Verlag, München

Jahrein, jahraus Arbeitsblatt 1

Heiß und kalt

Heute zeigt das Thermometer schon um 9.00 Uhr eine Temperatur von 27 °C in der Klasse.
Hitzefrei?

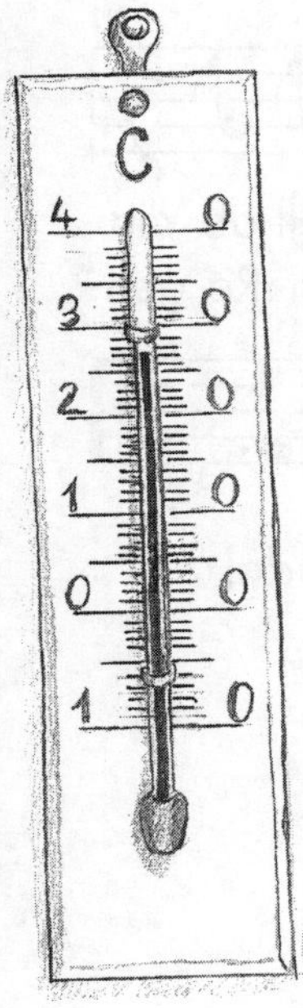

Eis – selbstgemacht!

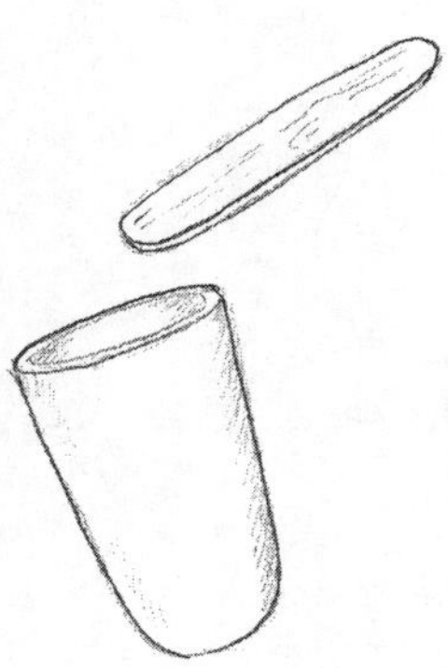

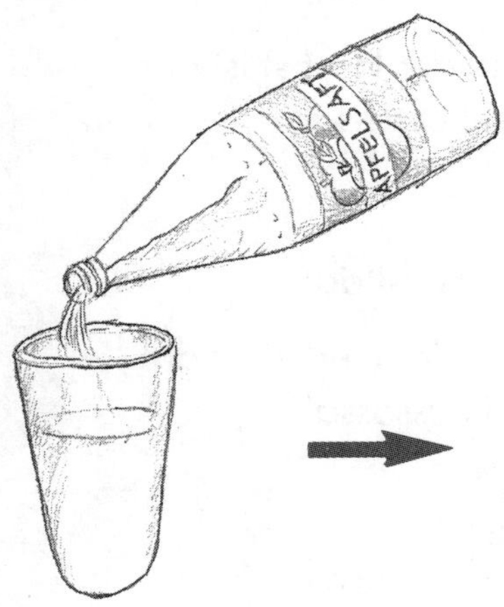

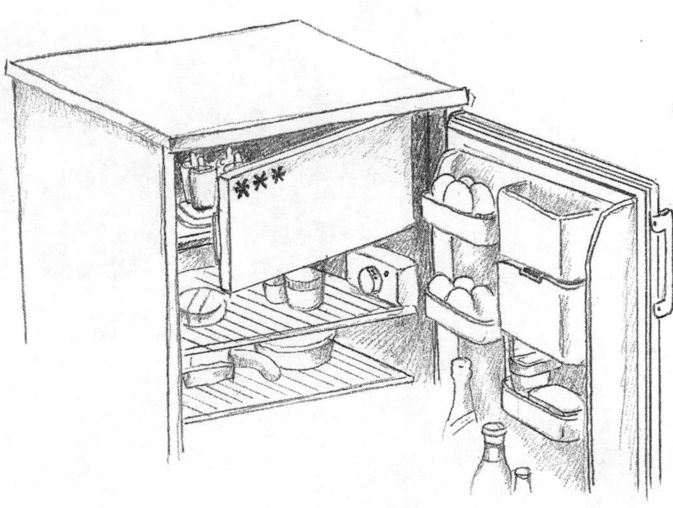

Jahrein, jahraus

Herbstlied

Der Herbst ist da!

2. Der Herbst, der Herbst, der Herbst ist da!
Er bringt uns Obst, hei hussassa!
Macht die Blätter bunter,
wirft die Äpfel runter.
Heia hussassa, der Herbst ist da!

3. Der Herbst, der Herbst, der Herbst ist da!
Er bringt uns Wein, hei hussassa!
Nüsse auf den Teller,
Birnen in den Keller.
Heia hussassa, der Herbst ist da!

4. Der Herbst, der Herbst, der Herbst ist da!
Er bringt uns Spaß, hei hussassa!
Rüttelt an den Zweigen,
läßt den Drachen steigen.
Heia hussassa, der Herbst ist da!

Schlag nach 1/2 — Arbeitsblatt
Bayerischer Schulbuch-Verlag, München

Jahrein, jahraus

Arbeitsblatt 2

Wind und Wasser

Wir bauen ein Windrad

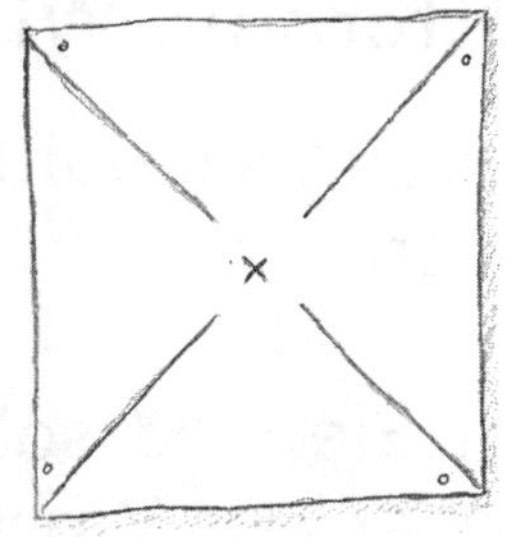

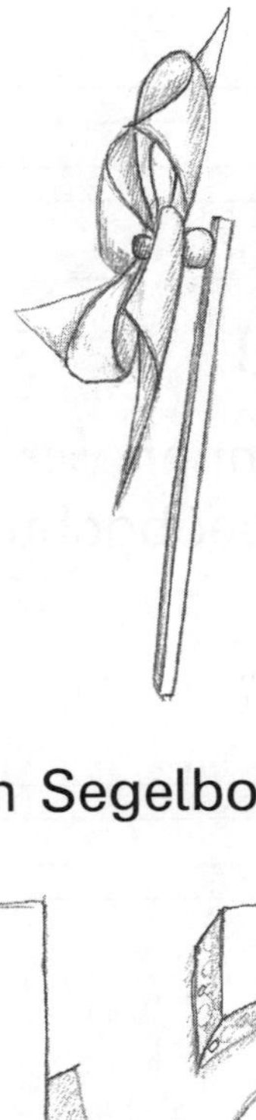

Wir bauen ein Segelboot

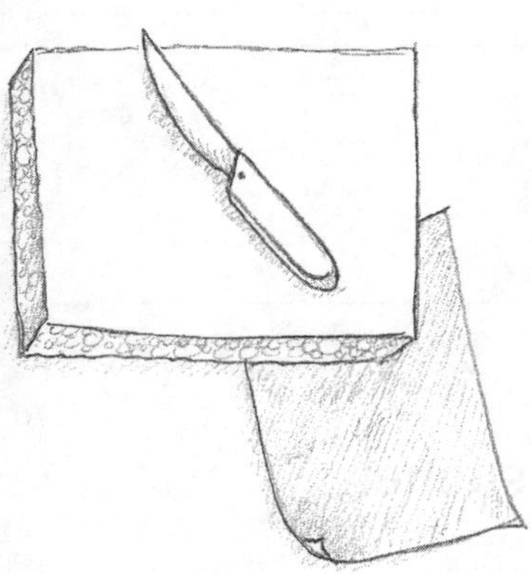
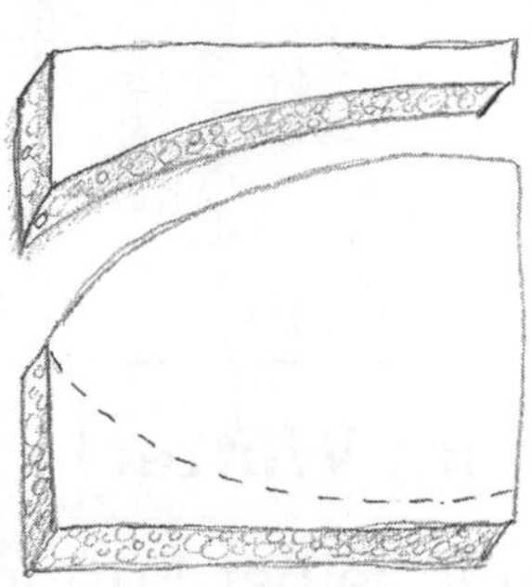

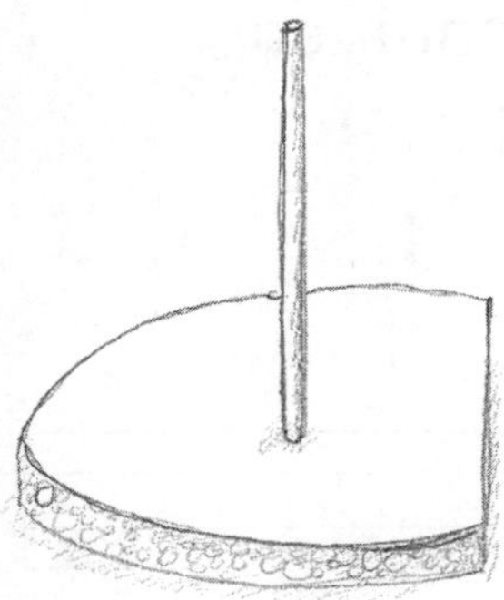
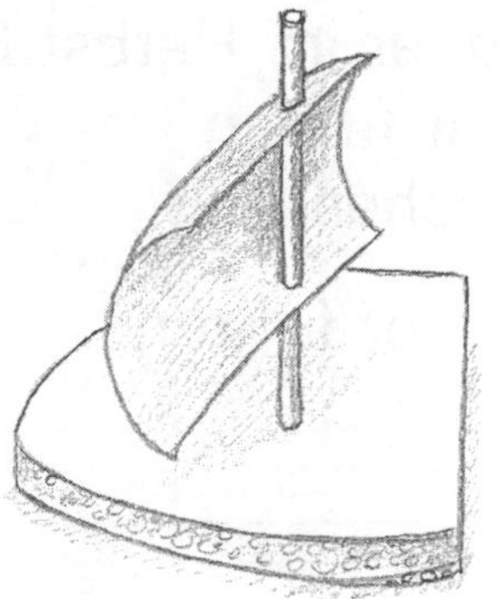

Vögel füttern im Winter – pro und contra!

✂ -

Vögel füttern im Winter!

1. Wir füttern Vögel nur dann, wenn sie durch Schnee oder Frost selbst kein Futter mehr finden können.
2. So füttern wir richtig:
   Keine Essensreste verfüttern. Sie sind salzig. Salz macht die Vögel durstig. Bei Frost finden sie aber kein Wasser und müssen verdursten.

Fragen: 1. Wann sollen wir Vögel im Winter füttern?
2. Wie füttern wir richtig?

Stichwörter: ______________________

✂ -

Vögel füttern im Winter!

Füttern wir die Vögel in der kalten Jahreszeit, können wir sie ganz nah sehen. An ihrem Futterplatz können wir die Vögel beobachten und besser kennenlernen.

Frage: Warum sollen wir Vögel im Winter füttern?

Stichwörter: ______________________

✂ -

Vögel füttern im Winter!

Die Vögel können sich auch im Winter selbst Futter suchen.
Sie fressen Beeren und andere Früchte.
Viele Hecken und Sträucher werden aber im Herbst beschnitten.
Hier können die Vögel kein Futter mehr finden.
Sie brauchen dann die Hilfe der Menschen.

Frage: Warum sollen wir Vögel im Winter füttern?

Stichwörter: ______________________

Schlag nach 1/2 — Arbeitsblatt
Bayerischer Schulbuch-Verlag, München

Jahrein, jahraus Arbeitsblatt 4

Vögel füttern im Winter – pro und contra!

Vögel füttern im Winter?

Viele Menschen füttern Vögel den ganzen Winter über. Sie füttern auch dann, wenn es nicht geschneit oder gefroren hat. Die Vögel werden dann faul und suchen ihr Futter nicht mehr selbst. Wenn im Frühjahr die Jungen kommen, wissen manche Vögel nicht mehr, wie sie Futter suchen sollen. Die jungen Vögel verhungern dann.

Frage: Warum sollen wir Vögel im Winter nicht füttern?

Stichwörter:

Vögel füttern im Winter?

Werden Vögel im Winter gefüttert, kommen besonders viele Amseln und Tauben zur Futterstelle. Sie fressen sich satt und verscheuchen andere Vogelarten.
Sie vermehren sich und werden zur Plage.
Im Sommer fressen sie die Gärten und Obstbäume kahl.

Frage: Warum sollen wir Vögel im Winter nicht füttern?

Stichwörter:

Vögel füttern im Winter?

Füttern wir Vögel im Winter, dann kommen auch kranke Vögel zur Futterstelle.
Der Kot der kranken Tiere ist voll von Krankheitskeimen. Wenn ein gesunder Vogel den Kot berührt, wird er angesteckt und muß vielleicht sterben.

Frage: Warum sollen wir Vögel im Winter nicht füttern?

Stichwörter:

Lernziele

- Daten wichtiger Feste und Feiertage im Laufe des Schuljahres kennen;
- Bräuche der Heimat beschreiben können und Brauchtum pflegen.

Umsetzung/Handlungsmöglichkeiten

Feste und Feiern im Laufe des Schuljahres SB 106-107 Klasse 1 und 2 Wir singen und spielen zum Martinstag/Viele Masken zum Karneval SB 108-109, Klasse 1 und 2	– Fotos auf SB 106-107 betrachten; – die Daten der Festtage im Schuljahr mit Hilfe eines Kalenders bestimmen; – Klassenkalender mit Fest- und Feiertagen erstellen; – Aktivitäten zu den einzelnen Festen und Feiern durchführen, z. B. Martinslaterne anfertigen, Kerzen gießen; – zu den Festen und Bräuchen passende Lieder einüben.

Im Klassengespräch können die Kinder von ihren Erfahrungen mit Festen und Feiern berichten und Fotos von zu Hause mitbringen. Die Bilder auf **SB 106-107** zeigen typische Situationen an Festen und Feiern im Jahreslauf. Ausgewählt wurden die wichtigsten kirchlichen und staatlichen Feste, im jeweiligen Gebiet bedeutende Brauchtumstage sowie Feiern im Laufe des Schuljahres.
Die Kinder ordnen die Begriffe aus der Wortliste zu und bestimmen mit Hilfe eines Kalenders die feststehenden und die sich verändernden Daten der Feste und Feiern. Bei der Besprechung der einzelnen Feste und Bräuche können folgende Vorhaben durchgeführt werden:

Martinstag (11. November):
Laterne bauen, Anregungen finden sich beim Martinslied, LHB 200.

Barbaratag (4. Dezember):
Zweige von einem Obstbaum (z. B. Kirsche) abschneiden und in eine Vase stellen; die Zweige sollten zu Weihnachten blühen.

Advent:
Kerzen mit Wachsresten, Docht und Joghurtbechern gießen (AB 5).
Beobachtung: Nach Abkühlen des Kerzenwachses in den Formen ist eine Mulde an der Oberfläche der Kerze festzustellen.
Erkenntnis: Wachs zieht sich beim Abkühlen zusammen (vgl. „Heiß und kalt", LHB 193).

Die Lehrerin/der Lehrer kann einfache Versuche zur Untersuchung der Kerzenflamme vorführen:

1. Kerzenflamme auspusten, Wachs- bzw. Stearinschwaden aus einigen Zentimetern Entfernung mit brennendem Streichholz entzünden.
   Beobachtung: Die Flamme springt an den Docht.
   Erkenntnis: Die Wachsdämpfe sind brennbar.
2. Streichholz in die helle Spitze der Flamme halten und die Zeit bis zum Entzünden mit der Stoppuhr messen; zweites Streichholz in die dunkle Zone des Dochtes halten und die Zeit bis zum Entzünden messen.
   Beobachtung: Das Streichholz entzündet sich in der hellen Zone schneller als in der dunklen.
   Erkenntnis: Die hellen Randzonen und die Spitze sind wesentlich heißer als die dunkle Innenzone, da in diese Bereiche der zur Verbrennung benötigte Sauerstoff aus der Luft gelangen kann. In der Innenzone befinden sich noch unverbrannte Wachsdämpfe.

Weihnachten:
Beleuchtung zu einer Weihnachtskrippe herstellen (AB 6). Die abgebildeten Materialien lassen sich im Elektrohandel besorgen, die Klingeldrähte sollten mit einer entsprechenden Zange und nicht mit den Zähnen abisoliert werden (vgl. SB 53). Die Kinder erkennen, daß das Lämpchen leuchtet, wenn der Stromkreis geschlossen ist. Schalter als Unterbrecher lassen sich mit einfachen Materialien, z. B. Büroklammern oder Musterbeutelklammern, einbauen.

Die Kinder können weitere, einfache Versuche durchführen:

1. Untersuchung verschiedener Materialien auf ihre elektrische Leitfähigkeit.
   Erkenntnis: Alle Metalle, Kohle und Graphit sind elektrische Leiter. Porzellan, Stein, Glas, Gummi, trockenes Holz, Plastik u. ä. sind Nichtleiter (Isolatoren).
2. Beleuchtung mit zwei Glühlämpchen
   a. Erkenntnis bei Reihenschaltung:
      Vorteile: Nur drei Drahtstücke werden benötigt, und die Batterie ist länger in Betrieb.
      Nachteile: Die Lämpchen leuchten dunkler; wenn ein Lämpchen defekt ist, leuchtet auch das zweite Lämpchen nicht mehr.

b. Erkenntnis bei Parallelschaltung:
Vorteile: Die Lämpchen leuchten gleich hell; wenn ein Lämpchen defekt ist, leuchtet das andere weiter.
Nachteile: Es werden vier Drahtstücke benötigt, und die Batterie ist schneller verbraucht.

Die Experimente zum elektrischen Stromkreis können auch zu anderen Versuchen (Modellwohnung, Martinslaterne, Elektrospielzeug) durchgeführt werden. Dabei ist wiederholt auf die Gefahren im Umgang mit Netzspannung zu verweisen.

Karneval:
Kostüme basteln, Gedicht „Fastnacht der Tiere" (LHB 203) lesen und enträtseln.

Ostern:
Kresse aussäen (vgl. „Essen und trinken" AB 13, LHB 78); Osterkörbchen anfertigen (AB 7).

Anhand der Abbildungen auf **SB 106-107** können die Kinder einen Klassenkalender mit wichtigen Festen und Feiern gestalten. Sie lernen dabei, ihr Schuljahr überschaubar einzuteilen und werden angeregt, den Gang durch das Jahr bewußt zu erleben. Die gemeinsame Planung, Gestaltung und Durchführung von Festen und Feiern im Rahmen des Schullebens (vgl. SB 100-101 „Wir planen eine Weihnachtsfeier", LHB 188) fördern die Sozialkompetenz und führen zu einem verantwortungsvollen Miteinander in der Schule.
Die Lieder auf **SB 108-109** unterstützen durch die Einbeziehung rhythmischer und musikalischer Elemente den ganzheitlichen Lernprozeß und tragen zur Brauchtumspflege bei.

Arbeitshilfen:
Bilder und Texte (evtl. aktuelle Zeitungsausschnitte) zur Gestaltung von Festen und Feiern.

Film:
32 3340 Wir feiern Feste: Weihnachten

Fächerübergreifendes Lernangebot:
- Kunst: Martinslaterne, Karnevalskostüm anfertigen.
- Musik/Sport: Lieder einüben und rhythmisch begleiten (SB 108 und LHB 200 „Wir singen und spielen zum Martinstag", SB 109 „Viele Masken im Karneval, LHB 205 Geburtstagslied „Wie schön, daß du geboren bist").
- Sprache: Feste und Feiern in Kalender eintragen, Klassenkalender gestalten.

Früchte und Pfanzen mal anders . . .

Schülerbuch Seite **110**

SB 110 zeigt Abbildungen der „Vier Jahreszeiten" von Giuseppe Arcimboldo (wahrscheinlich 1527-1593 in Mailand). Arcimboldo zählt zu den Vertretern des Manierismus, einer Stilrichtung zwischen Spätrenaissance und Barock.
Die vier allegorischen Bilder stellen phantastisch wirkende Köpfe dar, die aus realistisch gemalten Früchten und Pflanzen komponiert sind. Die Kinder können eine Vielzahl der Pflanzen und Früchte erkennen, beschreiben und den jeweiligen Jahreszeiten zuordnen.
Die Darstellungen wecken das Interesse der Kinder an Kunst und helfen, evtl. vorhandene Schwellenangst vor Kunstmuseen und Kunst abzubauen. Die Kinder werden zu einem Besuch in einem Kunstmuseum angeregt; in vielen Museen werden Führungen für Kinder und Kurse in Museumsschulen angeboten.
Im Kunstunterricht können die Kinder ähnliche Kunstwerke gestalten, z. B. als Gemälde oder als Collage aus Prospektmaterial von Gartenbauzentren.

Arbeitshilfen:
Prospektmaterial mit Früchten und Pflanzen, weitere Darstellungen, die zum Thema „Jahreszeiten" passen (z. B. Landschaften, Stilleben).
Zur Museumsschule im Wallraf-Richartz-Museum/ Sammlung Ludwig in Köln ist pädagogische Beratung und Buchung unter der Telefonnummer 0221/221 5356 oder 221 3709 möglich.

Jahrein, jahraus

Martinslied

Wir singen und spielen zum Martinstag

Wir begleiten das Lied (Spiel-mit-Stück):

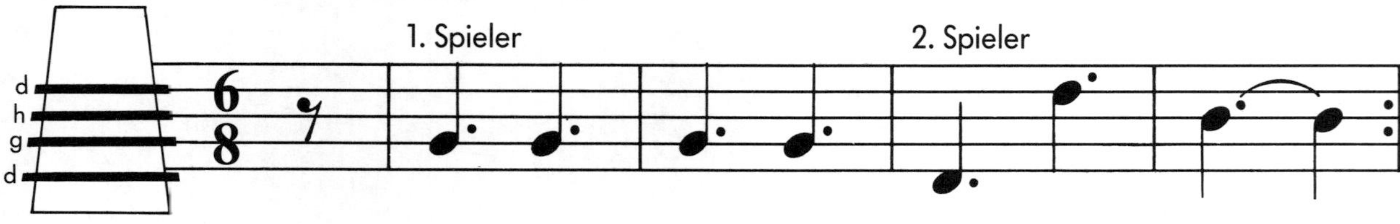

Schlag nach 1/2 — Arbeitsblatt
Bayerischer Schulbuch-Verlag, München

Jahrein, jahraus

Arbeitsblatt 5

Wir gießen Kerzen

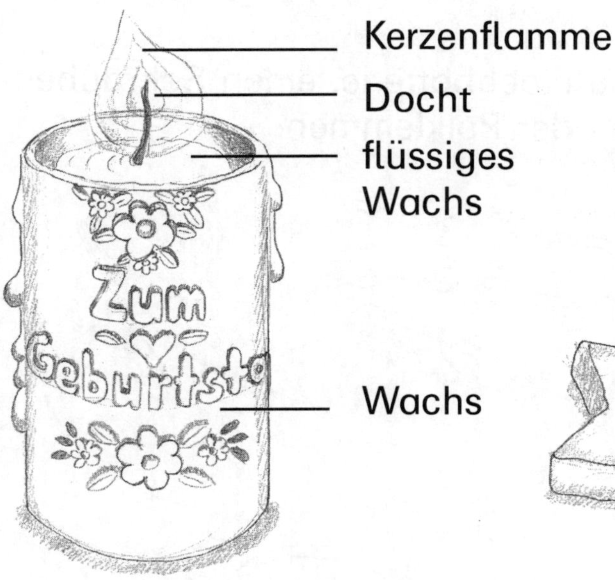

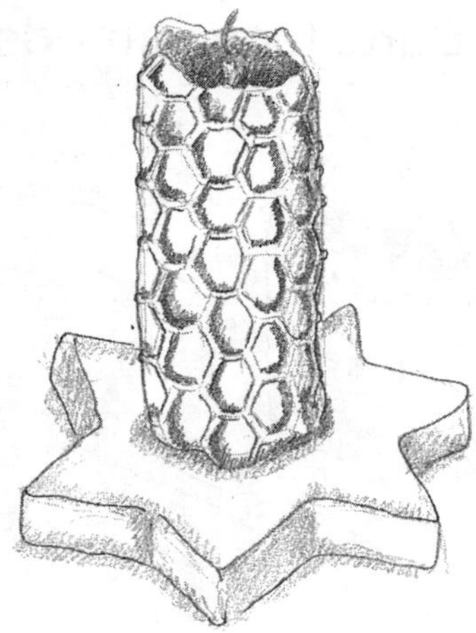

Du brauchst:
- einen leeren Joghurtbecher
- einen Docht

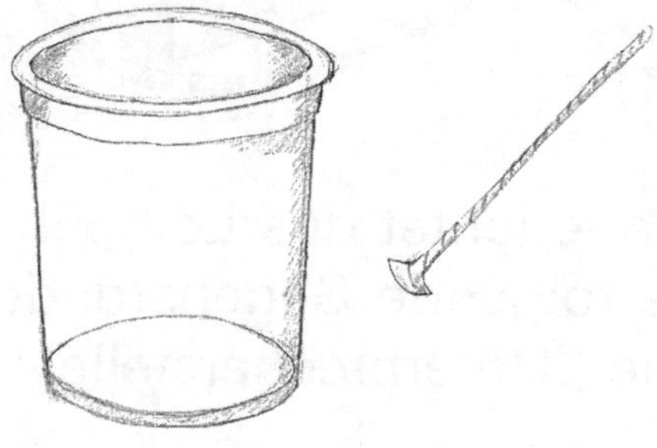

Befestige den Docht an einem Bleistift.

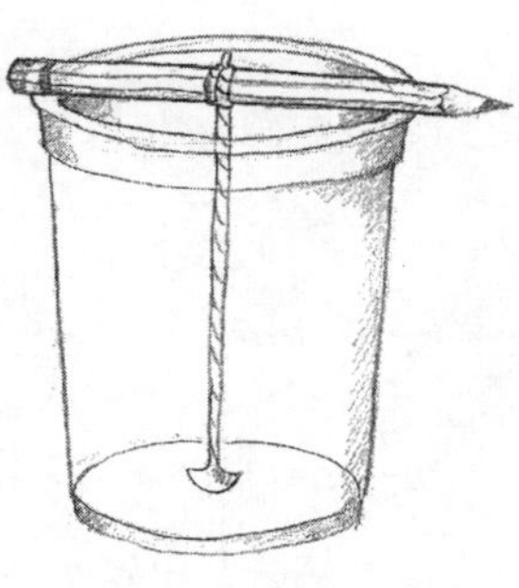

Gieße geschmolzene Wachsreste in den Becher.

Wenn das Wachs fest ist, kannst du den Becher aufschneiden und ablösen.

Kerzen werden aus Wachs hergestellt.
Bienenwachs duftet gut.
Der Docht wird aus Baumwollfäden geflochten.
Wenn die Kerze brennt, steigt das flüssige Wachs im Docht hoch.
Es verdampft. Die Dämpfe sind brennbar.

Jahrein, jahraus

Arbeitsblatt 6

Wir beleuchten eine Weihnachtskrippe

Für die Krippenbeleuchtung brauchst du:
ein Glühlämpchen mit Fassung, eine Flachbatterie, einen Schraubendreher, Klingeldraht, Büroklammern oder Polklemmen.

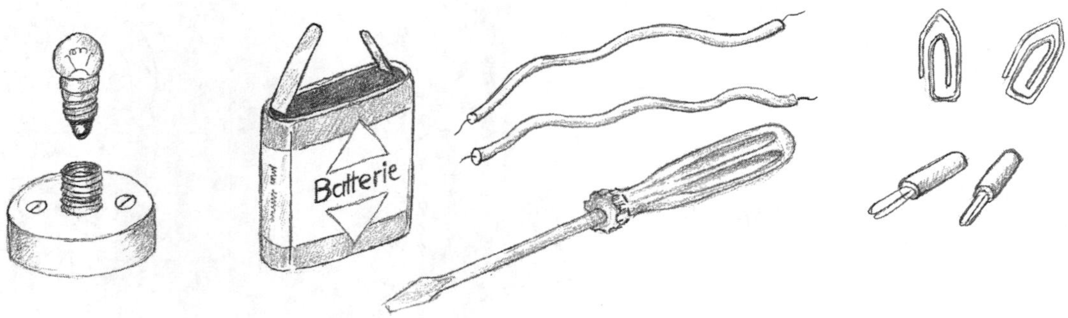

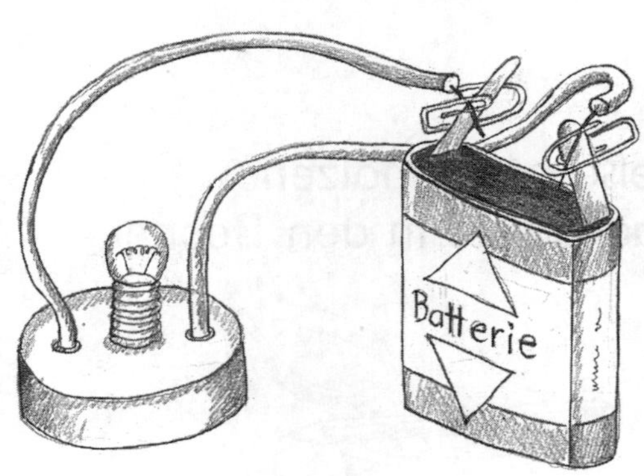

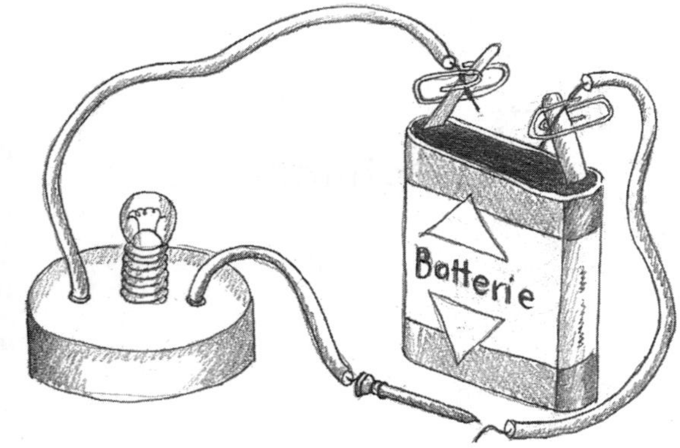

Baue in die Schaltung eine „Unterbrecherstelle" ein, dann hast du einen Schalter.

Wann leuchtet das Lämpchen? Baue folgende Gegenstände an die „Unterbrecherstelle":

Holz Eisen

Wolle

Plastik

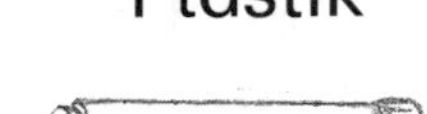

Mit dem Strom aus der Steckdose darfst du auf keinen Fall Versuche machen!

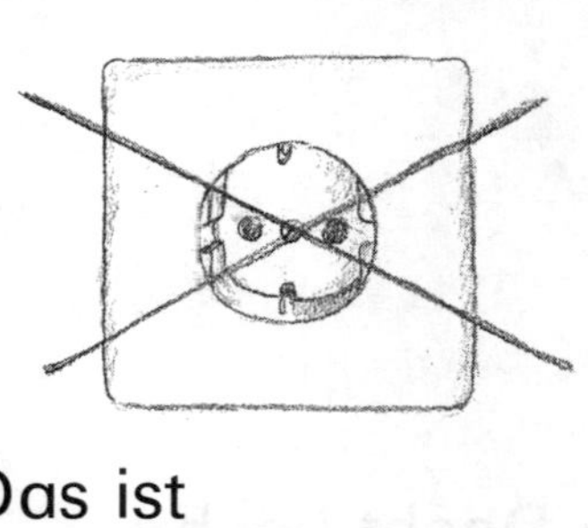

Das ist lebensgefährlich!

Schlag nach 1/2 — Arbeitsblatt
Bayerischer Schulbuch-Verlag, München

Jahrein, jahraus Gedicht

Fastnacht der Tiere

„Fastnacht feiern auch wir!"
brüllt der
„Wir wollen lustig sein!"
grunzt das
„Wir wollen trinken!"
zwitschern die
„Ein ganzes Faß!"
meint der
„Wir wollen tanzen!"
rufen die
„Wie ziehen wir uns an?"
fragt der
„Als Frau und Mann!"
kräht der
„Ich gehe als Schäfer!"
brummt der
„Und ich als Musikant!"
dröhnt der
„Ich gehe als Frau!"
schreit der
„Und ich als Graf!"
blökt das
„Wann beginnt der Ball?"
flötet die
„Um die neunte Stund'!"
bellt der
„Wann gehn wir nach Haus?"
pfeift die
„Wenn der Wein getrunken",
quaken die
„Auf zum Fastnachtsball!"
brüllen, grunzen, zwitschern,
krähen, brummen, flöten,
pfeifen, blöken mit
lautem Schall
die Tiere all.

Volksgut

Ein Körbchen für ein Osterei

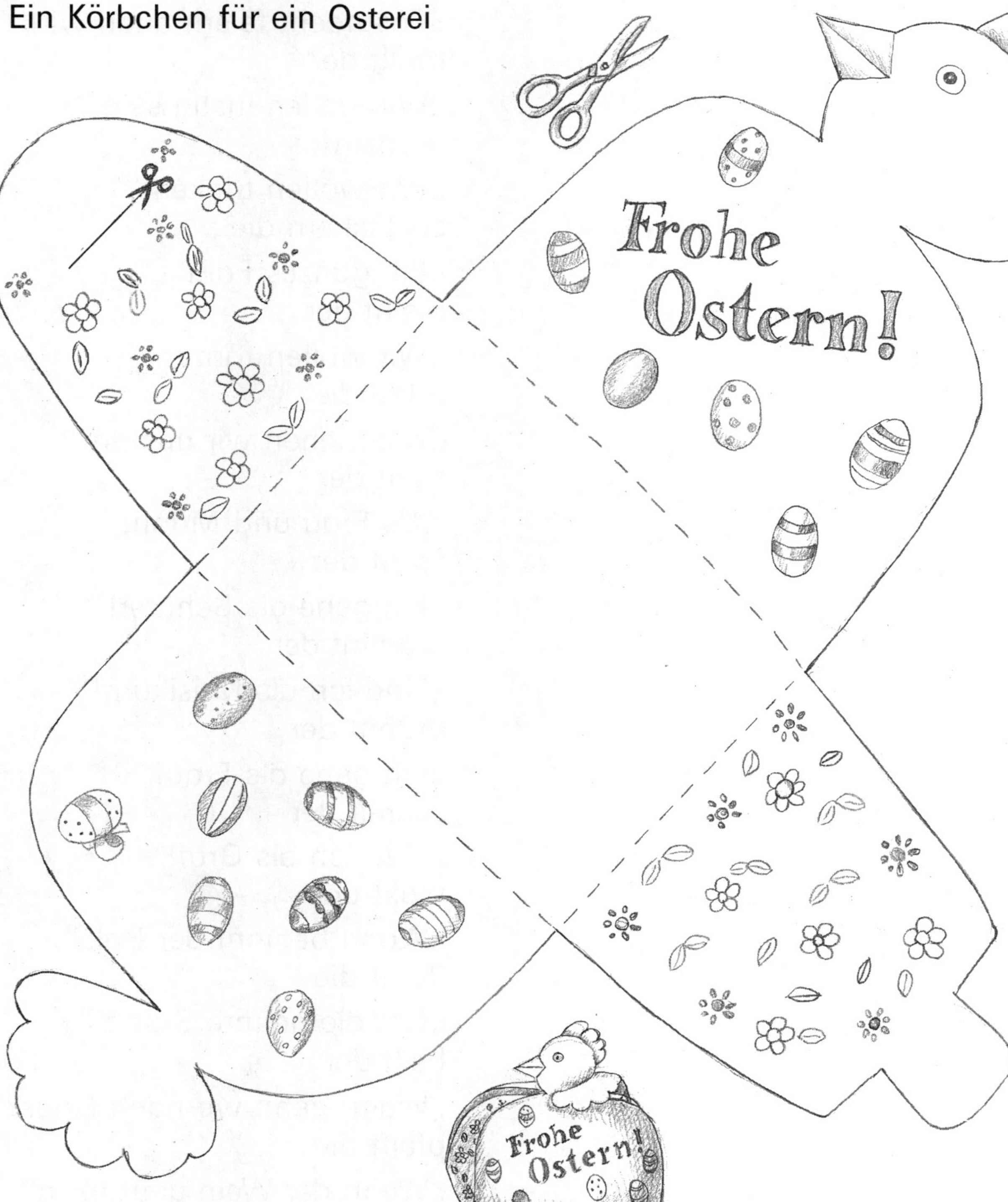

1. Klebe das Blatt auf eine dünne Pappe.
2. Schneide die Form aus, und schneide einen Schlitz in die linke Lasche.
3. Bemale die Form, oder beklebe sie mit Buntpapier.
4. Falte die vier Laschen hoch.
   Stecke
   – die rechte Lasche in den linken Schlitz,
   – die obere und untere Lasche ineinander.

Schlag nach 1/2 — Arbeitsblatt
Bayerischer Schulbuch-Verlag, München

Jahrein, jahraus

Geburtstagslied

Wie schön, daß du geboren bist

Musik und Text:
Rolf Zuckowski

Jahrein, jahraus
Das Jahreszeitenspiel

Schlag nach 1/2 — Arbeitsblatt
Bayerischer Schulbuch-Verlag, München

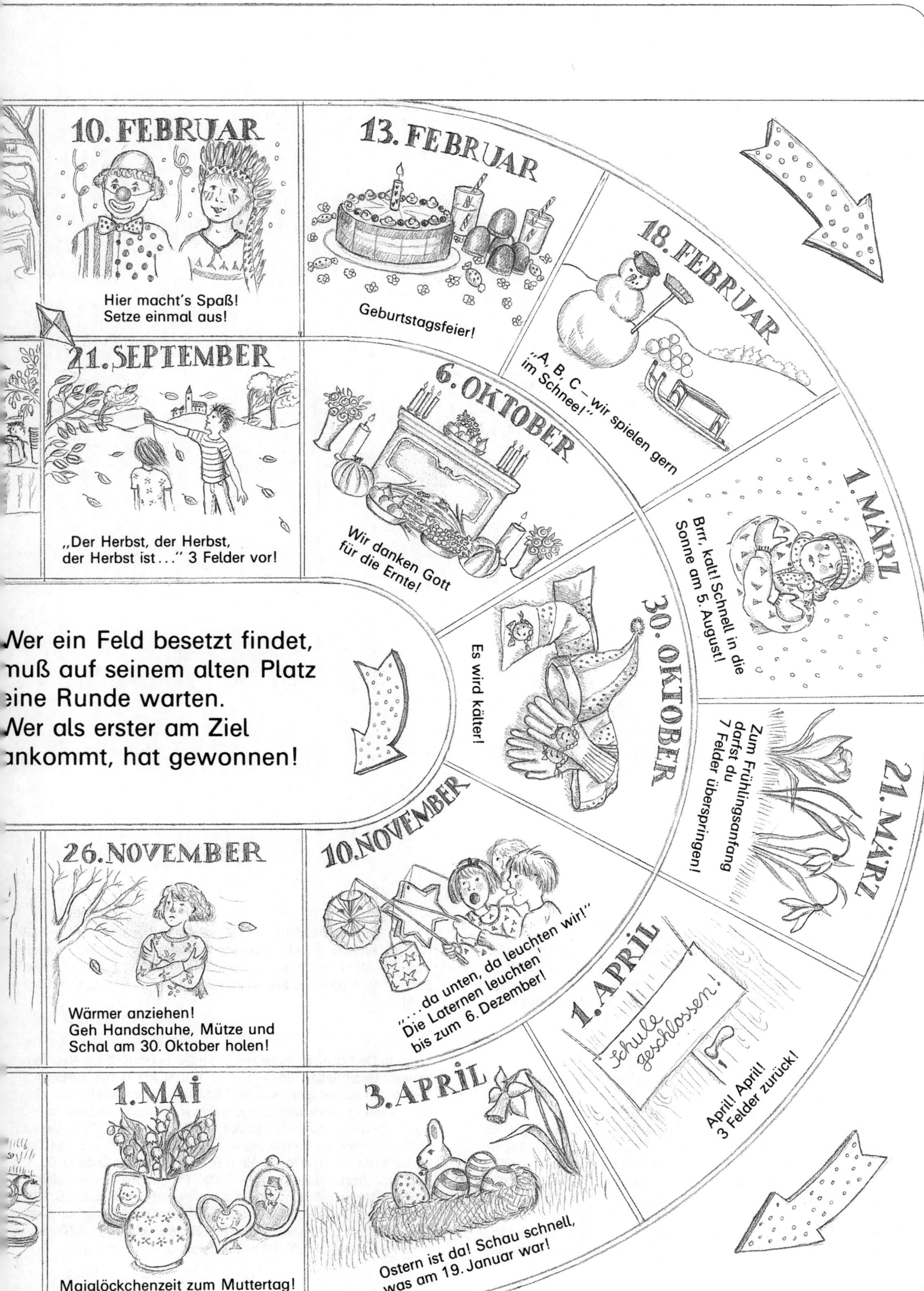
10. FEBRUAR
Hier macht's Spaß! Setze einmal aus!
13. FEBRUAR
Geburtstagsfeier!
18. FEBRUAR
„A, B, C – wir spielen gern im Schnee!"
1. MÄRZ
Brrr, kalt! Schnell in die Sonne am 5. August!
21. MÄRZ
Zum Frühlingsanfang darfst du 7 Felder überspringen!
1. APRIL
Schule geschlossen!
April! April! 3 Felder zurück!
3. APRIL
Ostern ist da! Schau schnell, was am 19. Januar war!
1. MAI
Maiglöckchenzeit zum Muttertag!
26. NOVEMBER
Wärmer anziehen! Geh Handschuhe, Mütze und Schal am 30. Oktober holen!
10. NOVEMBER
„... da unten, da leuchten wir!" Die Laternen leuchten bis zum 6. Dezember!
30. OKTOBER
Es wird kälter!
6. OKTOBER
Wir danken Gott für die Ernte!
21. SEPTEMBER
„Der Herbst, der Herbst, der Herbst ist ..." 3 Felder vor!
Wer ein Feld besetzt findet, muß auf seinem alten Platz eine Runde warten.
Wer als erster am Ziel ankommt, hat gewonnen!

Bildnachweis

Anthony Verlag, Starnberg: 42 o. l. (Storck), o. r. (J. Gaiser), M. l. (Storck), u. l. (Jorde), u. r. (Jorde) – Bundesamt für Straßenwesen, Bergisch Gladbach: 32 – Agentur Dieck, Heinsberg: S. 181 (In: Werner G. Mayer: Der Sachunterricht. Teil I: Anthropologie und Pädagogik, 1993, S. 116) – Okapia, Frankfurt: 174 o., M. (Leonard Lee Rue III), u., 175 o. (NAS Irene Vandermolen), M. (NAS Irene Vandermolen), u., 176 o. (NAS Len Rue JR.), M. (NAS Irene Vandermolen), u. (NAS Leonard Lee Rue III), 177 o. (Leonard Lee Rue III), M., u., 195 o. (Maria Burkhardt), u. (Douglas Faulkner) – Süddeutscher Verlag, München: 42 M. r.

Quellennachweis

S. 7 (SB S. 6-14): Unsere Schule – ein Haus für Kinder: Hanne Mayer-Behrens: Grundschule — Haus für Kinder. Vom Klassenraum zur Lernlandschaft. Ein Kernstück der Schulreform. Heinsberg: Agentur Dieck, 1987. – S. 21: Janosch: Hokuspokus, Kokosnuß; Himmel, Hölle, Wurst und Pelle. In: Die Stadt der Kinder. Hrsg.: Hans-Joachim Gelberg. Recklinghausen: Georg Bitter 1969. — S. 21: Eins, zwei, drei, vier, fünf, sechs, sieben; Auf einem Gummi-Gummi-Berg; Ele, mele, Mule: Volksgut. — S. 72: Gärtnern mit Kindern. Nach: Helge Fritzsche: Gärtnern mit Kindern. München: BLV 1984. Was blüht denn da? Nach: Dietmar Aichele. Was blüht denn da? Kosmos Naturführer. Stuttgart: Franckh'sche Verlagsbuchhandlung 1983. – S. 125: Rosemarie Neie: Kastanienbaum. In: Die Stadt der Kinder. Hrsg.: Hans-Joachim Gelberg. Recklinghausen: Georg Bitter 1969. – S. 173: Rätsel von Tieren; Seltsames Tierkonzert. In: bsv Sprachkarussell 2. München: bsv 1984 (2). – S. 185: Uhrenkanon. Melodie und Text: Karl Karow. In: Das große Liederbuch. Zürich: Diogenes 1975. – S. 192: Alle Vögel sind schon da. Text: August Heinrich Hoffmann von Fallersleben, Musik: volkstümlich. — S. 194: Der Herbst ist da. Text und Musik: Hans R. Franzke. In: Die Zugabe, Bd. 1. Boppard/Rhein: Fidula-Verlag. – S. 200: Ich geh' mit meiner Laterne. Text und Musik: volkstümlich, Satz: Karl Haus/Franz Möckl. – S. 203: Fastnacht der Tiere: Volksgut. – S. 205: Wie schön, daß du geboren bist (Geburtstagslied). Musik und Text: Rolf Zuckowski. © 1981 mit Genehmigung MUSIK FÜR DICH Rolf Zuckowski OHG, Hamburg.